観光地経営でめざす地方創生

インバウンド獲得の司令塔となる世界水準DMOとは

セントラルフロリダ大学
ローゼン・ホスピタリティ
経営学部 テニュア付准教授

原 忠之 著

Tadayuki Hara,Ph.D.

Aiming for regional revitalization through tourism destination management - What is a world-class DMO that serves as the control tower for attracting inbound tourists?

本書は『月刊ホテル旅館』誌上にて2020年11月号〜2024年3月号の約３年半に渡って連載された「宿泊産業がリーダーシップを取るべき 日本版DMOの開発・運営戦略」を編集・加筆の上、単行本化したものです。

　さらに日本でのDMOの成り立ちや位置付け、機能すべき役割について、国土交通省や経済産業省の国そして自治体の行政の経験を踏まえ、元京都府副知事・一般財団法人運輸総合研究所特任研究員の城福健陽氏に寄稿賜り、「附章」として掲載させていただきました。著者の同僚であるセントラルフロリダ大学での４名の教授には、本書の刊行に合わせてご自身の専門、研究に従った寄稿を依頼し、邦訳の上、収録いたしました。また一般財団法人運輸総合研究所会長の宿利正史氏、元内閣府特命担当（地方創生、規制改革）大臣の山本幸三氏にご推薦のお言葉を賜り、それぞれ序、跋とさせていただきました。

　DMOはインバウンド客誘致という観光を産業として活用した地方経済創生戦略に必須の組織であり、世界水準の組織になれば世界水準の待遇が地方でも実現できるわけで、その内容を現地からご紹介したかったという意図を聞いていただいた柴田書店と「月刊ホテル旅館」金澤達也編集長に深く御礼申し上げます。宿利一般財団法人運輸総合研究所会長、城福元京都府副知事、35年余の関係となる山本元地方創生大臣からは貴重なお言葉をいただき恐れ多く思っております。その他、スペースの関係でお名前を出せない多くの日本・米国・欧州や世界他地域の知人・学生・恩師・同僚にも御礼申し上げます。

Taking this occasion of publishing this book on DMOs for Japanese audience, I would like to reiterate my appreciation to my colleagues at Rosen College of Hospitality Management, University of Central Florida, who had published extensively about destination management and tourism managements and accepted my request for their contribution of their short messages. Their contributions were in English originally but translated into Japanese at my discretion. Any misinterpretations, therefore, would be the responsibility of myself for those translated messages. Final note of acknowledgement would go to Dr. Abraham Pizam, the founding Dean of our College, who had published more refereed research paper in the tourism field than anybody I am aware of, as he just decided to retire as we write this prologue in Spring of 2024.

contents

カバーイラスト／平尾直子
ブックデザイン／中川　純（ohmae-d）
編集／高松幸治

序 ──日本版DMOの役割と本書刊行の意義

　我が国では、従来、地域で観光に取り組む組織は「観光協会」が主体でした。そうした中、2015年に、観光協会とは異なる概念の、地域において観光を振興するための新たな「司令塔」機能を持った組織をつくるべく、観光庁により「日本版DMO候補法人」の登録制度が創設されました。この結果、2024年4月には、登録DMO（登録観光地域づくり法人）と候補DMO（観光地域づくり候補法人）を合わせて348団体が登録されるなど、たいへん多くの「DMO」が我が国に誕生しました。一方、この間に、観光庁は2度にわたってDMO制度の変更を繰り返しており、我が国のDMO制度は、いまだ模索を続けている段階にあります。

　そもそも、なぜ我が国においてDMOが求められているのでしょうか。

　21世紀に入り、我が国は本格的にインバウンド（海外からの訪日旅行客）の誘致政策をスタートしました。海外から日本に旅行者を誘致するためには、日本の各地域は世界中の観光地と競争して、世界中の人に旅の目的地すなわち「デスティネーション」として認識され、旅行先に選ばれることが必要です。国際観光市場に参戦し、一定の成果を得るためには、国内市場とは異なる戦略が必要になります。単発的に広告を打ち、法被を着て駅や商業施設でイベントを開催する手法は、グローバル市場では通用しません。世界と戦える戦略を立てることができるグローバル目線の司令塔が求められます。

　また、地域のデスティネーション化は、一事業者による単独の事業ではなし得ません。地域の多様な事業者の集合体としてデスティネーションは形成されます。一方で、多様な関係者で物事を動かそうとすると、往々にして経済学でいう「調整の失敗」が起きます。この失敗を回避し、または是正するために、多様な関係者間の調整を行なうプラットフォーム的な機能を持った組織、つまり調整機能を持った司令塔が必要となります。

　さらに、観光の振興は、単に観光客のために行なわれるものではありません。

同時に、地域をより豊かで持続可能にするための手段として行なわれるべきものです。人口減少・超高齢化時代の地域にあっては、観光、農林水産品の輸出、関係人口の創出、ふるさと納税、外国人材の活用など、外部の力を内発的な発展に転換する政策が不可欠です。しかし、外部の力を盲目的に受け入れようとすると軋轢が生ずるのも、また世の常です。地域の資源も、人も、暮らしも毀損することなく、事業者には利益を、住民には豊かさや誇りを、地域課題には解決をもたらす手段として観光を活用するためには、地域社会への深い理解と洞察を持った司令塔が必要となります。

　私は、時代の要請に沿ったこれらの機能や目線を併せ持つ地域の司令塔となる組織が、DMOとして我が国の各地域において必要であると考えています。しかしながら、我が国では、官・民による取り組みが拙速に進められたために、DMOの設立自体が目的化し、これらの機能を十分に備えていないDMOが乱立してしまっていることに、現在の日本版DMOの問題があると思います。

　これには、いくつかの要因があげられます。政府は、2016年に閣議決定した『明日の日本を支える観光ビジョン』において、「2020年までに世界水準のDMOを全国で100形成」という目標を掲げ、これを達成するためにDMOを積極的に補助金等の交付対象に位置付けました。このため、「国の補助金の獲得」を目的として急ぎDMOを設立する流れが生まれることとなり、DMOの在り方や役割についての吟味が不十分なままに、「ブームに乗り遅れてはいけない」と慌ててDMOを設立した地域が、残念ながら多数現れる結果となりました。

　2016年と言えば、インバウンド誘致策の成果が目に見え始めた頃で、「観光は地方創生の有力手段」との認識が広がり、それまで観光とは縁のなかった地域が観光に取り組み始めた時期と重なります。このため、多くの自治体職員は観光やDMOについて言わば初心者でした。それ故に、DMO設立の前にあるべき観光ビジョン作りや、地方自治体とDMOの役割分担等の議論まで考えが及ばなかった地域が多く、その結果として、地域の観光ビジョンを描くことなく、取り組みやすい事業や国の補助事業にとどまっているDMOが誕生することとなりました。

　同時に、観光事業に取り組むプレイヤーが少ない地域もたくさんありました。

「調整役」が求められると言っても、調整すべき「プレイヤー」が少ない地域では、司令塔よりもプレイヤー機能を強く持ったDMOが設立されるケースもありました。多様なプレイヤーの育成よりも、一の最強プレイヤーの育成が、一刻も早く観光地域として成長するための有効な手段と考えたのでしょう。この考え方自体は否定されるべきものではありませんが、果たしてそれはDMOと呼べる組織でしょうか。機能としては、地域商社と呼んだ方が良さそうです。いずれにせよ、地域商社的DMOとは別に、本来の機能を備えたDMOが必要です。

　他にも、DMOの設立を急ぐあまりに、落下傘的に新設されたDMOが多かったことも問題でした。既存の観光協会をDMO化した地域はごく一部で、観光協会は観光協会として残しつつ、地域の状況も地域の事業者や住民のことも知らない外部人材や出向者によるDMOが別組織として設立されました。インバウンドマーケットに詳しくとも地域をよく知らない組織が、地域から信頼されて司令塔としての役割を果たすのを期待するのは、所詮無理な話です。

　つまり、DMOが司令塔として機能するためには、地域側に一定の観光基盤が整っている必要があります。しかし、その基盤が十分整っていない地域も含めて、一律に理想的なDMOの必要性が謳われた結果、地域の熟度に応じて、様々な熟度のDMOが誕生しました。自らの地域の熟度を顧みずに、形だけのDMOができれば、自動的に観光地域としての基盤が整うかのような錯覚や期待を、地域側がDMOに対して抱いていたのではないかと思われます。

　DMOの設立の前に、まず地域の基盤を固める必要性は、2023年に国から世界的DMOとして全ての水準を満たしていると認められた「先駆的DMO」が、和歌山県田辺市熊野ツーリズムビューローと京都市観光協会の2つだけであったことからも、明らかです。この2つのDMOのいずれもが、従来の観光協会に必要な機能を付加し、DMOとしてバージョンアップさせた組織です。新設されたDMOではありません。観光地域として強靭な足腰を鍛えていたからこそ、既存の観光協会をベースに、更に世界的な高みを目指したDMOとして必要かつ十分な水準を備えることができたと考えられます。真の観光地域として不可欠な基盤を整える過程を飛ばして、DMOの形だけを整えるのでは、観光

の振興とDMOの持続可能な運営が共に困難になるのは当然の帰結です。

　本書の執筆者である原忠之先生は、長年米国のセントラルフロリダ大学ローゼン・ホスピタリティ経営学部等で教鞭をとられており、観光高等教育、観光産業、観光経営等に大変造詣が深く、様々な場面で我が国と米国の観光構造の違いについて説いてこられるなど、我が国の観光の発展に大きな貢献をしておられます。私が客員教授を務める東京大学公共政策大学院の「観光政策」についての授業（大橋弘教授、三重野真代特任准教授、篠原康弘客員教授担当）においても、毎年、ゲストスピーカーとして原先生に教壇に立っていただき、熱弁を振るっていただいています。

　また、原先生は、私が会長を務める一般財団法人運輸総合研究所において2022年から2023年にかけて実施した「地域観光産業の基盤強化・事業革新に関する調査研究」の委員として、毎回積極的かつ建設的に議論に参画していただくとともに、この調査研究に基づく政策提言を発表した2023年10月のシンポジウムにおいて基調講演を行なっていただくなど、提言をまとめる上で、中心的な役割を果たしていただきました。

　この提言で明らかにされたように、我が国において、インバウンドの急増の陰で見過ごされてきた極めて重要な課題が、地域観光産業の脆弱さです。観光産業は、我が国の新たな基幹産業として成長・発展することが期待されていますが、その現状は、低い労働生産性、低い賃金水準であり、深刻な働き手不足にも直面しています。従来からの外部の販売力に依存した他律的な大量生産・消費・販売のビジネスモデルから脱却できない観光事業者が多いこともその一因です。事業者自らが、自律的に付加価値の高いビジネスを展開し、労働生産性を向上させ、高所得産業に転換する。このような基幹産業となるために不可欠な事業革新を実現すべく、国、地方自治体、観光産業界、金融機関など関係者が連携して強力に施策を実行することが急務であると考えています。この提言については、調査研究及び提言起草の責任者であった運輸総合研究所の城福健陽特任研究員が執筆した本書附章を、ぜひご覧いただきたいと思います。

　改めて申し上げますが、司令塔となるDMOは、観光を活用して持続可能な地域経営を行なう上で不可欠な存在です。一方で、地域の置かれている状況、

地域課題、観光ビジョン、プレイヤー構成等によって、当然ながら地域のDMOの役割や機能は少しずつ異なります。重要なことは、国が示す雛形を模倣するのではなく、地域の現場で観光に携わる官・民の一人一人が、観光の在り方、DMOの在り方等について、本質的な考察を深める力を身につけ、その上で、それぞれの地域が主体的に関係者で議論を重ねて、その地域にふさわしいDMOの構築に取り組むことです。DMOの正解は1つではありませんし、国がそれぞれの地域のDMOの正解を教えてくれるわけではないのです。

本書は、DMOの在り方やDMOを構成する様々な要素や論点に関して、日・米における原先生の豊富なご経験に裏付けられた深い見識が網羅的かつ詳細に凝縮された大変素晴らしい一冊です。地域の観光関係者 人 人が本質的に物事を捉え、自らの地域の在り方を考察する際の道標となる本だと確信しています。

厳しい状況に晒されたコロナ禍を経て、我が国においても、世界各国においても、持続可能な観光の重要性が増している中、本書に示された原先生の知見や見識を十分に理解し、取り込んで、それぞれの現場で有効に活用していくことが急務だと考えます。我が国が、真に「観光立国」としての実質を備えて、世界の観光先進国と渡り合いながら、持続可能な質の高い観光を実現するために、そして同時に、我が国の各地域が観光を活用して持続可能な地域経営を実現するために、一人でも多くの方々に本書を手に取って、実践していただくことを祈念しています。

宿利 正史
（一般財団法人運輸総合研究所会長）

1974年4月に運輸省（現：国土交通省）に入省し、その後、運輸大臣秘書官、航空局審議官・監理部長・次長、大臣官房総括審議官、自動車交通局長、総合政策局長、大臣官房長、国土交通審議官、国土交通事務次官を歴任。また、1984年〜87年に在インドネシア日本国大使館一等書記官、91年〜95年に内閣法制局参事官を務めた。2013年8月から東京大学公共政策大学院客員教授（交通政策）、14年4月から（一社）国際高速鉄道協会（IHRA）理事長、18年6月から（一財）運輸総合研究所会長、21年6月から（公財）日本海事センター会長に就任し、いずれも現職。

観光地経営でめざす地方創生

インバウンド獲得の司令塔となる 世界水準DMOとは

セントラルフロリダ大学
ローゼン・ホスピタリティ
経営学部 テニュア付准教授

原 忠之 著

Tadayuki Hara, Ph.D.

Aiming for regional revitalization through tourism destination management - What is a world-class DMO that serves as the control tower for attracting inbound tourists?

第 1 章

COVID-19後の
インバウンド
第2ステージへの期待

Expectations for the second stage of inbound tourism after COVID-19

1-1 はじめに

❶目的

　DMO（Destination Marketing Organization：観光地奨励組織）は観光・宿泊業界にとっては中長期的に大きなプラスの影響力をもたらすだけでなく、地方創生の枠組みで住民の生活水準の質の維持・向上の切り札となる大変重要な組織です。しかし、その組織運営から活動内容、そして運営資金の財源問題など、日本版DMOではまだ詳細が煮詰まっていない部分があるだけでなく、より心配なのは、本来はDMOにおける運営と経営の両面でリーダーシップを取るべき人たちが、中央省庁・地方自治体の役所仕事だろうと他人事のように傍観している場合があるように見える点です。

　内容がよくわからないから、役所の仕事だろうと思って傍観してしまうというのは無理もない話です。日本には各地に観光協会は存在しましたが、それは役所の関連組織で、本場のDMOと業務内容は一見類似していますが、多くの部分で業態・経営・運営から使命までも異なる組織だからです。

　世界を俯瞰すると、米国ではDMOの歴史が長く、また持続性ある資金調達手法も40年以上前から確立しており、DMOの存在しない日本での手探りの思

い付きや、観光協会そのままで看板を付け替えるだけのケースとは相違点が多いのです。

　本書では世界で参考にされるDMO先進国、米国型のDMOにつきご紹介します。数十年に一度訪れるような貴重な構造変革の時期にいかに日本版DMO設立と運営を行なうべきなのかについてご説明し、COVID—19の収束後に訪れる観光立国の第2ステージへ向けてアドバイスをするのが目的です。

❷筆者の背景

　全米でもっとも来訪客が多い市町村であるフロリダ州オーランド（2019年の年間訪問者数7500万人）で、観光産業分析を正規研究系博士教員として行なうのが当方の本業です。すでに18年間住んでいますが、米国を直撃したCOVID—19の際には当地からまったく動くことができない状況にありました。しかし今まではフライトや宿泊先確保の関係などで、訪日出張は限定的に実施していましたが、皆さまがオンライン環境になると、日本に居住する人と同じように気軽にセミナー、ウェビナー、客員講義などができてしまうことがわかり、より多くの新しい方々と意見交換や質疑応答などができるようになりました。

　そうしたセミナーなどを通じて感じたことを基本に、世界から見た日本の現状を俯瞰するとともに、COVID—19後の日本の観光立国、特にインバウンド層獲得の方向性や観光立国政策と地方創生政策の親和性の高さを紹介。特に21世紀に日本がめざす観光立国の舵取りの中心を担う地域DMO開発・運営について述べたいと思います。

1-2 観光産業・インバウンド客来日奨励の目的

　インバウンド業務や日本版DMOへの関与を計画する方々と話していて感じることがあります。それは日本では米国と比較して、まず組織の目的を議論・

設定することなしに、いきなり各論の細かい部分を議論してしまうことです。結果として、最後に皆さまの議論が収斂しないというケースがより頻繁に見受けられます。たとえば、米国人旅行者を呼ぶにはいかにマーケティングをするのか、どのWebサイトが一番良いのか教えてほしい、といった例です。

しかしながら、そうした細かい戦術論、各論を議論する前に必要な議論は、「なぜ、日本は観光立国、インバウンド客の来日を奨励するのか。観光産業育成の目的は何か」であり、そのテーマを皆で共有することこそが重要です。

資本主義における基本概念・ルールは米国コーポレートファイナンス（企業金融）の教科書の第1章に明記してあります。

民間企業の目的

企業の目的は「当期利益最大化による株主価値最大化」です。もちろん、従業員が、地域住民が、環境が大切なのではという議論は存在しますが、まずは教科書の定義を押さえてください。通常の民間企業の場合は、堂々と当期利益を出して法人税を納税していただくのがいいわけです。当期利益がしっかり出るということは、利益率が高く、従業員1人あたりの売上額も高いから生産性も高いわけで、そういう基本ビジネスモデルがしっかりしている組織ならば、営業費用部分にある賃金を上昇させる余力もありますので、しっかり当期利益を確保してください。

中央省庁・地方自治体の目的

では、営利団体でない政府（日本は中央省庁・地方自治体をすべて包括します）の目的は何でしょうか？ 政府の目的は、「居住者（納税者）の生活水準の質の維持・または向上」です。

非営利団体であるDMOにもこの目的は共有されますので、これをまず最初に正しく理解することが大切です。

目的達成の方法

基本的には当期利益最大化のためには売上げを増やし、営業費用や固定費用

を管理すればよいわけで、その意味ではゲスト（ホテル・旅館利用客）が近隣客、都道府県内客、日本国内客、あるいはインバウンド客であろうと売上げには大差はないとも言えます。ただし、地域の経済発展に貢献しようと思ったら、地域外からのゲストを確保することで外からお金を稼ぎ、その地域にもたらす形になります。都道府県内のゲストだと、その都道府県内で資金が移転しているだけで、お金を外から稼いだことにはなりません。

　では、Go Toトラベルキャンペーンなどで都道府県境を超えた国内ゲストが来訪した場合ですが、他の都道府県から資金を稼ぐという目的を達成できる一方で、日本国が国富を増大させたかというと、日本人旅行客が国内で富を移転させただけであり、国富は増大していません。

　その観点で見ると、インバウンド客を獲得することは、

❶宿泊産業をはじめとする観光関連産業の当期利益最大化

❷市町村及び都道府県の居住者の生活水準の質の維持または向上

❸日本国の国富増大

　の３つすべてに同時に貢献することができるのです。

1-3 日本の輸出産業

国際競争力の現状

　日本は太平洋戦争敗戦後、朝鮮戦争特需などで製造業や各種重工業などが復興し、その後の東京オリンピックや大阪万博の時代を経て、1970年代初めに当時の西ドイツのGDPを超えて、米国に次ぐ世界第２位の経済大国となりました。20世紀後半の日本の高度経済成長時には世界から原油・鉄鉱石など、日本にない資源を輸入し、工業製品として高質な労働力により付加価値を付けて海外に輸出し、輸入支払額を超える額の輸出代金が企業・地方だけでなく、国の富をも増やす（国富増大）ビジネスモデルを成功裏に運営しました。この期間が約40〜50年間です。その前、明治維新以降、日本のGDPが第２位になる1970年代までは、実はインバウンド事業は外貨獲得を意図した観光産業の

中心としての重要な位置付けがありました。日本政府観光局（JNTO）も旅行代理店大手のJTBも、創設時は訪日外国人旅行者の接遇という点を意図していたわけです。

　それが20世紀後半の製造業中心の輸出産業による貿易黒字削減という観点で、日本人の海外旅行を増やそうとの動きがあり、70年から80年代にかけてインバウンド事業の国家戦略性は次第に忘却されました。21世紀に入って伝統的な製造業中心の輸出産業が自動車産業などを除いて軒並みに国際競争力低下の傾向が見え始めた2003年、当時の小泉首相が「観光立国」を宣言し、その５年後の08年に国土交通省総合政策局から観光庁が発足したという流れです。小泉元首相、国土交通省及び少数の政治家は21世紀初頭に、日本の国際競争力構造が変貌していくことを感じ、明治維新以降1970年代まで存在した、観光を輸出産業として外貨を獲得するビジネスモデルに回帰させる必要がいずれ顕在化する前に、その流れをつくるという長期戦略が見えていたのでしょう。

　では、日本の経済構造と輸出入を大まかに俯瞰すると、以下のようになります（表１）。
●国のGDP（国内総生産）は約551兆円
●国家予算はその約20％程度で約114兆円
●輸入が約120兆円、輸出が約99兆円
●輸入側は原油が13.6兆円、LNG（液化天然ガス）輸入が９兆円
●輸出側は自動車13.6兆円、鉄鋼4.7兆円、半導体4.4兆円

　天然鉱物資源に恵まれない日本では、国民が電気やガソリン、ガスを利用した現在の便利な生活スタイルを維持するには、原油とLNG輸入は必須です。それら輸入必要支払代金を国富から払うためには、最低でもそれに見合ったかそれ以上に輸出で外貨を稼ぎ国富増大させる必要があるわけです。しかし、その輸出側を見ると、自動車産業の一本足打法のような構造になっており、国家戦略としては、まさかのシナリオ（自動車産業の国際競争力が他の製造業のように低下する可能性）を想定して、黙って備えを怠らないようにする必要があります。ところが半導体はかつては日本が制覇した経緯がありながらも中国や韓国などの近隣東アジア諸国が現在では強い分野となっており、これを持続性

表1 日本経済構造、輸出入実績とインバウンド観光産業の相対比較

2021年 【輸出総額】 83兆914億円				2021年 【輸入総額】 84兆7,607億円

2021 全体像俯瞰

自動車	15.1%	**【日本経済規模】** 約588兆円	8.2% 原油および粗油
半導体等電子部品	5.1%	**【日本政府の一般予算】** 約106兆円	5.0% LNG（液化天然ガス）
鉄鋼	4.6%	インバウンド客観光消費額は外貨獲得の輸出産業（左側の産業群と同じ）	4.9% 医療品
自動車の部品	4.3%	インバウンド消費額 「4.8兆円（2019年実績）15兆円（2030年目標）」の相対的な意義は？ 現在の輸出入産業額と相対比較してみる	4.0% 半導体等電子部品
半導体等製造装置	4.0%		3.9% 通信機
プラスチック	3.6%	自動車 10.7兆円　原油 6.9兆円	3.3% 非鉄金属
原動機	3.0%	半導体 4.9兆円　LNG 4.2兆円 鉄鋼 3.8兆円　医薬品 4.1兆円 自動車部品 3.6兆円　半導体部品 3.3兆円 原動機 2.9兆円　通信機 3.3兆円	3.3% 衣類および同付属品
科学光学機器	2.8%	国内観光客は国内での**富の移転**。	3.3% 石炭
電気回路等の機器	2.5%	一方、インバウンド客は、**外貨獲得による国富増大。経済効果が決定的に異なる**	2.8% 電算機器（含周辺機器）
非鉄金属	2.5%	しかも地方回遊させることで、地方が外貨獲得し、地方創生が実現できる。	2.5% 石油製品

ある成長路線に戻すには相当の設備投資が必須で、しかもその設備投資が国際競争力に直結するかは他国次第の面があります。

　日本人の人口は減少傾向であり、かつ各人の可処分所得も20世紀後半のように伸びる外的環境にないため、国内旅行者の観光消費額が日本国内総額の95%をも占めていた昭和時代の再来の夢はほぼまちがいなく蜃気楼のように消えます。

　では、どのような国家戦略が可能かを考えると、DMOや宿泊施設はどのような役割を期待されるのかが自然と見えてきます。

1-4 観光立国第2ステージの インバウンド戦略：現状把握

単純化した戦略論策定には3つのステップがあります。

❶現状把握

❷理想像の設定

❸現状から理想像に移行するための期間設定、及び進捗状況チェック方法策定

この中で、一番簡単そうに見えて、実はあまりできていないのが①現状把握です。

不思議の国のアリスの話、あるいはカーナビを考えていただくと、行きたい目的地（理想像）があっても、まずは現状どこにいるのかが把握できていないと、どちらに進めばいいのかがわかりません。

この現状把握には、世界から見た日本という全体像を俯瞰すると役立ちます。ここまでにGDPは世界第4位、国家経済規模であるGDP額、政府予算額、そして輸出入額を見ました。次に日本人は世界の国々と比べて1人あたりの生活水準はどうかという点を確認するためにGDPを人口数で割った「1人あたりGDP」（表2）を見てみましょう。

国家規模では世界第3位ながら、1人あたりGDPでは世界26位という現状です。次に現状のままで今後日本は1人あたりGDPの第26位から上昇するのか、さらに下降するのかを判断するために、国のGDP成長率を世界と比較してみましょう（表3）。

2018年の世界の平均経済成長率は年間3.3％、欧州平均が2.2％、先進7ヵ国平均も2.2％ですが、日本は先進7ヵ国中でもビリの年間1.3％です。この年間成長率への意識の低さは、中長期にボディブローのように効いてきます。

複利計算をすると、現在は主要国で同じ経済規模だとしても10年後には大きな差が生まれますし、20年後、30年後には取り返しがつかないほどの差が生まれてしまいます。上記国家のうち比較の意味で、インド、中国、BRIC（ブラジル、ロシア、インド、中国の平均値）、米国、先進7ヵ国平均、そして日本の数値を取り、複利計算で今の経済規模を1として、10年後、20年後、30

年後に各国経済がどこまで成長しているかを簡単な表にしてみました（表4）。

成長率が低いと10年経っても1が1.14、30年経っても1.47にしかなりませんが、インドのように毎年7.3％の経済成長を30年間続けると、1が8.28になるわけです。これは昭和後期の日本のイメージに重なるでしょう。それほどの経済成長は困難でも、今後30年間、理想的には世界平均の3.3％、せめて先進7ヵ国平均や米国並みの成長率を確保しないと、日本は表2の1人あたり

表2 日本の経済構造、1人あたりGDP 世界比較表

	2022 年	ランク	2023 年	ランク	% 世界
ルクセンブルク	126,598	1	135,605	1	1,104
アイルランド	103,311	3	112,248	2	914
スイス	93,657	4	102,866	3	837
ノルウェー	105,826	2	99,266	4	808
シンガポール	82,808	6	87,884	5	715
カタール	83,521	5	81,968	6	667
アメリカ	76,343	7	80,412	7	655
アイスランド	74,591	8	78,837	8	642
デンマーク	68,295	9	71,402	9	581
オーストラリア	64,814	10	63,487	10	517
オランダ	57,428	11	61,770	11	503
サンマリノ	52,447	15	58,541	12	477
オーストリア	52,192	16	58,013	13	472
スウェーデン	56,188	12	55,216	14	449
フィンランド	51,030	18	54,507	15	444
マカオ特別行政区	31,539	37	54,296	16	442
ベルギー	49,843	19	53,657	17	437
カナダ	55,037	13	53,247	18	433
イスラエル	54,337	14	53,196	19	433
ドイツ	48,756	20	52,824	20	430
香港特別行政区	48,154	21	51,168	21	417
アラブ首長国連邦	51,400	17	50,602	22	412
イギリス	45,461	23	48,913	23	398
ニュージーランド	47,226	22	48,072	24	391
フランス	42,350	24	46,315	25	377
アンドラ	41,085	25	44,107	26	359
マルタ	34,819	29	38,715	27	315
イタリア	34,085	31	37,146	28	302
プエルトリコ	36,123	27	37,093	29	302
アルバ	33,032	33	35,718	30	291
キプロス	31,459	38	34,791	31	283
ブルネイ ダルサラーム	37,851	26	34,384	32	280
バハマ	32,299	36	34,371	33	280
日本	33,854	32	33,950	34	276

DATA SAUCE：
https://statisticstimes.com/economy/projected-world-gdp-capita-ranking.php

GDPのランクを転落し続け、明治、大正時代のように生きるために他国に移民するパターンに加えて、頭脳高給労働者の海外出稼ぎをして外貨を稼がない

とならない状況にじわりと落ちていく可
能性があります。昭和の高度経済成長時
代に生まれた方々は逃げ切れるかもしれ
ませんが、昭和50年代以降や平成生まれ
の方々、あるいは皆さまの御子息子女の
今後の人生を豊かにしてあげるためには、
日本は根本的に成長率上昇に貢献する輸
出産業を育成しなくてはならないという
静かな危機にあります。

地方を直撃する少子化・高齢化
による人口減

　実は、日本にはさらに重要な国家問題

があります。それは少子化高齢化の進行による人口減の問題です。この問題が
複雑なのは、日本全体一律に人口が減るわけではなく、東京一極集中、及び仙
台・京都・名古屋・大阪・広島・福岡など都市部への域内人口集中と、その裏
返しの地方での劇的なまでの人口減が日本中で想定されることです。国土交通
省の予想では2050年までに2割の地域が無居住化、6割の地域で人口は半分
以下に減少するという強烈なマイナスのインパクトが発生します。人口が減る
ということは、市町村にとっては所得税、消費税、住民税から固定資産税まで、
すべての税収が減少することを意味します（表5）。

給与所得者の
平均給与推移

　国税庁「民間給与実態統計調査結果に
ついて」のデータによると、19年の給与
所得者1人あたり年間平均給与は436万
円ですが、この平均値を性別、及び正規・

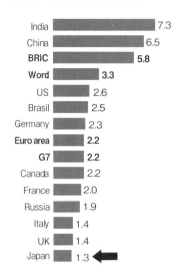

表3 **日本の経済成長率と
世界との比較表** (2018年現在)

India	7.3
China	6.5
BRIC	**5.8**
Word	**3.3**
US	2.6
Brasil	2.5
Germany	2.3
Euro area	**2.2**
G7	**2.2**
Canada	2.2
France	2.0
Russia	1.9
Italy	1.4
UK	1.4
Japan	1.3

表4
**2018年の経済成長率をベースに
現在を各国「1」として複利計算した
経済規模拡大想定表**

	10年後	20年後	30年後
インド	2.02	4.09	8.28
中国	1.88	3.52	6.61
BRIC	1.76	3.09	5.43
米国	1.29	1.67	2.16
G7	1.24	1.55	1.92
日本	1.14	1.29	1.47

(筆者作成)

表5 人口減少と
地域的偏在の予想図

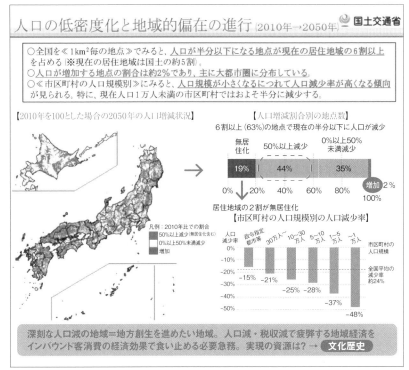

（出典）国土交通省（総務省「国勢調査報告」、国土交通省国土政策局推計値により作成）

非正規でサブグループに分けると日本の現状の問題点がわかります。

（https://www.nta.go.jp/information/release/kokuzeicho/2019/minkan/index.htm
https://news.yahoo.co.jp/byline/fuwaraizo/20201002-00201144/）（表6）

　この中で突出して問題なのが非正規勤務者であり、その中でも女性の非正規勤務者は時給ベースで800円程度（1日8時間、週5日、年間有給2週間で想定）の収入しか得ていないことが推察できます。非正規男性は同じ計算だと時給1100円程度ですので、このレベルでは子どもを養育するどころか、本人の生活水準の質が心配なレベルです。また、この年収水準の人たちは、おそらくパート、アルバイト、派遣社員という立場である可能性が高いと思われますが、これらの方々の労働力を吸収することで業務を運営してきたのが観光産業であ

表6
給与所得者の年間平均給与額

	男女合計	男性	女性
全体平均	436万円	539万円	296万円
内正規勤務者	503万円	561万円	388万円
内非正規勤務者	174万円	225万円	152万円

るとも言えるでしょう。

　ホテル・旅館などの宿泊業は観光産業における主要な産業ですが、時給800円程度のパート、アルバイト、派遣社員労働力の受け皿となって運営されているという状況が推察されます。ただし、その150万円程度の年収では、シングルマザーなどの生活の質はかなり厳しいことが推察できます。時給1500円程度の収入ならば、年収ベースで300万円となるので、その水準の年収が確保できれば、東京では厳しくても、地方都市ならば生活の質はある程度確保されるでしょう。子育てには家計年収580〜600万円程度が必要だという試算がありましたが（「子育て費に世帯の6割が第1子を〝産めない〟現実……32歳コンサル男子の悲鳴」／MSNニュース2020年9月11日）、非正規でも共働きで時給1500円水準ならば、それが実現できます。

　時給800円の条件を放置して「人出不足、人材不足、外国人労働者導入必須」という宿泊産業の意見を散見しましたが、米国ではすでに観光地のオーランドで未経験のハウスキーパー初任給が＄15（約2250円）、また米国内複数の州で＄15の最低賃金法が可決されている現状があります。

　この平均給与を上昇させて、従業員の生活水準の質を確保させないと、宿泊産業の職業としての人気やイメージ向上は難しいでしょう。日本国内客を相手にする昭和以来のビジネスモデルでは、給与面を画期的に改善するのは容易ではないでしょう。しかし、年間の伸び率が高く、増収増益経営が見込まれるインバウンド向け観光業は、この低賃金問題に宿泊産業自らが取り組めるきっかけになると思います。

　現状把握は、ある意味で人間ドックのようなものです。不快なこと（例：運動不足、肥満、血糖値上昇、過剰飲酒、ストレス過多など）を先生に言われそうだと逃げ回りたくなるのは理解できますが、あえて自分の身体の現状について客観的な意見を聞いて、問題の存在を把握すれば、そこから改善方法が見えてきます。

　宿泊産業においても、日本の現状把握をした後で、理想像を設定すると、少

し明るくなります。また、日本の現状問題解決に、観光立国第２ステージにおけるインバウンドの大きな重要性が見えてくるはずです。

1-5 第2ステップ：**理想像の設定**

　理想像はすでに政府から国家の数値目標として

●2020年にインバウンド年間来日客数4000万人、年間観光消費総額８兆円

●2030年にインバウンド年間来日客数6000万人、年間観光消費総額15兆円

が発表されています。20年の実現は不可能となりましたが、30年目標は下方修正は不要だと思います。筆者があえて付け加えるとすると、

●2040年「までに」インバウンド年間来日客数8000万人、年間観光消費総額 25兆円

は実現できると思います。それは日本国内数値の積み上げ方式ではなく、世界全体の国境を跨いだ国際観光客数全体に対して日本は何％のシェアを取れるかという発想です。潜在力だけでも３％の世界シェアは取れると思いますが、DMOがしっかり機能して、観光立国戦略で世界に向けたデスティネーションマーケティングをすると４％程度は取れるはずです。すると、世界観光客総数が18億人ならば、7200万人、総数が20億人に上振れすると、8000万人です。

　ただし、われわれが観光立国・インバウンドを奨励する目的は「居住者の生活水準の質の維持または向上」ですので、人数ではなくあくまで年間観光消費総額が重要である点は強調しておきます。

　では、「年間観光消費総額25兆円」が実現するとどうなるかをイメージしてみましょう。

●現在の自動車産業の輸出総額が13.6兆円、自動車部品が3.7兆円なので、圧倒的に輸出産業の第１位の地位になる。

●外貨獲得トップ産業として、観光関連産業勤労者の賃金を充分に自ら上昇させることが可能な当期利益を確保できる。

●地方でも東京や都市部と同水準の賃金が確保可能な、輸出産業としてのキャッシュフローを確保できるため、地方での就労機会と定住を促進させる。

●現在、貧困層ギリギリの時給（最低賃金）で働いている人材に、インバウンド観光関連産業経営者は自主的賃金上昇の方向を加速させるに充分なキャッシュフローを確保できる。

> 時給1000円×週40時間×年間50週勤務＝年収200万円
> 時給1500円×週40時間×年間50週勤務＝年収300万円

　これによりパート、アルバイト、派遣社員の年収を向上させて、生活水準の質を確保し、産業の評判向上だけでなく、少子化問題にも好影響を起こすことが目標。

●現状、都心部に流出して戻らない英語や外国語能力のあるトップ学生や若者に、より高い給与や手当を支払うことで、都市部の大学や短大に進学した人材を地方に回帰させることが可能になる。

●人口減が直撃する地方にインバウンド客を回遊させて観光消費を奨励することで、地方が自ら外貨獲得が可能な輸出産業としての恩恵を享受できる。

●人口減が急速に進む地方地域での雇用機会創出により、人材の都市部一極集中対策として移住者（日本人及び外国人人材）を促進可能になる。

●計画的に外国人長期滞在者、移住者や永住希望者を受け入れることで劇的な日本人人口減のマイナス経済効果を緩和できる。また、英語を基本として各種書類などをデジタル化した特区を戦略的に構築し、外国語での学校や医療などを認める地域を創出することで長期的な地域活性化と外国人訪問客向けのサービスインフラを底上げでき、世界の起業家を誘致できるインフラが構築できる。

　20年間で年間インバウンド消費総額を約5倍（4.8兆円→25兆円）にするための年間複利成長率は約8％。別の見方をすると、現在の日本経済の産業構造で年間成長率8％、20年で市場規模5倍を狙える外貨獲得輸出産業は他にはあまり見当たらない点に同意いただけると思います（試算では30年までの年成長率10％、その後は5.2％と想定。また表7の2020年をパンデミックの影響で

１兆円切れの0.7兆円と補正して別途、複利計算すると、2030年の政府目標15兆円到達に必要な年間成長率は35.95%。2024年第一四半期実績を見る限りは年間成長率は順調に20〜30%の成長率を確保できる勢いがある）。現在及び将来にわたって日本を直撃する人口減による地方衰退を"地方創生"へと逆転させるには、市場拡大エネルギーのある宿泊産業よりも可能性のある産業セクターはないと思います。日本はすでに、人口が多くて、失業者がたくさんいる発展途上国のような国家経済構造は卒業してしまっているので、COVID―19後に景気が戻り、インバウンド客が戻ってくると、多くの産業ではCOVID―19発生前のような人手不足状態に戻るはずです。その際に、インバウンド関連事業ではできる限り自主的に賃金上昇を実行し、「観光産業就労は最低賃金貧困層業務ではない」という環境をつくり出していく方向性が中長期的な人材確保につながります。

1-6 第3ステップ：現状から理想像に移行するための期間設定、及び進捗状況チェック方法策定

　現状（19年で年間インバウンド消費総額4.8兆円）から理想像（30年で同15兆円、40年で25兆円）への実現の道のりで、すでに出発点とゴールが決まっており、かつ期間も決まっているので、このステップは比較的に単純です。

　観光産業は外部のマイナスのインパクトがあった後は、元の成長率に戻るまでの回復成長率はより高いという過去の例がありますので、25年頃には表７の額達成のめどが立つと思います。

　では、上記のような年間目標で今後の20年間にどのようなことをすれば、観光立国第２ステージ戦略が実現できるのか。DMOはなぜその中心組織となり、そこでなぜ各地方の宿泊業界がリーダーシップを取らなくてはならないのでしょうか？　前に述べたように、①現状把握ができ、②理想像・到達点が設定されれば、③それを期限を決めてどう実現していくかを策定するのが戦略案です。以上、実行すれば後で振り返れば驚くほどのことが観光立国・地方創生に向け

て積み上げられる可能性があります。

　現状把握に基づき今後詳細を議論していくわけですが、全体像を俯瞰すると以下の通りです。

●少子化高齢化による人口減が進む地方経済衰退を地方経済創生に転換するには、輸出産業育成による資金流入構造の構築が必須。ただし、新規設備投資を伴う製造業や一般サービス業による輸出産業復興は国際競争力の観点からより困難であり、消去法として観光産業、特に地方創生と国富増大の両方が実現できるインバウンド観光産業は、多くの地方創生の切り札となり得る。

●人口減の環境下、地方自治体・市町村の大規模設備投資への借入余力は厳しい点に鑑み、既存の文化歴史伝統慣習や自然などを活用し、既存資産の魅力によりインバウンド客を誘引し、滞在期間を延ばす（滞在期間が長くなるようなインバウンド客誘致に注力する）ことで、結果としての観光消費を増やす必要がある。

●インバウンド客を地方に回遊させるためには、インバウンド客の感性を考慮した効果的で説得力のあるストーリーを発信して、実際の来訪時には、そのストーリーを体感できるような体験型の観光資源を組み合わせて提供することが必要になる。この観光地のストーリーと情報発信を地方で主導するのが、DMOのコア業務。

●非営利団体であるDMOの目的は「居住者（納税者）の生活水準の質の維持・または向上」であり、その目的は中央政府・地方政府（市町村）と同一。この骨格をブレずに押さえておくと、持続性ある資金調達手法を検討する際にも方向性がブレない。

●少子化高齢化による人口減・労働人口減による人出不足に宿泊産業が正面から向き合うには、低賃金貧困層に近い年収での雇用状況改善を法律に強制される（最低賃金改定）のを待たずに、業界自ら自主的に勤務条件の改善を図ることが必要。インバウンド層比率を上げることはそのきっかけをもたらす。

●全米最大数の年間訪問客が来訪するフロリダ州オーランドで40年前に発足したDMOのケースは、日本版DMO創設と運営に多くのヒントをもたらすため、内容を精査する。

◆DMO財源となっている地方特別税は地元政府ではなく、地元ホテル業界の陳情でできた経緯がある。つまり、ホテル産業の危機脱出と観光産業の育成のために、地元ホテル業界が主導してできた税が観光客開発税。

◆DMOの執行役員と理事会の構成は日本の既存観光協会とどういう相違があるのか、またその相違は運営方法や方針にどのような影響をもたらすのか。

◆理事会の議決権ある理事はどのような人材・人物か。また議決権のない出席者はどのような人材・人物か。

◆地方特別税である観光客開発税は地元政府の一般財源に入るのか。入らない場合は、その地方特別税収はどのように管理されて、どういう目的で歳出を行なうのか。

◆米国では地域住民向けマーケティングは誰の仕事か。

◆DMOでは科学的なデータ解析と経営判断への応用はどの程度行なっているのか。

◆米国では観光立地での産官学の連携は具体的にどのような内容で何を重視しているのか。

◆DMOやデスティネーションマーケティングに必要な観光人材育成の方向性と具体的な教育内容は、など。

表7
2020年から2040年までの行程表：観光立国第2ステージインバウンド戦略

年度	年間消費総額（兆円）	年成長率
2019	4.8	10.0 %
2020	5.8	10.0 %
2021	6.4	10.0 %
2022	7.0	10.0 %
2023	7.7	10.0 %
2024	8.5	10.0 %
2025	9.4	10.0 %
2026	10.3	10.0 %
2027	11.3	10.0 %
2028	12.4	10.0 %
2029	13.7	10.0 %
2030	15.1	10.0 %
2031	15.8	5.2 %
2032	16.7	5.2 %
2033	17.5	5.2 %
2034	18.5	5.2 %
2035	19.4	5.2 %
2036	20.4	5.2 %
2037	21.5	5.2 %
2038	22.6	5.2 %
2039	23.8	5.2 %
2040	25.0	5.2 %

以上が次章以降の戦略論の内容で、戦術レベルでの議論に入っていきます。

第 2 章

日本版DMOにとって
重要な米国DMO
設立経緯と税制の理解

Understanding the history of the establishment of US DMOs and the tax system,
which are important for Japanese DMOs

　第1章に続いて、ここからは日本版DMO設立に役立つ各論に入っていきましょう。

　その前に、これから立ち上がる日本版DMOの基本構造を考えるにあたって、まったくの試行錯誤・自己流で立ち上げるのと、すでに40年以上成功裏に運営されている歴史がある米国の持続性あるDMOの構造をきちんと理解し、理想的な形態で立ち上げるのでは、その後の組織持続性に大きな差が出てきます。特に持続性あるファンディングや運営形態については、米国DMOが現時点では世界の中でもっとも進んでいますので、その内容を分析・理解するのが効果的です。

　DMOのビジネスモデルと日本の昭和期に発足した観光協会のビジネスモデルには根本的構造で相違点が多いのですが、おそらく、米国型DMOについて直接に米国現地で原典を読んで調査している日本版DMO関係者や宿泊業界経営陣は少ないと推察します。今後、詳細に詰めていきますが、体系的に案内させていただくことにより、観光協会から日本版DMOへと組織を昇華させたい方々の参考になれば幸いです。

　観光庁のWebページによると、日本版DMOは2024年4月10日時点の登録数で302件（内訳：「広域連携DMO」10件、「地域連携DMO」114件、「地域DMO」178件）、一方、候補数は46件（内訳：「地域連携DMO」7件、「地域

DMO」39件）と、都道府県数を遥かに超えるDMOが活動している状態になっています（https://www.mlit.go.jp/kankocho/dmo/ichiran.html）。第1章で述べたように、今後人口減が進むであろう地方にインバウンド客を回遊させるためには、総論的には好ましい状況です。

　しかしながら、筆者が第1回DMOフォーラムに出席して基調講演をさせていただいた後、参加者とお話をした時の印象では、「内閣府から補助金をもらえるらしいから手を挙げた」という正直な方々が過半数でした。果たして、立ち上げ期に支給される補助金がなくなった時点で、どの程度が持続的な資金源を確保して自立・存続しているのかと考えると、DMO関係者、地方自治体、金融機関や宿泊業経営者にとって、米国DMOの組織・運営構造の理解は参考になると思います。

　具体的な事例研究としては、米国フロリダ州オーランドとその地域のDMOを対象とします。その理由は、オーランド地域が米国内で一番訪問客が訪れる地域だからです。19年の年間来訪客総数は7500万人と、ニューヨーク市6600万人、ラスベガス市の4300万人を超えて全米第1位。また州ベースで見ると、19年の年間来訪客数は日本から見て存在感の大きいハワイ州の1000万人に対し、フロリダ州は1億2600万人と、日本の総人口に匹敵するほどで、ハワイ州の12倍超の来訪客数になります。米国内では圧倒的規模の観光立地州であるため、観光を主要な産業として育成するという地域経済構造に関しては米国内で最先端にあります。

2-1 「税金」と聞くと「反対」という　　　反射神経を持つ経営者へ

　関ヶ原以降の江戸幕府時代が260年強、そして明治維新後が150年強、日本では税金と言えば「中央政府、地方政府に一方的に決定されて支払いを要求される厄介な物だから基本反対」という感覚が400年以上も日本人の精神に植え付けられているのは仕方ないことです。

　COVID-19後の需要の増大期、あえて筆者がインバウンド2.0と呼ぶ時代に

図1
**米国フロリダ州オレンジ郡地図／
アメリカと日本の国土比較**

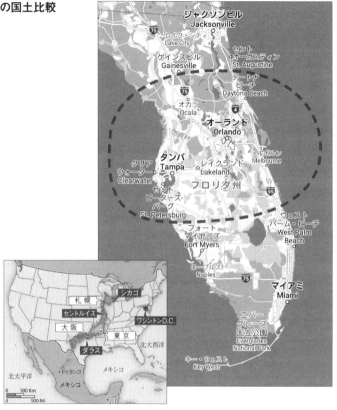

は、観光産業界は急成長するインバウンド層に対応するためにマーケティング
などの予算が必要になる一方、前章で述べた少子高齢化による人口減によって
地方政府の一般財源は成長が見込まれないどころか、微減傾向になってしまい
ます。現状の観光協会同様に、地方政府の一般財源から予算を割り当ててもら
うという旧態依然としたファンディング制度では、高い可能性で観光関連予算
配分が不足するという構造的問題が発生します。一般財源に依存する体制とい
うことは、地方政府の歳入側が減少するような社会・経済問題が起こった際に
は、もっとも不要不急であると看做されやすい観光奨励関連費用は真っ先に削
減対象になるという、平時から誰でも想定できる現実を放置するということに

なります。

　1868年に成立した明治新政府は、わずか４年後の72年に新橋駅―横浜駅間で鉄道を正式開業させましたが、自主開発ではなく、当時世界先端であったイギリスの技術援助で開通したわけです。その後の日本の鉄道技術の発展は1964年の東海道新幹線を経て、135年後の2007年には英国向けにイギリス鉄道395型29編成を輸出するに至っています。最初に基本モデルをしっかり先進国から学べば、その後世界トップとなる技術の自主開発ができるというのは、1543年の種子島への鉄砲伝来後の鉄砲鍛冶による国内生産の例を挙げるまでもなく、日本が得意な分野です。

　故に、すでに40年以上も成功裏に継続するオーランド（オレンジ郡）でのDMO運営構造を理解することは、日本版DMOでの大きな課題である持続性あるファンディング手法と運営体制の構築に役立つわけです。

2-2 米国フロリダ州オーランド地域概要

　米国フロリダ州オーランド地域は、亜熱帯地域である米国東南部のフロリダ半島の中央部、海岸からはやや距離のある半島内陸部に位置します。

　フロリダ州には67の郡（county）が存在し、オーランド市（City of Orlando）はオレンジ郡の中に存在（図１）。オーランドという俗称で語られる地域はオーランド市よりも広い、オレンジ郡を一般に意味し、地方特別税である観光開発税もオレンジ郡が徴収単位となっています。オレンジ郡の面積は259平方キロでうち約10％の面積は湖・池などで占められる多湿地域であり、40年程前まではオレンジの栽培が盛んな地域でしたが、1980年代冬期の冷害と71年に開業した「Walt Disney World」、90年に開業した「Universal Studio」などの成功とが重なり、米国屈指の観光地として成長し、2019年には年間来訪客数7500万人と数年連続して全米第１位の地位を維持しています。

　オーランド地域（オレンジ郡）は京都市と類似規模である人口140万人で、居住人口の50倍を超える7500万人の訪問客を受け入れる観光立地です。過去40年間で全米第１位の観光地としての地位を確保するまでに成長した背景に

は、いくつかの要因が存在します。

2-3 観光客開発税
（＝宿泊税）導入の経緯

宿泊産業が地元政府に陳情して導入された地方特別税

　フロリダ州は南北に伸びる半島部分と米国大陸を西に伸びるその付け根の部分がありますが、鉄道網の開発とともに成長した沿岸部と異なり、半島の中央部分は沼地や湿地帯が多く、大規模な農業には適しないため、開発は後発で未開の土地が残った状態でした。アポロやスペースシャトル打ち上げ基地であった臨海部のケープカナベラルから車で30分程度のオーランド地区にはB52爆撃機が離着陸できる大規模な空軍基地があり、その周辺に集積していた軍需産業が研究開発用に保有していた土地がありました。ディズニー社がWalt Disney Worldを開発するためのまとまった土地を60年代に買収し、その後、71年10月にWalt Disney Worldが開業したことで、それら元軍用の土地がテーマパークやホテルなどの観光関連産業に転売されていった経緯があります。

　71年のWalt Disney World開業後に観光ブームとなり、レジャー客の観光需要に応えるべく、ホテルなどの設備投資が行なわれたのですが、自家用車での子ども連れ家族客が主な客層であったため、学校の夏休み時期に需要がピークを迎え、ピーク時の観光需要を目論んで投資した施設では閑散期との需要差による季節変動が深刻な問題となります。そこに73年、第四次中東戦争でのオイルショックにより、ガソリン小売価格が数ヵ月で4倍に上昇。レジャー客への過度依存構造が現地経済を直撃したわけです。

　ホテル産業界を中心とするホスピタリティ産業としては、①閑散期にも来訪可能性のあるレジャー客以外の新規客層の開拓、②新規客層のニーズを満たす観光商品・施設の開発、を進めなくてはならないのにオイルショックによる経営危機状態で、個々のホテルの資金と労力では一気に解決できる問題ではありません。

オーランド地域の場合は、オイルショックで一気に客室稼働率と平均客室単価が下がって経営危機に直面したホテルオーナーたちが中心となり、オフシーズン期の業務開発をすべく、新しい特別地方税導入を地元郡政府に陳情したという経緯があります。税は政府が導入するものという固定観念が強い日本で、このオーランドでの宿泊税（正式名は「観光客開発税」）が、地元宿泊産業界の陳情で導入されたという経緯の理解が重要です。もちろん、宿泊税導入は財源確保という手段であり、目的は①国際会議場建設によるMICE客獲得、②DMO設立・運営によるレジャー客層以外を獲得することでの季節波動の緩和、であったわけですが、現地ホテル業界が地元政府に陳情した際に将来の財源まで明示した具体案を出した点が理解のポイントです。40年以上前の世界情勢を知っていれば、日本で宿泊税案に対してホテル業界が反射条件的に反対するというのは、米国事例とまったく逆だということが示唆されます。理由は後で述べます。

フロリダ州議会が「『観光客開発税』（Tourist Development Tax／TDT）については今後各郡にて、使途目的が限定され、住民投票にて承認を得ることを条件にこの地方特別税を導入できることとする」という法案を77年に通してから、新税導入への地元ホテル界と居住者への賛成運動に郡政府レベルで勢いが付き、オレンジ郡では同年に委員会を立ち上げ。翌78年4月に「観光開発税導入により観光奨励のために国際会議場・市民センターとアリーナを建設する」という住民投票が可決されました。同年5月には、当初の税率は2％で観光開発税が導入されたわけです（Visit Orlando, 2013, Hara, 2014）。

2-4 特別地方税導入への 法案導入経緯と内容

本件についてはフロリダ州歳入局の規定を要約して引用します（Florida Department of Revenue, 2013）（Hara, 2014）。

米国では中央政府である連邦政府ではなく、州政府レベルでまず特別地方税導入に関する法案を通した後で、郡政府レベルで導入の是非と実際の税率を決

定します。即ち、東京都千代田区にある中央政府ではなく、都道府県レベルで
まず特別地方税導入に関する法案を通すというイメージです。フロリダ州の場
合、「立法により許可された地方選択税」という題目下に、地方特別裁量追加
売上税、地方選択燃料税、観光レンタル税／観光開発税、観光インパクト税、
会議場開発税、地方選択料理飲食税、地方自治体リゾート税が記載されていま
す。すべての地方特別税がすべての郡で適用可能というわけではなく、たとえ
ば、料理飲食税はマイアミデード郡のみで導入可能、会議場開発税はヴォルー
シャ郡のみで導入可能、というように州法で規定がされています。

　フロリダ州法では、「6ヵ月以内の滞在期間でホテル、モーテル、アパート、
下宿、モービルホームパーク（注：トラックで運び込まれる、プレハブ住宅を
並べた簡易宿泊施設）、RVパーク、コンドミニアム、タイムシェア施設をレン
タルまたはリースする場合に、地方政府の選択でレンタル税を導入できる」と
規定され、さらに州法では、階層に分かれた観光開発税の記述が以下のように
あります。

●1～2％税……レンタル代総額の1～2％で課税。この税収は観光関連施設
　の資本建設、観光奨励、及び海岸と臨海部の維持に利用できる。

●追加の1％税……上記と同じ。

●観光産業高影響税 追加1％……その他観光開発税に加えて、観光産業の影
　響が高い郡ではさらに1％課税できる。それらの郡はBroward,Monroe,
　Orange, Osceola, Walton郡に限られる。

●プロスポーツフランチャイズ施設税1％……各郡は上記に加えて1％を課税
　できる。その税収はプロのスポーツフランチャイズ施設、春季キャンプ施設
　及び会議場の開発資金調達のために発行した地方債の元利金償還原資として
　利用でき、またこれら税収はフロリダ州内、州外、及び海外での観光奨励に
　利用できる。

●追加的プロスポーツフランチャイズ施設税1％……上記と同じ。

　つまり、州法で観光客開発税を規定して、後は税率も含めて各郡議会で法案
を通過させれば税率、適用先、使途もすべて自由というわけではなく、その枠
組みは州法で選択肢が規定されており、それに従ってどの階層の税を適用する

かは郡議会に任されているという仕組みです。現状では、オレンジ郡ではすべてを適用したフロリダ州法上限の6％となっています。

宿泊税は使途限定：
一般財源化防止を規定するフロリダ州法案

　大変重要な点ですが、フロリダ州法では地方特別税かつ目的税である観光客開発税は使途が限定されており、郡政府の一般財源には入りません。日本でホテル・旅館経営者とお話をすると、入湯税に対する不信感が高いことを感じますが、それは温泉利用者から宿泊産業が地元の自治体に代わって代理徴税した税収が一般財源に入ってしまうことで、貴重な税収が温泉地奨励や観光奨励に使われているかが検証できない点にあります。実は全米の宿泊税（オレンジ郡では観光客開発税と呼ばれている）の収入を見ると、使途限定の特別財源化しているケースが50％を超え過半数ではあるものの、40％を超えるケースで日本の入湯税同様に一般財源に入ってしまっています。州法で一律に宿泊税の目的税化を規定しているのは、観光産業への経済依存度が高いフロリダ州だけですが、今後新たに宿泊税法を規定できる日本の場合は、観光地経営が一番うまくいっているフロリダ州の枠組みを参考にしたら良いわけです。

　フロリダ州法では、宿泊税は「観光関連施設の資本建設、観光奨励、及び海岸と臨海部の維持」、または「プロのスポーツフランチャイズ施設、春季キャンプ施設及び会議場の開発資金調達のために発行した地方債の元利金償還原資、及びフロリダ州内、州外、及び海外での観光奨励」に利用できます。さらに重要な点は、「観光客から受け取った特別地方税収は、観光地奨励（＝DMOの主要活動です）と会議場建設資金及び建設資金調達した地方債の償還に使える」と明記されています。つまり、これら特別地方税収が観光地奨励と国際会議場建設資金または関連借入金返済に利用できるという枠組みの法的な根拠が立法として存在するのです。

2-5 観光開発税の使途制限

　オーランド・オレンジ郡では、特別地方税としての観光客開発税は一般財源に入れず、使途限定の特別勘定に入れ、その資金は主に観光地マーケティング組織（DMO：以前はコンベンションビジターズビューローと呼ばれていた組織）の年間運営活動資金と観光インフラ建設資金の返済原資として利用されています。その他の資金使途は観光客誘致に役立つ特別イベントの主催者のような非営利団体に競争方式にて資金交付を行なっています。オレンジ郡の事例では、郡政府のために代理徴税するのが宿泊業者であるため、宿泊業団体に「観光客開発税」に対する所有意識、つまりこれがどう使われるのかに対する当事者意識が高くなっているため、一般納税者も含めて、その使途を詳細にWebページにて公開しています。この税収使途の全面公開は入湯税で失敗した産業界の税金に対する不信感払拭のために、日本ではぜひ徹底していただきたい部分です。

2-6 DMO（観光地マーケティング組織）の財源問題

　日本の大多数の地方自治体のように地方特別税制度がない場合は、DMO（観光地マーケティング組織）の予算は、当該政府一般予算から予算配分することになります。この場合の問題点は、機動的・戦略的な予算配分確保の困難性です。たとえば、観光客セグメントの中で極めて有望で伸び率の高いセグメントがあった場合に、そこへのマーケティング予算を2倍にして高い伸びを確保したいものです。しかし、一般予算増加率がゼロであるにもかかわらず、有望な見込み先があるとの理由でこの組織向け予算のみの増加を確保するのは至難の業でしょう。オレンジ郡の場合は観光地マーケティング組織を非営利の独立団体としており、特別税収額を見ながら、郡政府と当該観光地マーケティング組織が毎年コンサルティング契約を締結する形式を取っているが故に、前年度契約額にこだわらずに、特別税収額をベースに機動的で成功報酬の要素を持った

予算額を設定することができるわけです。

　日本ではゲストが宿泊時に払う税金も、過去50年程度、多くの宿泊業者が送客を頼り切っていた旅行代理店の力が強すぎて、本米はゲストが宿泊時に払うべき税金を、泣く泣く鵜呑みにして宿泊業者が負担していた経緯が一部にあるために、宿泊施設者側の各種税金に対する嫌悪感と拒否反応が、ますます一切の思考を止めてしまっているのではと感じることがあります。

　今後まちがいなく人口減が進展し、一般税収が右肩上がりに増えない状況が予想される中で、地元観光産業や宿泊産業経営者は、「税金」と聞いて思考停止し反対するのではなく、自分たちで使える税収があったらどう活用すべきか、どう透明度を確保して入湯税のような失敗を防いで、成長産業であるインバウンド2.0のシナリオを描けるかという課題に取り組んでいただく必要があります。

　フロリダ州オレンジ郡の観光客開発税の税収推移については上の表1を参照してください。

表1 米国フロリダ州オレンジ郡の年間観光客開発税収推移

年	観光客開発税収	課税率 %	前年比 変化率 %
1995	$ 68,257,785	5.0 %	
1996	$ 81,059,719	5.0 %	18.76 %
1997	$ 92,862,345	5.0 %	14.56 %
1998	$ 97,935,188	5.0 %	5.46 %
1999	$ 100,539,325	5.0 %	2.66 %
2000	$ 109,411,700	5.0 %	8.82 %
2001	$ 97,932,100	5.0 %	-10.49 %
2002	$ 94,701,200	5.0 %	-3.30 %
2003	$ 94,512,900	5.0 %	-0.20 %
2004	$ 114,317,500	5.0 %	20.95 %
2005	$ 122,151,700	5.0 %	6.85 %
2006	$ 137,204,800	6.0 %	12.32 %
2007	$ 165,661,400	6.0 %	20.74 %
2008	$ 165,064,400	6.0 %	-0.36 %
2009	$ 140,202,100	6.0 %	-15.06 %
2010	$ 153,276,500	6.0 %	9.33 %
2011	$ 176,533,100	6.0 %	15.17 %
2012	$ 177,607,100	6.0 %	0.61 %
2013	$ 186,962,039	6.0 %	5.27 %
2014	$ 201,400,252	6.0 %	7.72 %
2015	$ 226,178,591	6.0 %	12.30 %
2016	$ 239,528,483	6.0 %	5.90 %
2017	$ 254,942,009	6.0 %	6.43 %
2018	$ 276,847,383	6.0 %	8.59 %
2019	$ 283,998,382	6.0 %	2.58 %
2020	$ 167,386,000	6.0 %	-41.06 %
2021	$ 176,872,100	6.0 %	5.66 %
2022	$ 336,319,200	6.0 %	90.14 %
2023	$ 359,324,500	6.0 %	6.84 %

Source: made by the author based on
TDT Press Releases | Orange County Comptroller,
FL (occompt.com)

2-7 国際会議場建設資金と運営赤字問題

　米国フロリダ州における観光開発税の趣旨は、州政府が税制度の導入と税率上限を定めた上で、各自治体、郡議会レベルで具体的な税率を決定するという

手法に現れているように、あくまでも各地方自治体の地域経済で発生した観光開発税は、その自治体で一般財源を使わずに、特別財源を確保した上で自らの観光目的地としてのマーケティングを行ない、また同様に観光客誘致に必要な観光関連公共インフラ設備投資関連借入の償還原資として使うというのが主目的です。これは人口減で域内経済規模に下降圧力が掛かっている地方自治体にとっては税収が減る中で、高齢者向け福祉のようなコスト増に対応しなくてはならない状況があり、成長産業であるインバウンド2.0の輸出経済効果による外貨獲得を積極的に狙わなくてはならない日本の環境では、米国以上に必要な観光産業の仕組みです。

　今後、日本でも経済効果や雇用効果を主眼とした訪日外国人誘致の起爆剤として、大型国際会議場やカジノ併設の大型ホテル開発などが議論されていくでしょう。しかし、開発時の建設工事による経済効果、開業後の雇用や法人税、消費税などの直接経済効果については注目が集まっても、そのような巨大な民間施設を抱える地方自治体が、その地域内居住者からの固定資産税等の税収を源とする一般財源を使って、訪問客向けのマーケティングをしたり、必要な観光インフラ整備への投資をしたりするのでは、居住納税者と恩恵を被る非居住者である訪問客という受益者の乖離が発生してしまうという点への疑問はあまり議論されていません。まして、巨大な観光インフラ施設は米国でも運営赤字は避けられない（Fenich, 1992）わけで、その施設建設時の資金をも地方都市の一般財源から支出していたのでは、借入元利金負担だけでなく、運営赤字負担の問題も発生します。遅かれ少なかれ、「赤字施設の負担金を毎年の一般財源から負担するのはおかしい」という疑問を持つ居住者が発生してしまう可能性が高いです。国際会議場はそれ自体が単体赤字でも、地域経済の他のセクター、たとえば会議場周辺のホテルや交通機関、観光施設が経済効果の恩恵を被るという全体像がある点を、このような単体の財務諸表だけを見て質問してくる居住者に説明するのは容易ではないでしょう（Kock et al, 2008, Braun, Rungeling, 1992）。

　この問題を根本的に解決するためには、徴税代行者である宿泊施設や地元居住者に対して最大限の透明性を確保し、その使途をすべて開示するフロリダ州

オレンジ郡の手法は大いに参考になるでしょう。オレンジ郡は観光商品消費者から地方特別税を徴収して、それを特別財源として使途限定のエスクロー口座（金融機関などの第三者の介入により取引の安全性を確保する第三者預託）にて管理し、そこからの支出は観光客増加のためにあらかじめ明文で合意してある対象、観光地マーケティングと観光インフラ開発資金借入の元利金返済とその他小額の観光奨励資金のみとしています。何と言ってもこれで40年間超機能している実績は、まだ複数年の運営前例がない日本の新規DMOにとっては考慮する内容が多いはずです。

オレンジ郡における特別地方税制度の重要点は、まず第一に郡・市町村レベルの地方自治体及びDMOに自分の知恵・努力・熱意で自ら税収を確保させる枠組みが構築されていることです。第二にそれを上位政府（州政府）が立法にて支援していること、第三にその支出先は観光客を増やすための観光地マーケティング（DMO年間運営予算）か観光インフラ投資（国際会議場建設の地方債）の借入返済に限定され、第四に透明度が高い開示制度を持っているために、地域納税者や政策担当者など誰でも、資金使途と投資効果を検証できるシステムが構築されている点です。

観光消費の対象となる商品は多岐に渡り、その中でどの支出・経済行為に課税するかという議論も出るでしょうが、世界的に見て、訪問客、特に域外からのインバウンド客や長距離旅行者の観光支出を確実に課税対象とできるのは、すでに多くの事例がある訪問客の宿泊代金への課税です。

オーランドの場合はホテル業界が陳情して宿泊税が導入され、ホテル業界側が地元政府のために代理徴税することで、ホテル業界側に「宿泊税は自分たちが代理徴税した自分たちの産業のための特別税だ」という当事者意識があります。

故に、ホテル業界側がDMOの日常運営と経営方針についてもリーダーシップを執る体制になっています。

2-8 アメリカのホテル宿泊時に 顧客に課税させる諸税の全体像

　一部の方は聞かれたことがあるかもしれませんが、米国でホテル宿泊時に課税される税としては、宿泊税の他にも売上税（消費税）、国際会議場税、観光改良税（TID）、その他地方税があります。これらはきちんと交通整理をしてから一つひとつを理解しないと、どれが主要な税でどれが補完的な税かの相対感が把握できないと思います。また売上税の一部としてTIF（Tax Increment Financing）などの概念を売ろうとする米国コンサルタントなどもいますので、まず全体感を構築しないとどれが重要なのか、それぞれの関係や市場規模などを混乱して理解されてしまうでしょう。

　以後、DMOの持続性ある運転資金確保の主要な財源となる、ホテル宿泊時に課税される諸税について、米国の事例を俯瞰します。持続性あるファンディング手法という観点では、世界的に見ても米国に成功裏な事例が多いため、その米国の先進的な手法や背景を理解しておくと、日本でも役立つことになるでしょう。

　最初に押さえておいていただきたいのは、米国でのホテル宿泊に掛かる諸税を全米平均で見ると、客室料金に対して総計15％程度であることです。ではどのような課税があり、税収がどこに入るのかを整理しましょう。

❶売上税（消費税）

　日本にも存在する税ですが、米国の場合の売上税（消費税）は原則として州の一般財源となります。

　日米比較をする際に、両国とも（表2）と、ある程度類似する3層の階層構造になっています。ただし、税収がそれら階層構造のどこに入るのかにおいて、日米間には相違があり、それを理解しないとホテル宿泊時の諸税の俯瞰図が頭の中に描きにくいという問題があります。これらについては一つずつご説明します。

　まず、売上税（消費税）ですが、日本では当然ながら中央政府に入ります。

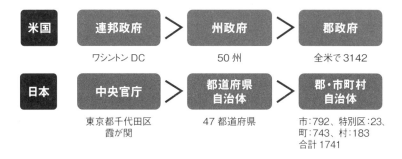

表2 **日米の行政府比較**

2020年度予算では国税収入計68兆円のうちの最大項目が消費課税で28.2兆円と税収の41％を占めています（財務省Webサイトよりhttps://www.mof.go.jp/tax_policy/summary/consumption/d01.htm）。ところが、米国の場合は、売上税は連邦政府（中央官庁）の税収にはならず、州政府（日本での都道府県自治体）の税収となる点が、日本とは異なります。一部の税収が州による一斉徴税後に州政府から各郡政府に還付されるという場合もありますが、基本は各州の歳入となるわけです。

　日本は21年現在、消費税率は軽減税率を除くと全国一律10％ですが、米国の売上税率は各州によって異なります。ただし、課税は固定額の定額制ではなく、定率制で計算されている点は重要なポイントです。1泊5万円のゲストと同10万円のゲストでは、後者の徴税額が倍になります。

　また、この売上（消費）税収は日米ともに一般財源に入ります。一般財源とは、制限なく政府が自由に使えるという、政府にとっては利用しやすい財源です。それは同時に、納税者から見ると、税金が具体的に何に使われたのかがわかりにくいという点もあるわけです。わかりやすい事例で言うと、「入湯税」は温泉利用の際に温泉施設が地元自治体のために代理徴税していますが、温泉や観光奨励のためにだけこの税金を使えるようにするという方法と、温泉施設が代理徴税しても、それがすべて地元自治体の一般財源に入ってしまうという方法があります。前者の場合は、代理徴税した温泉施設からすると、自分たちの産業のさらなる奨励のためにだけ使ってもらえる透明性があれば納得しやすいでしょう。後者の場合は、せっかく代理徴税したのに、その税収が何に使わ

れているのかわからず不満が溜まるという事態となることが推察できます。

「納税者は宿泊施設利用者（＝ゲスト）であり、施設所有・運営者ではない」

　売上税（消費税）でこう述べると、それは当たり前でないかと思われるかもしれません。しかし、日本に存在する昭和時代からの悪しき慣習を明確化するためには、この点を明らかにしておく必要があります。ホテル宿泊関連税は、ホテル宿泊者が払うものです。施設所有者や施設運営者が払うものではなく、むしろ、行政府に代わってホテル宿泊関連税を宿泊者から代理徴税する立場にあります。

　その原則論を確認したうえで次のホテル宿泊関連税を見てみましょう。

❷宿泊税（ホテル税・ベッド税・観光客開発税などの名称あり）

　日本ではまだほとんど導入されていないと言っていい税金です。東京都、大阪市、京都市などで導入実績がありますが、宿泊料金により徴税額が数段階に分かれているものの「定額制」かつ「使途を限定されない一般財源扱い」なので、米国と比較してあまり効率的に徴税されているとは言えない状況です。また、地方自治体が主導で導入した点と一般財源化されている点で、宿泊産業がその利用使途や運営方法に影響を及ぼすような形になっていない状況でもあります。

　米国では、宿泊税は原則として３層構造の一番下部である郡の財源に入りますが、州ベースで少額を徴税している州もあります。地方創生の目的である地方経済の刺激のためには、地方で徴税した税収をそのまま地方で循環させることで目的達成により効果があるわけです。

　なお、税額計算は圧倒的に「定率制」である点で、「定額制」を適用している日本や欧州の多くのケースとは異なります。米国の場合は、宿泊税収が一般財源に入るのか、あるいは使途限定特別税（観光奨励以外使えない税）扱いかは、各州や郡によって異なります。

　米国内でもっとも先進的な例はフロリダ州で、州法で宿泊税は使途限定特別税と定め、観光奨励以外への流用を認めないと包括決定しています。この制度

の理解が、後に述べる宿泊税を補完するホテル宿泊関連諸税の正しい理解につながります。

　このような州レベルでの目的税規定がない州（例：カリフォルニア州）では一般財源に流用されてしまうので、以下に述べるような流用禁止や観光産業向けの後付けの課税制度が提唱されたという、米国の構造的な背景理解が必要です。別の言い方をすると、宿泊税を一般財源化してしまったため、資金流用の問題に悩んだ末に、各種の補完的な税を導入せざるを得なかったカリフォルニア州の事例を、まだ宿泊税未導入の日本の自治体が真似る必要はないということです。

　では米国全体の各郡・市町村ベースではどうなっているかと言うと、概して宿泊税の特別財源化は50％強で過半数の自治体、一般財源に入るのが40％少々の自治体というイメージです。フロリダ州は100％使途限定の目的税化しているが故に、今後新たに宿泊関連諸税の導入を検討する日本の郡・市町村自治体においては、都道府県自治体にて包括的な法令を導入し、それを受けて郡・市町村自治体が宿泊税を中心とする宿泊関連諸税の導入を計画していくフロリダ州のモデルがもっともスムーズにいくと思います。

「納税者は宿泊施設利用者（＝ゲスト）であり、施設所有・運営者ではない」

　日本に存在する昭和時代からの悪しき慣習を明確化するためにはあえて、この点を再度、明らかにしておく必要があります。ホテル宿泊関連税はホテル宿泊者が払うものです。施設所有者や施設運営者が払うものではなく、むしろ、行政府に代わってホテル宿泊関連税を代理徴税する立場にあります。日本でヒアリングをすると、「そんな新税を導入されても、宿泊施設側にはとても支払える余力はない」という意見を述べる宿泊施設経営者が複数いて、耳を疑いました。

　よく話を聞いてみると、昭和時代の日本人団体送客依存度が高いビジネスモデルから、自社でマーケティングを行なう令和時代のビジネスモデル、あるいは個人旅行客主体の中国人以外のインバウンド客層に移管していないことが要因のようです。これは未だに旅行代理店依存度が高い日本人団体がメインの状

況である場合と、極端に料金の安いゲストハウスのような場合で、価格弾力性が高いような激安客しか取れていないために、とても新税をゲストに払わせるわけにはいかないという、自社マーケティングの意識も能力も低いような施設の普遍性があるように見えました。

宿泊税だけでなく、すべてのゲストへの課税はゲストが払うべきであり、これを宿泊施設所有者・運営者に転嫁させようとする昭和時代のビジネスモデルを引きずる旅行代理店とは、これを機会に関係自体の見直しをすべき時期であると言えます。日本人団体を送客してもらうというビジネスモデルに依存していても、人口は減少し、可処分所得も大きく増えるわけでない状況に加えて、自分で旅行の計画を立てる世代に移行していく状況下、日本人団体市場が大きく規模が増加することはないので、きちんと自社でマーケティングを仕掛ける体制づくりが大切です。

自分の裁量で使える税収がある場合と、いちいち地方自治体の一般財源から毎年予算交渉をして他の歳出と競合しながら確保する場合では、機動性、効果性が異なります。故に、宿泊税という持続性ある財源を確保しておくことが世界標準のDMOビジネスモデルの立ち上げには必須になるわけです。一般財源から予算配分を受けて、人員も地方自治体から派遣されるような従来の観光協会のビジネスモデルの継続では、世界標準のDMOビジネスモデルの立ち上げはうまくいかない可能性が高いと言えます。

以上の売上税（消費税）と宿泊税の２つが徴税規模も実施事例も多い主要な税ですので、日本の場合は、今後の持続性あるファンディング手法をDMOが計画する際には、宿泊税の導入がメインとなります。

❸観光改善地域評価（TID：Tourism Improvement District）

TIDとは、宿泊税が一般財源に流用されてしまう問題が存在する州内にある郡で、宿泊税収が充分に自地域の観光産業奨励に使われない問題を考慮し、地域の観光関連施設（ホテルなど）が特別に地域のDMO向けに使途限定の税を補完的に払うという制度です。産官共同で地元産業界の大多数の合意がある

ことを前提に導入できます。

　たとえば、宿泊売上げの１％相当額をホテルが地元DMOのために払うという制度であり、払うのは宿泊客ではなくホテルです。故に、ホテル税制度がしっかりと目的税化されていない、あるいは州政府で包括的な目的税化法案を通していない場合には検討する価値のあるという、あくまで補完的な税です。日本での議論を聞くと、TIDを宿泊税と混同しているケースが多いのと、極端な場合はTIDと宿泊税（フロリダ州オーランドの場合はTDT：Tourists Development Tax／観光客開発税）と同一なものだと誤解している場合があります。

　TIDは、宿泊税が一般財源化して観光奨励に充分に使われていないという問題のあるカリフォルニア州において宿泊税を補完する目的で導入されたという経緯の理解が重要です。その理解なしに、単にカリフォルニア州のTIDを奨励するコンサルタント会社の報告書だけを読んでいると、もっと根本的に宿泊関連税の流用を防ぐために観光奨励目的税化を州法レベルで定めている、フロリダ州レベルでの法令のほうが当然に効率が良いという点は書いていないわけで、TIDがDMO運営への持続的なファンディング手法だと誤解してしまうリスクがあります。また、産業界の一部企業が参加を拒んだ際に、参加を決めた企業との調整をどのように図るのかという問題もあります。評価額であるという形をとりますので、あるホテルと隣のホテルで一方はTIDに同意して、もう一方のホテルは同意しないという事態が発生し得るわけです。

　TIDを払うのは宿泊事業者（オーナー）であり、ホテル宿泊客ではない点も、考慮すべきポイントです。ホテル宿泊客への課税である宿泊税であれば、ホテル側は宿泊者から地元政府に代わって代理徴税するのですが、自分でその税金を払うことはありません。ところが、TIDの場合は、課税されて支払いを行なう当事者は宿泊事業者（オーナー）です。実際には、宿泊事業者（オーナー）側は、その分を宿泊料金に上乗せし、実質上は宿泊客が払うことになりますが、納税者は宿泊事業者（オーナー）だという点で、宿泊税ほどには筋が良くないと言えます。

　補完的という言葉を強調しましたが、実際に宿泊税とTIDの両方が導入さ

れているカリフォルニア州ロサンゼルス郡の数値（税額と内訳）を見ていただくと「補完的」という意味が理解できると思いますので引用します（表3）。

❹その他税（例：会議場税）

　地域によっては、すべての宿泊客に国際会議場運営費を負担させるような限定的な目的税があります。この場合は定率制だけでなく定額制もあります。この税を払うのは宿泊客であり、ホテルではありません。

　一例として、ウィスコンシン州ミルウォーキーの数値（税額と内訳）を見てみましょう（表4）。

❺その他税：TIF（Tax Increment Financing）

　TIFは、対象となる都市再開発地域の経済発展を促進するために地方自治体が使用する資金調達手法であり　、歴史的にはカリフォルニア州で60年以上の歴史があります。TIFは再開発プロジェクトやその他の投資の資金調達に使用され、新しい開発から生じる将来の税収を前提にして全体計画がつくられます。TIF地区が設立されると、固定資産税収入の「基本」額は、改善前の現状を使用して記録されます。予定通りに都市再開発が進むと資産価値は上昇し、基準を超える実際の固定資産税の領収書の増加につながります。固定資産税収入の基本額（再開発投資前の水準）で引き続き市のサービスに資金を提供し、税収の増加分は地方債の支払いや投資家への元利金返済に使われます。

　この既存の都市再開発向け資金調達概念を観光・ホスピタリティ産業に適用しようという動きがカリフォルニア州及び他のいくつかの州であります。当方が説明を受けた範囲では、一般財源化している売上税収を地域別に分類し、産業連関表の枠組みを利用してその地域の観光・ホスピタリティ産業セクター別に売上税収を再分類して、後付けで使途を観光奨励に限るという税徴収後に準目的税化をするような話でした。

　この仕組みには日本での適用を考えた際には、根本的な問題があります。米国のように売上税（消費税）が各州の歳入に入っていく場合には、交渉の可能性は少しはあるかもしれませんが、日本の場合は（1）売上（消費）税収は中

表3 カリフォルニア州ロサンゼルスの税額と内訳 （総課税比率：15.7%）

税目	税率	税額
市の宿泊税	14.00 %	税額：4億8500万ドル
観光改善地域評価	1.50 %	税額：2億3600万ドル
州の観光評価	0.195 %	税額：3300万ドル

※資産の評価額（assessment）を算出して、それに課税するという固定資産税と同じような発想で、客室数50室以上のホテルに課税されるのがTID。州の観光評価は、観光関連企業が売上額100万ドルにつき、1950ドルを企業から徴求するもの。
("A Study of LODGING CHARGES and the Allocation of REVENUES FROM TAXES and
ASSESSMENTS ON LODGING" 2018 CIVITAS, commissioned by Destinations Council より)

表4 ウィスコンシン州ミルウォーキーの税額と内訳 （総課税比率：15.1%）

税目	税率	税額
州の売上税	5.00 %	税額：9400万ドル
郡の売上税	0.50 %	税額：900万ドル
郡の国際会議場税	2.50 %	税額：4700万ドル
市の宿泊税	7.00 %	税額：1億3200万ドル
郡の観光評価税（野球場近隣評価加算税）※	0.1 %	税額：100万ドル

※宿泊税収をベースに野球場近隣のホテル群に加算税として課税するもの。

央官庁と地方自治体の税収となる、（2）政府年間予算約100兆円に対して売上（消費）税収28.2兆円を含めた国税収入が68兆円しかない税収不足状態で、その不足税収から一部を観光産業に準目的税化するというのはあまりに不可能、という理由で観光産業向けのTIFは不適だと思います。日本の税収構造を知らない米国関係者と米国の税収構造を知らない日本人が、米国の新たな公共ファイナンス手法だという誤解をして飛びついてしまう可能性はあるので、そこは充分注意したほうがいいと思います。

2-9 DMO運営と持続性ある ファンディング手法の全体像：

　米国と比較すると日本は消費税10％ですので、ホテル宿泊料に約15％を課税する米国水準と比較すると、あと５％程度は課税余地があることになります。持続性あるファンディング手法が確保できていない日本の観光協会の看板付け替えモデルの流用ではなく、これからDMOや観光地域計画を立ち上げるならば、理想的な形態が見えてきます。

　米国内でも、先進のフロリダ州のように州法で包括的に宿泊税の目的税化を唱道し、一般財源への流用を認めないという枠組みをつくり、その特別税収の使途・目的も成文化して、その実際の運用はホテル産業を中心とする理事会で議論するという形にするべきです。透明性が確保でき、観光奨励にしか税収を使わないという自己規律が保てるはずです。持続性あるファンディング手法があるからこそ、宿泊産業代表者が地方特別目的税を地域の観光産業奨励のために使う方向性を、自ら提言できる形が確保できるわけです。

　構造変革の際には、現場の各人にやみくもに現在までの業務をさせるだけではじり貧になります。経営者が社会全体の構造変革を俯瞰して、自己組織内資源（人材・資産・資金）を非成長分野から回収・撤退し、今後の成長分野に回収した資源を配置換えする決断が必要になります。世界の事例で言えば、富士フイルム㈱は主力のフィルム事業から撤退して別事業への投資がうまくいった一方、米国コダックは事業転換に失敗し破綻したというケーススタディの例です（これは戦略論の分野なので、のちほど説明します）。

日本国内の観光産業ビジネスモデル変革

　他国と比べて日本の場合は、旅行代理店からの送客に宿泊業者が依存するビジネスモデルが昭和の高度経済成長期から続き、個人旅行客が自ら予約を手配するようなFIT（個人旅行者）主体の世界的なモデルへの移行には遅延していたわけです。しかし、COVID―19の影響は、インバウンド客の来日行動を吹き飛ばすと同時に、日本人や世界の消費者のインターネットの普及・利用をさ

表5 米国での宿泊にかかわる諸税

宿泊代金を100とすると全米平均で
合計約15%の諸税が課税されている

主要な税

売上税 (消費税)
Sales Tax

州政府一般財源となる。一部、郡政府に還付される場合もあり。米国では中央政府一般財源でない点を、日本人が誤解しやすい。

宿泊税
Lodging / Bed Tax

郡（市町村）政府の使途限定特別財源化が過半数。持続性ある財源で地域経済活性化に最適。一部、一般財源化している州もあり、その場合には以下の補完的な税導入が必要。

補完的な税

地域改良税
TID Assessment

固定資産税のように評価額という概念（売上比 X%）で、宿泊施設に課税（ゲストではない）。地域内で宿泊施設が合意した場合に実施可能。宿泊税のような包括的な宿泊者への課税でない点が問題。あくまで補完的措置。

会議場税
Convention Center Tax

国際会議場がある都市内のホテルで、宿泊客の宿泊代金ベースに課税。

その他税
Other Tax

らに促進しました。結果として、旅行代理店送客依存度が低い、つまりゲストの顔がよく見えている宿泊施設のほうが、日本人向けマーケティング能力を発揮し、同じような地域・環境でもより高い稼働率を確保したという事象が見えてきています。

　日本人観光客に関しては、昭和の高度経済成長期から観光庁・DMOがなくても、旅行代理店の送客の腕力で充分以上に成長できた点です。観光協会は旅行代理店にセールスを掛けて、旅行代理店は15～17％程度の利鞘を確保した送客でそれに応え、宿泊施設はバスで送られてくる団体客を捌けば毎期増収増益が確保できたという良き時代です。

　インバウンド客が再び訪日する環境が戻ると、中国以外の国籍のインバウンドはほぼFIT（個人旅行者）です。　すると旅行代理店の相対的重要性は構造的に低下し、その環境下で旅行代理店への利鞘支払い分は、国内外のオンライン旅行業者への支払いとなって若干低下することになります。あるいは自社で

直接予約を取れるようなマーケティング能力のある（＝ゲストの顔が見えていて、リピーター率が高い）宿泊組織は、手数料支払い費用分が不要となり、どんどん営業費用をセーブできる環境になります。

　そうなってくると、インバウンド客をいかに自分の地域に来訪させるかという点で、地域内の宿泊施設は皆、ライバルである要素よりも経済的な運命共同体であるという要素が多くなります。これを機に宿泊施設群がまとまり、インバウンド客招致が主要業務であるDMOの運営を管理・経営しようという機運が盛り上がるはずです。その時点で、そのDMOの運営費用が観光協会の看板付け替えで、地域政府の一般財源に依存していたのでは、積極的な攻めのマーケティングはできにくいわけです。故に、持続性あるファンディング手法を確保しておくべきであり、先行する米国半世紀の知恵からは、地方政府ベース（郡・市町村）での宿泊税で使途限定の条件を付けておく地方特別税収の枠組みがもっともうまくいっている事例なわけです。

第 **3** 章

DMOと観光協会の
ビジネスモデルの違い
DMOの運営と
経営手法

Differences between the business models of DMOs and tourism associations,
and the operation and management methods of DMOs

　日本では、まずは「日本版DMO」とDMOに日本版という形容詞が当初付いていました。しかし、40年以上先行する米国から見ると、米国のDMOが世界の参考モデルになりつつある現状で、一体「日本版」という形容詞は何を意味するのか、どの部分がユニークなのかに当方も大いに興味を持っていました。ただし、ある程度日本の皆さまの話をお聞きした上で、自分なりの理解を整理すると、新規の日本版DMO申請者には、既存の観光協会を看板付け替えの再利用をするという意図を持った方々が多い点が見えてきました。

　世界水準DMO（それは米国型DMOと言い換えてもいいのですが）の観点で構造的な相違点を見ると、既存観光協会モデルでは、「持続性ある運転資金調達」「地元政府からの独立性を確保した組織資金・人事・運営経営体制」という点で大きな差異があることが見えてきます。そこをより詳細に見ていきましょう。

3-1 DMOと観光協会の
　　ビジネスモデルの違い

　「DMOも観光協会もどちらも観光客を観光地に呼び寄せることが業務であり、その意味で同じような組織だろうから、既存観光協会がDMOに看板を付け替

えればいいのでは」という発想が日本で多いことは理解できます。DMOが正式に発足するこれまでは、観光協会が各地に存在し、その業務内容は多くの観光関連産業の関係者に認知されていました。また、DMOという言葉が米国で登場する前のCVB（Convention and Visitors Bureau）という名称できちんと活動していた組織もあったわけです。米国では、CVBはそのBureauという単語が役所業務を連想させるという理由で、ここ20年ほどでDMOという名称に変わりつつあるので、DMO＝CVBと理解していただいて大丈夫です。

　すでに40年超もきちんと機能している米国型DMO、つまり実質上の世界標準DMOと日本の観光協会はどこが相違するのかを理解すれば、今後数年で顕在化するであろう「日本版」DMOの問題点が何であるかが現時点で推察できます。さらにその理解に基づいて現状の問題点を改善すれば、それらの問題が顕在化する前に、問題を解決できるきっかけになるはずです。

　日本型観光協会とDMOの相違について、全12項目にまとめました。各項目を整理してみましょう。

❶顧客

　昭和の高度経済成長時代に発足し発展した観光協会のビジネスモデルは、可処分所得の増える日本人の旅行需要増加に対し、自分の地域への来訪者をいかに増やして、地元のホテル・旅館などの観光関連産業を潤すかというのが基本モデルでした。客室数を増やしたからもっと顧客が取れるので、首都圏の旅行代理店に送客してくれとお願いする。そして送客が増えて客室稼働率が上がったら、ホテル・旅館は地元銀行に融資を相談して設備投資し、新館を増築するというサイクルです。では、観光協会は増加する旅行客に直接マーケティングをしていたかと言うと、違います。観光協会は送客をしてくれる旅行代理店にお願いするというのが基本的なビジネスモデルであり、これこそが日本の特異な点です。受け入れ側の宿泊施設が宿泊客の属性情報を取得して、お客のニーズに合わせた仕様に改装したりするという努力をする必要がなかった時代です。各新聞の夕刊や日曜版に「ｘｘｘ温泉、1泊2食往復交通付き・1万9800円」「ｘｘｘ旅館、カニ食べ放題夕食と朝食付き・2万9800円」というようなパッ

ケージ商品の広告を掲載し、それらを見て電話や店舗に来店する消費者をまとめて団体送客するモデルです。宿泊代から15〜17％程度の利鞘を旅行代理店が抜いて、あとは宿泊施設側がいかにコストをコントロールして、旅行代理店から支払われる代金で利益を確保するかという、基本的に薄利多売の日本人団体向け昭和ビジネスモデルと言えます。

　このビジネスモデルにおいては、毎月・毎年で各宿泊施設に何名送客したのか、という指標が一番わかりやすい成果評価指標となります。つまり、宿泊客の個人的な情報やそれを相対化した属性情報（性別、年齢、既婚・未婚、趣味嗜好、年収層、居住地、職業など）には宿泊産業側も観光協会側もあまり興味もなければ、それらの情報をどう活用するのか、利用方法もわからなかったという時代です。大まかな満足度（食事、温泉、接遇）程度はアンケート用紙で取得し、クレーム記載があった場合には改善するよう、旅行代理店から宿泊産業や観光協会へ要約のフィードバック程度は行なわれていたようですが、それを宿泊施設や観光地経営に定量的に生かすという21世紀のDMO経営にはほど遠い時代だったはずです。

　一方、DMO経営においては、基本的にレジャー客が主体となり、法人客としては絶対数では少なくても、季節性が少なく滞在消費単価が高いMICE（Meeting, Incen-tive, Conference and Events/Exhibitions: 会議出席者、法人報奨者、学会や国際会議及び特別イベントや展示会出席者）関連のニーズを追うところもあるでしょう。このレジャー客の位置付けをしっかり理解しないと、日本でDMOの業務がうまくいかないことになります。世界では、レジャー客は個人旅行客であり、日本の昭和時代のような団体客ではありません。まして、日本政府が重要な"輸出"産業としてインバウンド観光を位置付け、今後、少子高齢化で経済縮小危機にある地方創生をインバウンド観光客の観光支出で救うという、国家戦略でのDMO網構築という文脈で考えると、DMOが狙うべき顧客のコアは「訪日外国人観光客」となるわけです。場所によってはMICEの潜在性を充分に秘めた観光地もあるでしょう。その場合は、業務や法人ベースでの来日出張というニーズも追いかけなくてはなりません。故にレジャー客のみを示唆する「観光客」よりは「インバウンド訪問客（visitors）」と

表現すると、両方の訪日客層を示唆できます。

❷顧客国籍

　DMOのコアとなる顧客は「インバウンド訪問客（visitors）」です。それが意味するところは、DMOの使命としては「インバウンド訪問客（visitors）」が主なターゲットであり、現時点で日本国籍を持つ「日本人観光客」「近隣地域観光客」は中長期的なコアではありません。こう断定するとまちがいなく反論が出ると思いますし、その反応は当然だと思います。

　COVID―19禍の短期的な生き残り戦略と、日本の今後数十年を見越した“輸出”産業としての外貨獲得戦略は混同されるべきではありません。冒頭でふれた昭和の高度経済成長期に観光庁は存在しませんでしたが、旅行代理店と観光協会という民間・純民間ベースで国内観光は充分以上に経済活動が行なわれていたわけです。納税者の税金が資金源である政府の補助金を使って新たな産業を興そうという観光庁の発足と、輸出産業による外貨獲得の恩恵で地方創生を図るというインバウンド訪日客招致に的を絞ったDMOは、少子高齢化で構造的に衰退する旅行代理店と観光協会の救済を目的としてつくられたわけではありません。この部分の誤解は、できるだけ速やかにDMO参加希望者、関連産業従事者の多くが理解すべきだと思います。

❸セールスかマーケティングか

　セールスとマーケティングの違いは、米国大学のホスピタリティ経営学部では学部2年生に教える内容ですが、どうもこれが日本ではきちんと教えられているのかの確証がつかめません。20年度ほど前に大規模ホテルに勤務しているセールスマネジャーにこの点、どう理解しているかお聞きした時には「セールスとマーケティングって同じようなものではないのですか？」と逆に聞かれたことを思い出します。

　セールスとマーケティングの相違については、また別途しっかり紙幅を割いて説明したいと思いますが、観光協会とDMOの相違という点に絞って短く説明すると、以下のようになります。

　既存の観光商品、つまり客室がｘｘｘ地域でまだ５割程度余っているから値段を下げたり、あるいは旅行代理店に頼んで販売促進キャンペーンをしてもらい在庫客室を売りさばこうという場合、ホテル・旅館という観光在庫を持つ供給者側の都合だけで在庫を処理しようとするわけです。その在庫を購入すべく旅行代理店に申し込みをする消費者は、まさにコモディティ扱いであり、クレームが複数出ない限りは、とにかくコモディティを処理すればよいという発想です。これがセールスです。昔、ホテルの宴会担当者が、年末にまだ宴会場の空きがあるぞと上司にハッパをかけられて、取引先法人を回ってうちのホテルで忘年会はいかがですか、と担当者の情に訴えて販売したというケースと同じで、商品供給者の都合で在庫処理をしようというのがセールスです。

　一方マーケティングの場合は、出発点が自分（商品供給者）の都合ではなく、潜在的な顧客のニーズを聞いて、そのニーズを満たすような商品や商品の組み合わせが自社にあるかを探ります。ない場合は無理して集客しても満足度が上がりませんから、その顧客ニーズを追い求めるのは止めようという英断につながります。自社にある商品の在庫（棚卸し）を把握し、その組み合わせで潜在的顧客を満足させる可能性が高い場合には、その潜在的顧客層の大きさを見て、それが充分に大きければ、その層のニーズを満たすような商品について情報提供します。来訪してくれた場合にはその満足度を確認し、再来訪につなげるようにリピーターを獲得していく運営戦略です。あくまで消費者のニーズがスタート地点であり、自分（商品供給者）の都合ではない点が大きな違いです。

　たとえば、日本という観光地の場合は、「カジノで羽目をはずして遊びたい」という外国人の潜在的顧客がいた場合、お金を使ってくれそうな富裕層だからと「来る者は拒まず」と獲得に走るのがセールス、「いや、現在の日本にはカジノという商品はないから、そのような潜在的顧客は満足させることはできない」とあえて追わないのがマーケティング発想となります。

❹来訪観光客データ収集

　右記と関連しますが、どういう属性情報でどういう趣味嗜好のインバウンド客層がリピーターになる確率が高いか、というような業務の効率性・生産性向

上に役立つ経営情報を定量的に統計解析し、その戦略的なターゲット層に響くようなマーケティングを行なっていくというのがDMOで執るべき運営戦略ですので、一般の企業経営と同様の経営手腕が必要になります。

　ここで基本となるのはデータ収集です。訪日客全員からアンケート調査などでデータ収集ができればもっとも正確ですが、コスト面と実際の状況を考慮するとそれは困難でしょうから、一部の客層にアンケート調査を行なうサンプル調査をし、そのデータを統計解析して表れる経営情報が、DMO運営戦術を構築するためのベースとなります。米国の場合は、観光地には観光・ホスピタリティ経営学部があります。研究系大学の場合は、研究系教員にとって実際の訪問客データ収集と統計解析はテニュア（終身研究者身分保障）取得にとって貴重な機会となるので、DMOと大学の共同により極めて低廉なコストでそれなりにしっかりした研究結果が得られるというモデルがあります。観光協会モデルでは、旅行代理店に送客してもらうために、自らが観光の最終需要者情報を収集することはほぼ不要でしたが、DMOモデルの場合は、自らインバウンド観光客という日本語ができない個人旅行客（FIT：Free Independent Travelers）の情報を集める意識と体制が必要になります。既存の観光協会モデルのままでは、これは不可能に近い業務内容だと思います。

　やや技術的なことを述べるならば、今までに旅行代理店で収集していたデータは、各旅行参加者が宿泊施設、食事、交通手段などについてどの程度満足しているかをアンケート用紙で集めるような簡易なものであり、その収集結果は「食事は満足と大変満足を足して67％、宿泊施設は……」という叙述的な内容で、むしろ不満のクレームが複数出なければそれでよしといった収集結果を出していたと推察されます。これは統計学で言うならばDescriptive Statistics（記述統計学）であり、世界と競争してより多くの訪日客を獲得する観点ではInferential Statistics（推計統計学）の水準に上げることを意識したアンケート調査票を始めから使わないといけないわけです。

❺地元自治体との関係

　観光協会から日本版DMOへの看板付け替えで対応しようと思っている多く

のケースでは問題意識を持たれていませんが、これまで述べたように中長期の
DMO組織持続性を考えると、組織変革の検討が重要です。

　観光協会の場合は、地元自治体の観光奨励部課から発足した半官半民のよう
な位置付けの側面があり、その意味では、人・物・金のすべてを地元自治体（市
町村）に依存して回してきたたため、その運営方法が当たり前に思っておられ
る人は多いと思います。しかしながら、今後、税収が大きく成長するような自
治体を除き、多くの地方自治体は少子高齢化による人口減により、その税収基
盤である法人税や固定資産税が逆に漸減していくことを予想しなくてはなりま
せん。

　人口予測は為替や金利予測と異なり、予測が当たる可能性が高いのです。そ
のマクロ経済方向性がわかっていながら、今後の地方経済創生において一番成
長可能性があるインバウンド観光客誘致にかかる必要な活動費を、高齢化によ
る社会保障費用の負担割合が増えることが確実な地方自治体の一般財源に依存
したままでいいのか。一般財源に依存したままで成長産業セクターであるイン
バウンド観光客により多くの予算をどう確保するのか、という将来展望を真剣
に考える必要があるでしょう。人材と財源については以下に詳細に述べます。

❻地元自治体からの出向者・出身者の有無

　昭和高度経済成長期の名残りである日本の観光協会モデルでは、地元自治体
に人も財源も依存する形態になっている面があります。ただし、地元自治体か
らの出向者や定年退職者が役職につくような慣習は、日本のケースしか知らな
い方には疑問も起きないでしょうが、DMOのモデルではそれは極めて異質で
す。全米で最大の年間来訪客数（2019年で7500万人）を誇るオーランドの
DMOのケースをみてみましょう。

　運営とは日常のDMOの運営担当をすることで、そこには従業員レベルとト
ップ管理者レベルがおり、トップ管理者レベルは執行役員のイメージです。オ
ーランドのDMOは一般向け名称はVisit Orlandoという、今、米国で流行り
の名前を使っています。

　執行役員クラスは14名（図1）、従業員は100名を少し超えるというイメー

図1 DMO執行役員（2019年時点）

Visit Orlando's Executive Management Team

※日本語の役職名は前職

| ポイント | ❶地元自治体出身・出向者はいるか？ | ❷民間出身者の割合は？ | ❸男女比率は？ |

DisneyのSVP
George Aguel
President & CEO

Seaworldの部長
Becca Bides
Vice President of Communications

ホテルチェーンの営業部長
Elaine Blazys
Associate Vice President of Travel Industry Sales

IT系のマーケティング部長
Jeff Braswell
Chief Information Officer

Seaworldのマーケティング部長
Toni Caracciolo
Vice President of Marketing

会計会社COO
Kristen Darby
Sr. Vice President of Membership & Support Services

コンサルタント会社
Deborah Kicklighter Henrichs
Vice President of Interactive/ Print Support Services

公認会計士事務所
Larry Henrichs
Chief Operating Officer/ Chief Financial Officer

MICEマーケティング
Danielle Hollander
Chief Marketing Officer

ホテル総支配人、本部セールス
Stephanie Naegele
Vice President of Sales Operations

人事管理専門会社
Karen Soto
Vice President of Human Resources

Seaworldの財務部長
Keith Swider
Vice President of Business Affairs

医薬品会社課長
Sheryl Taylor
Vice President of Member Business Development

ヒューストンDMO社長
Mike Waterman
Chief Sales Officer

ジの運営体制で、年間予算は日本円で80億円程度です。

執行役員の内訳と前職

　14名の執行役員中、男性が5名、女性が9名です。最近退任した社長（男性）は、元は「ウォルト・ディズニー・ワールド・リゾート」の常務クラスでした。副社長はオーランドにあるテーマパークの一つ「シーワールド」社の部長（女性）。その他執行役員の前職を調べると、米国大手ホテルチェーンの営業部長（女性）、IT系企業のマーケティング部長（男性）、シーワールド社のマーケティング部長（女性）、会計企業のCOO（運営担当執行役員、女性）、コンサルタント会社（女性）、公認会計士事務所（男性）、MICE関係のマーケティング（女性）、米国大手ホテルチェーンの総支配人（女性）、人事管理会社（女性）、シーワールド社の財務部長（男性）、医薬品会社課長（女性）、ヒューストンDMO社長（男性）で、役所出身者・役所からの出向者はゼロです。これら役

表1 DMO 理事会／構成員

Visit Orlando 2020 Board of Directors

Executive Committee					
[Chair] Global New Concepts Development Director Merlin Entertainments USA Inc.	パーク	**[Secretary]** Chief Executive Officer VMD Ventures	IT		
[Chair-Elect] Area Vice President Hyatt Regency Orlando	ホテル	**[Past Chair]** Principal Engfer & Associates	ホテル		
[Treasurer] President & Chief Operating Officer Universal Orlando Resort	パーク	President & CEO Visit Orlando	DMO		

At-Large Directors	
Chief Operating Officer Orlando Magic	スポーツ
General Manager Rosen Shingle Creek	ホテル
General Manager The Mall at Millenia	モール
Chief Operating Officer LIFT Orlando	非営利団体

Elected Directors			
		President & CEO Fun Spot America Theme Parks	パーク
Executive Vice President & Chief Financial Officer Xenia Hotels & Resorts	ホテル	President Hello! Destination Management	
General Manager Hilton Orlando	ホテル	General Manager Orlando World Center Marriott	ホテル
Market President/Publisher Orlando Business Journal	メディア	President and Chief Executive Officer Amateur Athletic Union of the United tates,Inc.	スポーツ
Orlando Market President BB&T	銀行	Chief Commercial Officer Walt Disney World Resort	パーク
Managing Director Hilton Orlando Bonnet Creek and Waldorf Astoria Orland	ホテル	Regional Vice President & General Manager Four Seasons Resort Orlando	ホテル
General Manager Caribe Royale Orlando	ホテル	President/Senior Vice President Dr.P.Phillips Hospital/Orlando Health	医療
Complex GM Wyndham Lake Buena Vista,Wyndham Garden Lake Buena Vista	ホテル	Managing Director Harvard Group International	HR

EX-Officio Directors	
Chief Executive Officer Greater Orlando Aviation Authority	空港
Mayor City of Orlando	首長
Director of Economic Development City of Orlando	首長
Orange County Mayor Orange County Goverment	首長
Chief of Staff Office of the Mayor	首長
president/CEO Central Florida Hotel & Lodging Association	ホテル
President and CEO Orlando Economic Partnership	
President Bags Inc.	
President DM Font Events	

General Counsel	
Shareholder.CEO & President Lowndes	

ポイント
1 ホテル業界
2 自治体の関与

員の一部と話をした時に、「（このDMOの執行役員は）民間大手のホスピタリ
ティ経営会社で部門予算を見て厳しく管理をしたり、されたりした経験を有し
ているので、費用対効果の査定には厳しいのが共通点」と述べていました。

理事会の内訳と投票権の有無

　オーランドのDMO「Visit Orlando」については、2020年の理事会名簿を
見ると、上級委員会の理事が6名、その他理事が19名、以上25名には投票権
があり、Ex-Officioといわれる投票権のない、オブザーバーのような理事職
が9名、顧問弁護士が1名です（表1）。

　上級委員会の理事6名の内訳は、ホテル会社からの代表が2名、テーマパー
クからの代表が2名、IT企業1名、そしてVisit Orlandoの社長が上級委員会
理事を兼任しています。残る投票権ある理事19名の所属先を産業セクター別に
区分けすると以下の通りです。

・ホテル企業…………… 8名

・テーマパーク企業……2名
・スポーツ企業…………2名
・その他1名ずつの母体：地元メディア、地場銀行、地元大手病院、人材管理会社、地元大手ショッピングモール、地元非営利団体、DMO（フロリダ州）

投票権のない理事

・オーランド国際空港、オーランド市市長、オーランド経済開発公社、オレンジ郡郡長、オレンジ郡官房長官、セントラルフロリダホテル宿泊協会、オーランド経済開発パートナーシップ、現地企業代表1・2、顧問弁護士

　以上を見ていただくと理解できるのは、政府関連代表者（市長や郡長）には投票権がない、投票権がある25名の内訳で、産業セクター別に一番多いのはホテル10名。絶対多数ではないが、最大閥。次はテーマパークで3名と、宿泊産業がオーランドDMOの中長期方向性を決める理事会での最大グループである点です。地元政府（オーランド市とそれを包括するオレンジ郡）からは執行役員への出向者も出身者もゼロ、そして理事会では、地元政府代表は投票権のないオブザーバー参加ということで、いかに地元政府から人的にも独立しているかが理解できると思います。

　DMOは完全に民間主導、さらに言えば、ホテル宿泊税を地元政府（オレンジ郡）に代わって代理徴税する宿泊産業業界が主導して、民間の発想と人材で運営するのがDMOのビジネスモデルなわけです。

DMOは数十年に一度の構造変革機会であり危機

　日本の宿泊業界は、多くのホテル・旅館が1970年代の高度経済成長時には観光協会が仲介する旅行代理店からの送客依存で、自主的な地域観光経営を考え実行する機会を失っていました。その状況が30〜40年ほど続き、旅行代理店からの自立ができそうな構造変革期に、一部のホテル・旅館が自社のWebサイトやデータ管理を整え、初めて自社の顧客に自らがマーケティングを効果的に実施することができました。しかし、それは少数派であり、多くは旅行代理店依存がオンライントラベルエージェント（OTA）に取って代わられただ

けという状況で、今日に至っているのではと推察します。その意味では、日本におけるDMO出現は、数十年に一度訪れる構造変革期と言えます。インバウンド層獲得により地方創生、地域の観光産業開発を実現するためには、めざすべきは世界レベルでのDMOの運営・経営ビジネスモデルであり、それは日本の観光協会モデルからの戦略的決別を意味します。

　ただし、宿泊産業界がこれまでと同様にマーケティングという自社経営に死活的意義のある業務をまたも他人任せにし、DMOは自分とは関係ないという態度を継続すると、おそらく、旅行代理店やコンサルタント会社に主導されて、日本型観光協会からあまり変わり映えのしない、インバウンド獲得への戦略的目標もないような組織ができてしまうでしょう。後述する自主財源が確保できずに、数年後に消えてなくなる運命から逃れられなくなるという事態になってしまうことが懸念されます。つまり、DMO創設は数十年に一度の構造変革のリーダーシップを取る気のある宿泊業者にとっては機会であり、無策で受け身の姿勢を続ける宿泊業者にとっては危機でもあるわけです。

❼財源

　財源は日本の観光協会と米国型DMOの比較でもっとも異なる部分であり、日本のDMO設立を希望する関係者やDMO関連セミナーでは強調されるべき内容です。日本の観光協会、DMO、CVB（Convention and Visitors Bureau）などで、財源に関して持続性ある仕組みが構築できている事例を見た覚えがありません。DMO設立時に財源をしっかり経営ビジョンに組み込み、自らの組織継続を人口減の経営環境下でもしっかり確保するという持続性の問題については、この次の小項目で議論します。

　観光協会、そして新興DMOともに、地元の市区町村なり都道府県から一般財源の一部を予算としてもらえる観光協会モデルがどうも頭にあるようです。ところが前述のように、各地方自治体の一般財源そのものが充分にあるわけではなく、今後の税収傾向には人口減が確実に暗い影を投げかけます。それがわかっていながら、なぜに一般財源依存体制を続けるのかが筆者には疑問です。地方自治体の財源では固定資産税が占める割合が大きいと思いますが、それは

地域住民（域内居住者）が払う税金であり、地域住民には福祉や待機児童解消、高齢者向けサービスや図書館拡充、地域公共交通整備などの現生活に直結するニーズが存在します。ただし、それら支出はまさに現住民ニーズを満たすもので、将来への投資のような将来の域内流入キャッシュフローを増やす先行投資ではありません。DMOへの運転資金は、将来の輸出産業としての外貨獲得増大につながる先行投資としての側面がありますが、一方で、現住民の生活ニーズを満たすものではありません。その理解をもって、DMOへの運転資金を地域納税者が払った税金から支出する点を再度考えてみると、地域住民の生活の質向上には直結していないと見なされてしまうわけです。

　人口減により一般財源の前年並み総額確保が精一杯という時期に、「インバウンド観光支出額は攻めのマーケティングで前年比30％増えるから、他の福祉関連予算は据え置きでも、DMO向け年間予算額だけは30％増額してください」という議論が地方議会で承認されるでしょうか。故に、今後20〜30年の日本を俯瞰した場合、成長可能性が高いインバウンド観光産業への必要投資財源を一般財源に依存する無策のままでは、高い確率で問題が生じます。その場合、DMO運転資金を地域住民の納税した資金に依存しない自主財源を確保することが必要であり、その案の実行運営に40年以上先行して成功裏に財源確保した米国例は参考になるはずです。欧州DMOは持続性ある環境保持などについては先見の明がありますが、自主財源確保については先行した成功例が蓄積している米国DMOのほうが参考になると思います。全世界で年間観光支出額が一番多いのは米国ですが、過剰観光問題で出てくる都市や地域名を思い起こすと大多数が欧州であり、米国都市・地域の例はあまり聞かないと思いませんか。筆者は、地域住民からの税収がベースである一般財源を観光奨励に使わない米国の観光奨励自主財源確保は、過剰観光問題の発生頻度抑制に相関関係があるのではと考えています。

❽財源の持続性

　財源になり得る税収については、第2章でいくつかの例を挙げました。米国の基本となる宿泊産業課税は売上（消費）税とホテル税が主要な税で、その他

補完的な税として会議場税、TID、TIFなどがありますが、米国の税制度を理解せずにそのまま補完的な税を日本に持ち込むことのリスクについても述べました。また、オーランドDMOが設立した際の重要な歴史的経緯について述べました。そこでの重要なポイントは、新規来訪客層を開拓するために必要な国際会議場建設資金とDMO運転資金をどうしたかです。地元ホテル協会がオレンジ郡政府に陳情した内容は国際会議場建設資金調達の地方債を発行した元利金返済原資として、DMOの運転資金として、「われわれホテル業界がホテル税を代理徴税してあげますから、その税収を使って国際会議場建設の地方債元利金返済と持続性あるDMO運転資金に充ててください」というもので、45年以上前です。ここでの成功例がその後、ホノルルなど米国各観光地の市町村で参考にされる先行事例となったのです。

　ここでは実際にホテル税（観光客開発税の呼称で呼ばれるフロリダ州オレンジ郡ベースの地方特別目的税）をどう利用することで、現地DMO地元住民に税負担を一切負わせず、成功報酬の色合いを持った持続性ある財源を過去45年超確保しているのか、について図解して説明しましょう。

　オーランド（行政区域はオレンジ郡）の場合は、通常、日本や世界で行なわれるような地元自治体が一般財源から開発資金を捻出して国際会議場を建設する、あるいは一般財源からその一部を流用してDMOの年次運転資金とするという事例の弊害を予測していたというよりは、ホテル協会がそれほど資金余力がない地元政府の行動・承諾を促すために、新規財源を明示して国際会議場建設とDMO設立の陳情をしたという背景があった点が重要です。地域観光経済の発展計画を提示して、地元政府に行動を促したのが宿泊産業セクターだった、というのがオーランドです。

①まず図２の左側を見ていただくと、地元政府（オレンジ郡政府）が地方債を発行して、投資家に売ります。その資金を国際会議場建設資金とします。

　なお、地方債発行時に通常見られる政府による地方債の元利金保証は、オーランドの場合多くの地方債発行時に一括保証無しで起債しています。つまりNon-Recourse Financingというプロジェクトファイナンス方式での起債で、担保は将来の宿泊税収という意味でTourism Revenue Bond と呼ばれていま

図2 **観光インフラ資金調達：オーランドの 例**

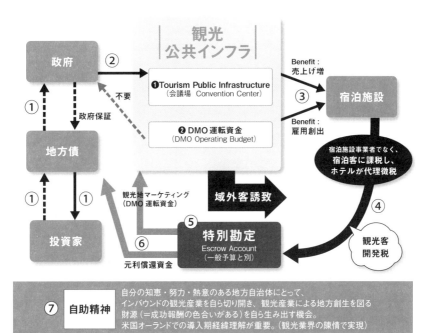

す。地方自治体にとっては地方債への保証は自分の貸借対照表に偶発債務とし
ての記載が必要ですが、オレンジ郡の場合はOff-balance sheetで資金調達出
来ています。Off balance sheet financing とも言えます。

②投資家からの資金の流れを示す破線の矢印が上に向かい、地方債で調達した
資金が政府から観光公共インフラに投入されます。

③国際会議場が開業し、MICE関連客が来訪するようになると、ホテルの売上
高が増加し、新規雇用が発生します。

④宿泊施設事業者ではなく、宿泊客にホテル税（観光客開発税）を課税し、宿
泊施設が地元政府のために代理徴税します。

⑤ホテル税の税収は一般財源には入れずに、引き出し制限のある特別勘定に入
れます。そこからは観光産業奨励の目的以外には引き出しを認めないのが重要
なポイントです。

⑥この特別勘定から（1）国際会議場建設の地方債元利金返済、観光地マーケ

ティングのためのDMO年間運転資金を供出することで、地元納税者に負担を強いない、つまり地元納税者に（2）観光産業発展の負担をさせないモデルとなります。

⑦ホテル税収額は、DMOが期待される業務を行なうと、増収になるという成功報酬の色合いが出るので、DMOにとってもやる気の元になります。

❾MICE関連客の重要性

日本もそうですが、オーランドでもレジャー客とMICE目的来訪者の滞在中消費額を比較すると、MICE関連客の消費額は2倍を少し超える程度で、観光奨励の目的が地域住民の生活の質向上ならば、MICE客来訪を増やすとより目的達成への効果が高くなります。また、週末や連休に集中する傾向がある国内レジャー客ではなく、より平準化した需要を年間を通じて長期的にDMO側が計画するならば、たとえば数年前から予約を入れてくるような大規模展示会や国際会議開催などの日程調整で売上効率化が図れるわけで、MICE関連客はDMOにとっては重要なセグメントです。

ただし、この層の特徴としては、開催地を決定するのは会議来訪客ではなく、ミーティングプランナーといわれる専門家だという実態があります。すると、ミーティングプランナーたちがどのような基準で開催地を決定するのかを調査するような業務情報収集活動が必要になります。こうしたノウハウは、レジャー客を旅行代理店に送客してもらえばいいビジネスモデルの観光協会にはあまり存在しないのですが、国際会議場がすでにあるような観光地では重要なDMO業務になります。国際会議場がなくても、学会やインセンティブツアー参加者向けに来訪を促すことが可能ですので、季節性平準化の観点でも大切な層です。

❿顧客との業務使用言語

顧客との業務使用言語は、実は筆者が大いに懸念している点です。日本の人口は1億2500万人、世界人口は78億人、そしてDMOが戦略的に獲得すべきメイン客は海外からの訪日客です。となれば、世界人口の1.6％しか通じない日

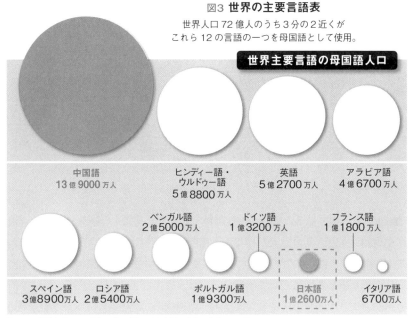

図3 世界の主要言語表

世界人口72億人のうち3分の2近くが
これら12の言語の一つを母国語として使用。

世界主要言語の母国語人口

中国語 13億9000万人	ヒンディー語・ウルドゥー語 5億8800万人	英語 5億2700万人	アラビア語 4億6700万人

スペイン語 3億8900万人	ロシア語 2億5400万人	ベンガル語 2億5000万人	ポルトガル語 1億9300万人	ドイツ語 1億3200万人	日本語 1億2600万人	フランス語 1億1800万人	イタリア語 6700万人

Sources : Ulrich Ammon, University of Dusseldorf, Population Reference Bureau
Note : Totals for languages include bilingual speakers.THE WASHINGTON POST

本語で訪日体験を売っていくことはほぼ不可能ですので、世界のビジネス言語のトップである英語が顧客との基本業務使用言語になることが前提条件のはずです。

　観光協会では、そのビジネスモデルから見て、英語を扱う必要性はほぼありませんでした。ところが、DMOになる以上は売るべき相手が日本国外に住む外国人ですので、英語ができなくてはまず話にならないという当たり前の事実が、日本国内のDMO関連セミナーなどできちんと提言・強調されているのかは不明です。まるで、それは耳が痛い話だからわかっているけど避けています、という姿勢に見えます。「圧倒的多数の日本語を理解しない世界の人たちに訪日体験を売るDMOビジネスモデル」の基本条件を逸脱し、無視して大丈夫なのかが懸念されます。

　折角の機会なので、世界の事実を確認しておきましょう。

　図3を見ると、世界で一番話されているのは中国語だから、やはり中国語を

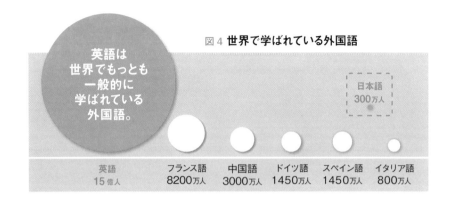

図4 **世界で学ばれている外国語**

英語は世界でもっとも一般的に学ばれている外国語。

日本語 300万人

| 英語 15億人 | フランス語 8200万人 | 中国語 3000万人 | ドイツ語 1450万人 | スペイン語 1450万人 | イタリア語 800万人 |

勉強しようと思われる方がいるのは理解できます。英語を母国語とするのは世界で5億2700万人（米国人だけで過半数超）、日本語はイタリア語やフランス語よりは多い1億2300万人です。ところが、次にお見せする図4が大切です。

　日本語を第2外国語として学習するのは、世界で300万人。ドイツ語は5倍の1450万人、中国語の学習者数は日本語の10倍の3000万人。イタリア語は800万人、スペイン語は1450万人、フランス語は8200万人と、過去の植民地支配の影響か、あるいは歴史・文化の魅力を理由とした学習者が多いのかもしれません。ただし、世界で圧倒的に学習者・利用者数が多いビジネス言語の第1位は英語です。その規模は15億人と日本語の500倍。なお、英語は母国語人口が5億2700万人ですので、第2外国語として母国語以外のアクセントがある英語を話す人は、英語利用者の4分の3を占めています。

　図3、4から示唆される重要なことがいくつかあります。それは、

● 日本語では世界に訪日体験を売るという活動はほぼ不適、英語標準化が必須。

● 2019年までのインバウンド市場は、漢字を理解できる中国人、台湾人が主要訪日客だった。故に、表面化しなかった外国語表記不足や外国語業務可能者不足問題がCOVID―19後の長期滞在者誘致戦略（欧米豪）ではより顕在化する。

● 東南アジア諸国民を対象として日本の上から目線で広がった、「日本語ができれば就労ビザを発給して日本で働かせてあげる」というビジネスモデルは、昭和高度経済成長時代の産物。日本語学習者総数が300万人しかいないならば、

その上位10％が即戦力水準と想定すると、たったの30万人。世界市場を俯瞰しても、日本語学習者に日本国内での肉体労働を期待するという発想自体がまちがい。

● 英語学習者の上位10％が即戦力水準と想定すると、世界で1億5000万人。日本語学習者市場で即戦力になりそうな30万人の500倍の規模となる。つまり、日本国内の肉体労働者募集の効率化には、日本企業が英語で業務をするという自己変革をしたほうが効率的・効果的。

DMOを希求しながら、そのビジネスモデル議論からDMO研修セミナーまで、世界のDMOの業務言語が英語であるということを無視している状況は、世界に対して訪日旅行客誘致を仕掛ける心構えが本当にあるのかが疑問にみえます。国内の旅行客が国内で移動（旅行）しても、それは国内の富は増えない「富の移転」に過ぎず、DMOに期待されている業務ではありません。DMOは21世紀前半の日本、特に人口減に悩む地方が貴重な外貨獲得のためにインバウンド客受け入れを輸出産業として育成するために発足する切札としての組織であり、それ故に内閣府から当初の運転資金が、観光庁から各種能力育成補助金が存在する点を明確に理解していただくことが必要です。

⓫ 職員国籍と多様性、職員国籍

世界の潜在的な訪日客を正しく見極め、その人々に日本文化や訪日体験を認知してもらい、世界に数ある観光地の中で日本を優先的に検討してもらう。その結果として訪日意図を固めてもらい、そして訪日し、満足できる体験をしてもらうのがDestination Marketing・地域のマーケティングの基本ステップです。訪日後は、日本はすばらしかったと訪日体験を友人・知人に勧めてもらうという口コミ宣伝に匹敵するadvocacy（支持）ステップまでしてもらえれば、DMOとしてのマーケティング業務はほぼ教科書通りに完遂できます。

この前半部分の地域マーケティング業務の際に極めて重要なのが、ターゲット層の感性や文化・慣習が理解できる人材をDMO側が抱えているかです。たとえば米国市場を狙うならば、米国人や米国で長年生活していた帰国子女のような人材、中国ならば中国人、インドならばインド人というようにそのターゲ

ット層の文化・感性を理解している人材がいれば、当初の認知・優先度確保、訪日意図決定の過程で、ターゲット層の感性に染み入る可能性がより高いマーケティングが可能となります。

故に、内部資源（人・金・物）は限られているでしょうが、DMOにとっては今後主要な目標とする世界の地域や国、人種が絞れたら、その地域出身の外国人を雇用すると抜群に効果的なマーケティングが可能になります。

マーケティングを理解せずに昭和時代の観光協会のセールスの発想だと、日本語のパンフレットを外国語翻訳してそれを観光案内所に置いておくだけになります。誰がパンフレットを取ったか、その結果として来訪客がどの程度増えたのか、そのパンフレットにある内容が潜在的な顧客のニーズ充足にどの程度合致しているかという情報収集は一切しないでしょう。

上記のケースで問題なのは、「日本語パンフレットを外国語に翻訳する」という部分です。日本人が興味を示す部分、日本人が良いと感じる部分と、外国人が良いと感じる部分は異なるのです。故に、外国人を雇用したら、まずは域内の観光資源をすべて自由に見てもらい、「●●人のあなたがこの地域の観光を貴国からの訪日客に勧めるとしたら、どれを勧めてどういう内容を伝えたいか。任せるのでアイデアを聞かせて」という業務依頼をしたほうが効果的です。なぜならば、日本人の思い込みとその国の人々の興味・ニーズ・感性との齟齬を減らせるからです。

多様性

数年前に日本の地方都市での会議に招聘されたことがありました。テーマの一つが多様性でしたが、その時点では日本の皆さまが持つ多様性の概念軸に性別（男性・女性）しかなかったことを覚えています。概念軸に性別しかないと、当然テーマは「（現在虐げられている）女性をいかに活用するか」という日本でありがちなテーマになりますね。

米国の場合は多様性（Diversity）と聞くと最初に頭に浮かぶのは人種ですが、実はそれだけでなく、多くの切り口があるのです。人種、国籍（＝出身地）、居住地、性的嗜好（LGBTQ）、宗教、性別、年齢あたりがDiversityにおける

人間の区分けに使われる一般的な要素です。多様性は、これら区分けの存在を認識した上で、異なるグループと平和共存することを奨励する概念です。

　では、なぜ人間は数多くいる人間をグループ分けするのでしょうか。それは単純化することで仲間が誰かという世界観を理解しやすくするためです。二進法で言うならば「敵か味方か」、「仲間・同僚かそれ以外の他人か」です。ただし、この単純な二進法的発想は自分や仲間をそれ以外の人たちに対して排他的にしていきますし、発想や行動パターン・主義、嗜好が同じような仲間だけの心地よいスペースでグループ内の人の発想や感性は理解できても、グループ外の人たちの発想や行動パターン・主義、嗜好は理解しにくくなります。また同じような「仲間」だけで固めた組織や社会は、目標が定まっていてただそこに向かって行進していく際の効率性は、異議や批判をする異分子を排除することでより優れる可能性がありますが、その弱みは外的環境が流動的になって、果たしてどこに向かって行進すべきかという状況で、より正しい方向性を議論して試行錯誤しなくてはならない場合、途端に効率性・生産性の低い組織・社会になってしまいます。

　より正しい方向性を試行錯誤し、議論しつつ前に進まなくてはならないというような外的環境では、組織内の構成員により多くの見方があり、それを平等にぶつけ合うことでより多くのアイデアを机の上に並べ、構成員の皆が自分の立場や感性でどれが良いのかを議論・調整して、とりあえずやってみて試行錯誤・事後評価で軌道修正だというビジネスモデルになります。これは目標が設定されてそれに長時間労働で各自が邁進し、組織全体の効率性で競合組織に対し勝負するという同質性が高い組織構造（例：昭和時代の日本大企業）文化を経験した構成員にとっては居心地が悪い勤務環境だと思います。なぜならば、昭和時代の日本組織文化においては、性別・年齢・最終学歴という要因で「男性、中高年、大卒」というグループに属している人間の発想や言動は、そのグループに属していない人間（女性、若者、高卒・短大卒）よりも優れているという、実は世界から見ればアパルトヘイトや白人至上主義と同様の単一文化優勢説に類似した組織文化を無意識に容認していたからです。その文化では外国人やLGBTQは当然に主流にはなれず、その組織文化でうまくやっていくため

には「男性、中高年、大卒」の価値観に合わせて自分を演じないとならないという、暗黙の環境「多様性排除による均一性促進文化」があったわけです。

数年前に内閣府のDMOフォーラムに招聘されて基調演説を行なわせていただいたことがありましたが、聴衆が200名程度おられる中、ざっと見渡すと女性は1割いるかどうかでした。米国の場合は同様のセミナーを行なったら、男女比率はその逆に近い（女性8割）かと思います。他人の意見を聞くというマーケティングの基本能力においては、女性のほうに特性があるというのが米国のDMOだけでなく、北米系大手ホテルチェーンの見解でもあります。

昭和時代のビジネスモデルを引きずっている観光協会をベースにDMOに変貌したいと思っている方々は、組織文化の面では多様性を充分に確保したDMO組織形態になっているのかの自己チェックをしていただく必要があります。それは流動性のある経営環境に対応できる組織づくりという内的な理由だけではありません。主要な顧客である、多様性レベルが極限に高い外国人個人旅行客が個別に満足する訪日体験のお膳立てをするには、DMOに属するすべての職員たちが世界レベルでの多様性を内包・容認・抱擁していることが、感性の乖離を減らすために必須な基本条件だからです。訪日インバウンド客に多様性があったら、受け入れるDMO側でも高度な多様性を確保して、昭和時代の遺物である「男性、中高年、大卒」が優勢となる組織文化を自ら放棄できるか。これが重要なポイントです。

多様性とマーケティング

多様性で述べた「人種、国籍（＝出身地）、居住地、性的嗜好（LGBTQ）、宗教、性別、年齢」に、「勤務形態、最終学歴、年収水準、過去の来訪経験の有無」あたりの要因を加えると、これがマーケティングの基本である潜在的消費者属性情報のアンケート調査項目にほぼ合致することに気づかれたでしょうか。「ｘｘｘはどの程度満足したか」「ｘｘｘはまた来訪する価値があるか」「ｘｘｘの経験は友人・知人に紹介したくなるほどだったか」といった質問、つまり回答者が来訪経験をどう評価したかを収集する部分には当然意識はあられるでしょうが、その回答者がどういう属性情報を持っているのかは、セールスの

発想だとあまり興味がないかもしれません。

　日本のセールスで主流となる「回答結果はYYが38％、ZZが17％……」という単に結果を説明するだけのdescriptive statistics（記述統計学）に対し、米国マーケティング調査で使われるinferential statistics（推計統計学）では、どういう属性情報の組み合わせを持つ「消費者」（日本のDMOならば『インバウンド訪日客層』）がこの施設により満足する可能性が高いのか、どういう属性情報の組み合わせを持つインバウンド訪日客層がこの観光商品に対する再来訪意図が高いのか、という科学的な地域観光資源の経営情報に役立つ統計解析結果を引き出します。そのためには、属性情報収集は大変貴重なわけです。

　当然にDMOという組織内に自ら多くの多様性を内包しておくと、DMO職員内部から「それはこういう気持ちだからだと思います」「その意見は理解できます。こういう意図だと思います」といった共感的な意見がより多く出る可能性が高くなります。日本の組織がもっとも弱い部分ですが、現状を認識すれば、改善策を考えることができます。

　日本人中高年男性がトップや経営陣を占めているような観光協会（おそらくそれが過半数でしょう）を世界レベルのDMOに変革するにはどうしたらいいでしょうか？ と質問を受けることがあります。

　当方の回答としてはここまで述べた内容を説明するのですが、「短期間に世界水準のDMOをつくりたいのです。劇薬でもいいのですが、どう対処すればいいですか」と聞かれたことがあります。

　当方の答えは、以下の通りです。

「DMOのトップに米国DMO管理職以上を経験している女性を据えることです。日本語はできないので、組織内業務言語は英語にせざるを得ないのですが、当然ながら世界に向けたDMOの情報発信方法から、DMOの運営管理手法、各業務の客観的成果評価方法などを導入してくれるでしょう。ですから、効果は目に見えるはずです。副次的効果としては、その配下で３〜４年働いた日本人は皆、留学したのと同等の優秀DMO経営人材として育成され、その後日本各地に世界水準のDMOを構築するための貴重な人材になります」

⑫ビジネスの成果評価基準

　昭和のビジネスモデルである観光協会では、観光客来訪者数という単純明快で今でもまだその多くで依然使われている指標を利用していました。メディアから見ても読者が理解しやすい指標なので、来訪者数がよく引用されているわけです。

　第1章で述べた、DMOの目的は「居住者の生活水準の質の維持または向上」を覚えていらっしゃるかもしれませんが、この目的は観光客来訪者数の増加で達成するわけではなく、来訪した観光客の観光消費額が直接にこの実現につながっていることが見えると思います。

量から質へ

　観光関連で「量から質へ」との言葉を耳にされた方がいらっしゃると思いますが、これはまさに観光ビジネス評価基準を観光客数から観光消費額という、よりDMOの目的に直結したものに替えようという考えです。

　では、高所得者や富裕層をDMOで獲得競争させるのか、あるいは一日当たりの消費単価を上げるような高額商品や高額宿泊施設を開発すればいいのか、という発想に走る人がいるでしょう。日本の方と話をすると、意外と抜けている発想が、以下の単純な方程式です。

> 個人の来日時観光消費総額＝１日あたり観光消費額×滞在日数

　「個人の来日時観光消費総額」にDMOは興味を持つべきですが、実は「滞在日数」を意識していただくと、無理矢理に高額商品を押し売りしなくても、滞在日数を延ばせば、来日時観光消費総額は自然と上がっていく仕組みです。

　では、滞在日数はどうしたら上がるのかというと、もちろん満足すればこれは上がるだろうとは思いますが、もっと単純な相関関係がある変数があります。

> 滞在日数↑＝正の相関関係＝↑自宅からの移動距離

　COVID―19発生による国際観光激減前の19年までの日本のインバウンド市場は、7割が東アジアの漢字文化圏の近隣インバウンド客でした。すると滞在日数が短いので、日本滞在時の観光消費総額は思うように上がりません。DMOの目的をきちんと理解すると、それに対して無策ではなく、きちんと来日時観光消費総額の平均を上げるためには、復興需要が発生している欧米豪や南米、中東市場を意識し、観光地の認知度を上げておく必要があります。

3-2 DMOの運営・経営手法

　日常のDMO運営は執行役員以下の職員で運営し、経営については理事会にて方針・方向性が定められて適宜評価されるという点は、「❺地元自治体の関係」、「❻地元自治体からの出向者・出身者の有無」の項目で述べました。

　要点を再度まとめます。

●執行役員には地元政府出身者・出向者はゼロで、すべて民間出身人材。前職はホテル管理職、テーマパーク管理職出身者が多い。

●理事はホテル経営者が最多であり、投票権も一番多い。地元政府の首長は投票権のない理事。

　フロリダ州オーランドでは、地元の宿泊産業がリーダーシップを取ってDMOを45年以上前に立ち上げた経緯があり、現在でもDMOにおける宿泊産業の影響力は人材、投票権、役員を見ても明らかです。自主財源である宿泊税を地元自治体に代わって代理徴税するのが宿泊産業なので、その特別地方税収をベースに運営するDMOが宿泊産業の意向を反映させるのは自然な流れです。

　また、経済効果を考慮して、地元で訪問客はどの項目に観光消費をしているかと考えると、宿泊客の場合は、宿泊施設への支出が最大項目である場合が他の支出項目より多くなります。こうした点からも、地元宿泊産業は地域のDMO運営・経営に注力すべきなのです。

英文寄稿 1

変遷するDMOの業務
Transformation of DMO operations

DMOとはDestination Marketing Organizationの略で、地理的な場所を魅力的な観光地として奨励する組織です。DMOは、コンベンションおよび訪問客局、観光公社、観光委員会、観光当局、商工会議所としても知られています。

DMOは国レベル、州レベル、地方レベル、地区レベルで存在します。例：米国では、国家レベルのDMOはVisit USA、フロリダ州レベルのDMOはVisit Florida（または他の州レベルでの観光奨励組織も同様）、地方レベルはVisit Orlando（または他のフロリダの都市も同様）、地区レベルは、International Drive Resort地区商工会議所という組織が地方自治体市区町村以下で存在します。

これらすべての団体の共通の目的は、それぞれの地域への観光客の訪問を増やすことです。これらの団体は観光産業の利益を代表し、奉仕するものであり、必ずしも地元住民の利益を代表するものではありません。観光産業への経済的利益は、ドミノ効果で地域経済全体に分散される、つまり「観光産業にとって良いことは、地元や地域住民にとっても良いことである」という前提があり、さらにその数は増加しています。更に言うならば、観光客の増加は、土地、住宅、道路、交通機関などをめぐって観光産業と競争しなければならない地元住民にとって必ずしも有益とは限りません。

これが、過去数十年間に行なわれたDMOに対する数多くの批判的な見直しの理由です。これらの批評家は、観光開発は持続可能な方法で、地域の物理的収容力と地元住民への利益を考慮して行なわれなければならないという意見を表明しています。観光開発が地域の収容能力を無視した場合、「オーバーツー

リズム」が発生し、観光に対する地元住民の態度は否定的なものになります。

　DMO間に存在するもう1つの問題は、DMOが地域内の他のDMOと活動を調整していないため、実際には他のDMOと競合することになることです（たとえば、オーランドがマイアミと訪問客誘致活動で競合するような場合です）。

　DMOは、Destination Management Organizationを指すこともあります。目的地マーケティング組織と目的地経営組織の主な違いは、上で説明したように、目的地マーケティング組織は観光地としての場所の奨励に重点を置くのに対し、目的地経営組織は観光地を管理するための全体的・包括的な計画（そこにはマーケティングの要素を含んでいる）を構築することです。

　私の謙虚な意見では、デスティネーション・マネジメント（経営）組織は、観光産業だけでなく地元住民の利益にも対応しているため、デスティネーション・マーケティング組織よりも好ましいと考えております。

Abraham Pizam, Ph. D.
（アブラハム・ピザム）

セントラルフロリダ大学ローゼン・ホスピタリティ経営学部創立時初代学部長。現在は観光管理学の教授及びリンダ・チェイピンの著名な学者の会長を務めている。専門分野は観光の計画と開発、観光の安全とセキュリティ、消費者行動、ホスピタリティと観光のマーケティング、ホスピタリティと観光の人材管理、ホスピタリティの異文化管理。

第 4 章

デスティネーション
マーケティングとは
地域住民向け
マーケティングの重要性

4-1 セールスと
マーケティングの相違点

　セールスとマーケティング、まずどちらにも共通しそうな雰囲気は、宿泊業において客室や料理をゲストに売る、つまり数ある選択肢の中から自分の施設に来訪・滞在してもらって、対価として支払いをいただくというような業務だろうということでしょう。故に、とにかくゲストや企業、旅行代理店にでも連絡を取って「売ってこい」というのが昭和時代から続く業務内容でしょう。

セールスの発想

　たとえば、フルサービスホテルで宴会場があるような場合を考えましょう。まだ予約の入っていない、あるいは予約率が低い日に宴会需要を入れるべく、部長・課長がセールス課に属する体力勝負に強い職員に対し、地元企業に往訪して12月ならば忘年会、1月ならば新年会需要を取ってこいと命令し、ホテル内の在庫をとにかく売りまくれという号令を出すイメージです。あるいは、客室予約率が低い場合は、直接に取引のある旅行代理店（伝統的な旅行代理店及びOTA）に連絡したり、地元の観光協会にお願いして、団体需要としてブロックで売りますよというような交渉をして「客室在庫」を掃くというイメージ

です。

　目的は宴会場・客室という在庫を販売することですね。ゲスト個々人がどういう人たちで、どういう体験・経験をするかという情報はあまり関係なく、とにかく売れれば目的達成ですので、相手は誰でもいいという本音を隠すために「来る者は拒まず」という名目で、とにかく売れというビジネスモデルです。

代替手法

　一方で、ゲストはどういう人たちで（属性情報／例：性別、年齢、婚姻状態、家族状況、居住地、職業内容、最終学歴、旅行頻度、過去に来訪経験があるリピーターか初来訪か、等々）旅行にはどのようなことを期待しているのか（例：静養、温泉、食事、希望行動内容、アルコールやカラオケなどの必要性、上げ膳据え膳の接遇か距離感を持った接遇希望か）というゲストのニーズが事前にわかれば、それらニーズを満たす自社商品（施設、設備、サービス）の有無が判断できます。ゲストニーズを満たせるので満足してもらえるだろうとか、自社には商品がないので、来訪してもらってもゲストニーズが満たせられないだろうという推測がより正しくできるようになります。

　すると、「来る者は拒まず」と対照になるような、「当宿泊施設に来訪してもらってもニーズを満たせず結果として満足度が上がらないようなゲストは積極的に獲らない」という経営判断ができることになります。例をいくつか挙げましょう。

　ランプの灯る山奥の秘湯のような旅館に、宴会・カラオケとアルコール好きな中高年男性が牛耳る会社の社員旅行の団体が来ました。定年退職後の熟年カップルや幼児連れの若い夫婦が一緒の旅館に泊まっていたとして、それらゲストの満足度と再来訪意図はどうなるでしょうか？　あるいは、爽やかな高原にあるリゾートホテルのメイン客層は、バードウォッチング趣味の同好会や女性同士の旅行グループです。そこに、体育会ラグビー部の合宿参加者が同時期に宿泊したとしたら、各グループの満足度や再来訪する確率はどう影響されるでしょうか？

　ゲストにどのようなニーズがあり、それら多様性あるニーズを満たせる自社

商品（施設、設備、サービス）の組み合わせがあるかを確認し、そのゲストに「貴方のニーズを満たせるものが当方の宿泊施設にありますが、いかがでしょうか？」という双方向の対話であるコミュニケーションを通じて来訪を促す。そのコミュニケーション手法としては、直接往訪、E-mail、SNS、テレビ、ラジオ、趣味系の雑誌や専門誌などの一体どれが一番効果的かを考えて選択していく（統合的なマーケティング手法：Integrated Marketing）という作業が必要になります。すると、宿泊施設側からも個々人のゲストの内容がわかる、すなわち「顔が見える」形になり、宿泊施設側から直接にゲストにコミュニケーションが取れる故に、予約も直接予約が可能となる。旅行代理店やOTAに10％〜17％という手数料を支払わなくていい分、ゲストが支払う金額が変わらなくても宿泊施設の営業利益率が大幅に上昇します。まして、本当にゲストのニーズを満たせる商品（施設、設備、サービス）の組み合わせを供給し、ゲストがそれに満足してくれれば、ファンになり、リピーターになってくれます。ゲストが満足できる商品組み合わせを提供する宿泊施設は、「価格」という変数以外で勝負できることとなり、より高単価な商品を供給できるという好循環が始まるわけです。

　以上がマーケティングです。つまり

❶着眼点：自社在庫から発想するか、ゲストのニーズ充足から発想するのか

❷目的・焦点：自社在庫処分が目的か、ゲストのニーズ充足が目的か

❸ゲストへの対話手段：一方的なプロモーションか、統合的なマーケティングか

❹経営指標：ゲストの人数が増えればよいのか、ゲストの満足度向上によるリピーター・ファン獲得を指標とするのか

　という切り口でセールスとマーケティングの相違点が浮き彫りになります。表1にしてみました。

表1 セールスとマーケティングの違い

		スタート地点	目的と焦点	手段	経営指標
セールス	発想	自分の組織 （宿泊施設）	自社の在庫処分	自社組織側からの 一方的なセールス 活動とプロモーション	来訪ゲスト数増加による 増収を想定
セールス	戦術	ゲストの属性情報 や個人情報は不要。 来る者は拒まず。	価格割引が 重要な要因。	プロモーション材料を 大量に作成して配布。 その投資効果を確認 することはない。	データ収集したとしても、合 計客数と支出（＝売上高） そして単純なアンケート調査 をまとめる程度。
マーケティング	発想	潜在的なゲスト	ゲストのニーズ	統合的な マーケティング	来訪ゲストの満足度向上の 結果としてリピーター・ファ ン層構築による増収・増益
マーケティング	戦術	ゲストを知ることが 最初。属性情報、 そして企業秘密の 個人情報収集。魚 影確認の探知作業。	きめ細かいゲストの ニーズを調査。そ の後同じ属性情報 のゲストをまとめてセ グメントとして識別。	各セグメント別にどの ような対話手段が良 いのかの分析に基づ き、各セグメントのニー ズを充足させる自社 商品を提案する。	可能な限り詳細な属性情報 を収集し、満足度及び再 来訪意図との相関関係を 確認。ゲストがリピーター・ ファンになるための仕組み を構築。

4-2 物品マーケティングと
サービスマーケティングの相違点

　マーケティングは、もともとは製造物、つまり手に取れて目に見える物品を
いかに販売するかという事例で多くのケースが積み上がり、それが経営学部や
経営大学院MBAにおいてケーススタディとして蓄積されてきた経緯がありま
す。たとえば、家電製品や携帯電話を売る場合は、商品の品質を工場で出荷前
に検査し、統計学を駆使して、全品検査をしなくても高い水準で品質は維持で
きます。万が一不良品があった場合には、購入後1年間は無料で修理または交
換をすることで消費者の不安感を払しょくできるという仕組みをつくったわけ
です。

　ところが、ホテルやテーマパークでは、基本的に販売するものは食事やお土
産以外は物品ではなく、「経験」「体験」です。つまり手に取れず、目に見えな
いものです。また工場で品質管理の専門家がエンジニアと組んで不良品率を下

げるような取り組みが、ホテルやテーマパークでは不可能なのは、「経験」や「体験」を顧客に伝えるのが一人の従業員であり、自ら製造と販売を同時にその場で行なうことが要求されるという生産販売過程の特異性にあります。

故に、サービスマーケティングにおいては、企業のビジョンや理念により各従業員に同一の方向性を共有してもらうことがより重要であり、製造業やその他産業と比較して、人事管理と企業文化構築の重要性が相対的に高くなるわけです。

日本ではサービスとホスピタリティ、おもてなしなどについて、世界の学術理論と擦り合わせができていない怪しげなデータ未検証の個人的な意見が散見される点、世界で博士号を持つ研究者間で査読論文を通過している理論の蓄積による知見と、まったく信ぴょう性が異なる点に気を付けていただく必要があります。ただし、本章はデスティネーションマーケティングの説明が目的なので、議論を先に進めましょう。

4-3 マーケティングとデスティネーションマーケティングの相違点

ホテルや旅館など宿泊施設においては、昭和時代のセールスからマーケティングに移行するべきであり、そのマーケティングとは一般的な製造業のマーケティングとは異なるサービスマーケティングであると述べました。

では、ホテルや旅館など宿泊施設で行なうマーケティングと、観光地をマーケティングするデスティネーションマーケティングの相違点は何でしょう？まず簡単に言えば、ホテルや旅館、テーマパーク、博物館などの施設への来訪客を増やして、売上げ・利益を増やすのが営利企業のマーケティングである一方で、観光地全体への来訪を奨励して、消費総額を増やし、その経済効果の恩恵を地域住民に広く行き渡らせて生活の質を上げることを目的とするのが、デスティネーションマーケティングです。経済的な恩恵を、一組織レベルで当期利益最大化に貢献することを意図するのがマーケティング、地域住民全体に貢献することを展望するのがデスティネーションマーケティングと言えます。

　観光客、ビジネス客を含めれば、「入込客」と言うのがより適切でしょうが、地域への入込客が増えれば、当然にその恩恵は宿泊施設、地元観光関連施設、そしてそこで勤務する従業員とその家族だけでなく、食堂・レストランなど飲食業、交通機関、ガソリンスタンド、博物館・美術館などの文化関連施設、小売業にまで入込客の支出が浸透していきます。地域外から入込客が来訪して、支出をしてくれることで、域外からの資金獲得による輸出同様の経済効果が発生します。入込客が外国人（インバウンド客）の場合は、まさに外貨獲得の経済効果も発生します。

　市場規模は一見大きいものの高成長率が期待できない日本の国内観光客は、観光庁やDMOがなくても、昭和時代の観光協会モデルで充分に誘致できていたわけです。しかし、令和時代の経済成長は、世界やアジアの経済成長率と可処分所得向上をそのまま日本国内に取り込めるインバウンド客を誘致すべきであり、そのために行なうのがデスティネーションマーケティングです。

　このインバウンド客誘致による外貨獲得で少子化・高齢化・人口減による経済衰退を食い止めて、むしろ地方の経済をインバウンド客の支出で創生しようというのが地方創生・観光立国政策の交差点であり、そのために令和の時代になって数百億円の政府予算を使っても、新たな観光地奨励組織をつくって、日本の各地方でインバウンド客誘致の観光立国政策を実行し、地方創生を図ろうというのがDMO育成の意図なわけです。DMOは衰退する地方経済の創成をインバウンド客回遊で図るために、まさに国運を賭けて21世紀前半の日本経済を牽引しようというとても重要な戦略的役割を持っているのです。

4-4 デスティネーション　　　マーケティングの基本概念

❶基本的枠組み

「認知」

　皆さまはある商品を購入する際に既知のブランド品を買うことが多くないで

しょうか？　たとえば、自家用車を購入する際には、自分が過去に購入した経験のあるブランド（トヨタ、日産、ホンダ、マツダなど）を再び購入するか、あるいは過去に購入した経験がなくても知っているブランド（レクサス、BMW、メルセデスベンツ、アウディ、ジープなど）の車を検討することが多いでしょう。中国やロシア、スペインの車のブランド名を聞いてもそれを購入する人が多くないのは理解できると思います。これが何を意味するかというと、消費者は自分の知らないブランドは購入しないのです。皆さまが発展途上国に海外旅行してホテルを選ぶ際も、日系ホテルチェーンや米国ホテルチェーンのホテルを選ぶ場合は、実はそのブランドならば初めて利用するホテルでも自分の期待水準は最低限確保されるであろうとの想定があります。ブランド名があることで、消費者は想定する「経験」に対しての下振れリスクを回避しているのです。

　たとえば、イタリアやフランス、英国という国家ブランドは、観光地としては皆さまが認知しているわけですが、キルギス、キリバス、トルクメニスタンとなると、その国名を聞いて観光地としてのイメージが浮かびにくいと思います。イエメン、シリア、ニジェールという国名を聞くと、テロや内乱、誘拐といった報道の影響で、観光地というイメージが浮かばないとしても不思議ではありません。

　国名でさえ、認知とイメージの問題でばらつきがありますから、ある国にある観光地の認知度となるとよりばらつきが発生します。たとえば、インドネシアと聞くとビーチリゾートというイメージがあるでしょうか？　では、バリ島と聞くとどうでしょうか？　先般、大規模なミイラ移設イベントを実施したエジプト。日本ではピラミッドとナイル川のイメージでしょうが、実は欧州の人にとっては、白砂で透き通った水質の紅海に面したビーチリゾートが多くあるイメージを持っています。

　観光地をインバウンド客に奨励する際には

❶認知　Awareness

❷考慮・検討（の対象になること）　Consideration

❸優先度：考慮・検討中の複数観光地内で優先的地位を確保する　Preference

❹（往訪）意図　Intention

❺（実際の）往訪　Visit

❻（往訪後の観光地）奨励 Advocacy

という消費者の観光地に対する行動段階があります。また対象となる層の人数は①から⑥にいくに従って減っていきます。

　これを図解したものが以下の図です。

「考慮・検討」

　①〜⑥のうち、認知についてだけは議論しましたが、海外にいると、日本の観光地で世界中に名前が知れ渡っている、つまり認知度については抜群に高い場所があります。どこだと思われますか？　それは東京、大阪、京都のような大都市ではなく、広島と長崎です。また最近では福島、沖縄も世界でよく聞く名前になっています。旧ソ連諸国やアラブ諸国を旅行していて、広島と長崎は本当に誰でも知っている地名なのだと驚きました。おそらく、日本人にとっては聞いたことはまちがいなくあるが、ほぼ皆が行ったことはないという「ヤルタ」と同じように、学校で習った経験があるからでしょう。ヤルタはクリミア半島の南端、黒海に面しており、背後は高い岩山を抱えていて天然温泉が出る、

図 消費者の観光地に対する行動段階

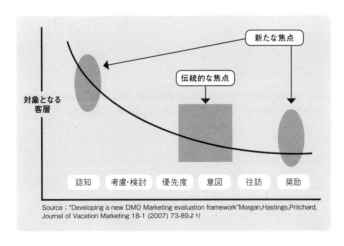

Source；"Developing a new DMO Marketing evaluation framework"Morgan,Hastings,Pritchard, Journal of Vacation Marketing 18-1 (2007) 73-89より

日本だと熱海のような場所です。本来は日本人には嬉しい観光資源が多いリゾート地なのですが、ロシアがウクライナから一方的に併合してしまい、観光地としてはきな臭い場所になってしまいました。つまりAwarenessはあっても、旅行を考慮・検討する対象にならない観光地です。

　まずは潜在的な観光客にはどのような観光ニーズがあり、自分たちの観光地はそのニーズを満たすことのできる観光商品の組み合わせがあるか否かという調査を行なうことが最初の仕事でしょう。つまり、逆の見方をすれば、あなたが奨励しようとしている観光地は、どのようなニーズを持つ観光客のConsideration（考慮・検討）の対象になるのかを分析して、その重点ターゲット客層に焦点を絞り、限られた組織内資源をそちらに向けるという発想が必要になります。

「優先度」

　考慮・検討の対象にしてもらえそうな潜在的顧客層が見えてきた後は、類似の観光地の中で、こちらに優先度を与えてもらえそうな要因を潜在顧客のニーズに響くように伝えることが必要になります。たとえば同じような立地の温泉地でも、当地はある時期は有名な祭りがあるので、温泉と祭りが楽しめる。あるいは当地は背後の山にスキー場があり、温泉とスキーが楽しめるといった特性です。ビーチリゾートとして沖縄を奨励する際に、他の競合先としてインドネシアやタイ、フィリピンのビーチが出てきた際に、競合先とSWOT分析で頭の整理をして、競合先よりも有利な条件である治安・安全・安心のニーズを強調することで、沖縄の優先度を上げてもらうマーケティングが効果的になります。また、日本の強みである公共交通機関、特に鉄道というCO_2の排出度が低い交通手段を利用することで、他国に往訪するのと比較してCO_2排出防止に大いに貢献できることも日本の特性です。ニーズに反応してくれるセグメントはどのような観光客かという情報収集をして、そのグループが一番閲覧・視聴しそうなメディアやWebに情報発信するという方策です。

「（往訪）意図」

　優先度はあっても実際に航空機切符や宿泊施設の予約を取るまでには、まだギャップがあります。どの国際空港に到着して、そこからまた国内線に乗るのか。日本のように鉄道網がみごとに発展している場合は、鉄道への依存度や信頼度が低い国から来訪する人たちには、日本では鉄道は広く信頼され利用されている交通手段で、実際にどのように予約・発券されるのかや、周遊パスなどを使う場合は、どのように入手し、入手後はどのように座席確保するのかなどの情報供与をすることで、単に優先度を持ってくれている人を実際に往訪意図を有するまでに昇華してあげることが必要です。

「往訪」

　ついに皆さまのデスティネーションマーケティングの労力が実り、潜在的インバウンド客が貴地に来訪しました。期待度と現実の体験との関係はどうか、数ある観光資源の中で、どの資源への感激度が高かったのか、またそのインバウンド客の属性情報と、観光資源の評価度合いには何らかの相関関係はあるのか、満足度・再来訪意図と属性情報には有意な相関関係が認められるのかなど、データ収集ができれば将来の観光地経営に役立つ情報が取得できます。通常はデスティネーションマーケティングの業務は潜在的顧客が実際に来訪した時点で終わるという発想が多かったのですが、ここ最近の傾向として、これで終わりにせず、次のAdvocacy（奨励）までお膳立てすることがDMOの業務に組み込まれています。

「奨励」

　最近、各種の旅行関連サイトで実際に訪問した観光客の口コミコメントや評価数値を見てから実際の往訪意図を決めたり、優先度を上下させたことはありませんか？　もちろんデスティネーションマーケティングの効果性は高いのですが、それを補完する意味で、いわゆる口コミ情報の影響力は無視できないレベルになっています。Word of the Mouth（口コミ）の信ぴょう性が高い点は、同じ属性情報を持つ、いわゆる「同士」の意見は、現地の外国人情報よりも重視するという人が存在する点が一つの理由です。たとえば日本人である皆さま

がハワイのオアフ島に行く場合、英語で書かれた米国人のコメントと、日本語で書かれた日本人のコメントのどちらをより参考にしますか？　この場合は言語と国籍という属性情報が重要だったわけです。どのSNSを見るのかは国籍や属性情報で一概には言えないでしょうが、Tripadvisorなのか、DMOがFacebookに作成した観光地情報なのかは、その国から来る人たちが何を参考にして情報収集したのかを聞くことで明らかになります。

　同胞観光客が太鼓判を押してくれると、同じ国の観光客がそれを見て来訪してくれるという好循環が生まれますので、普段からデスティネーションマーケティング担当者はそれらSNSをチェックしておくべきで、Facebookのような双方向のコミュニケーションの場合は好コメントでも不満のコメントでも真摯に対応しておくことが必要です。また来訪してくれた人たちには、ぜひコメントをお願いするような手法も役立ちます。

❷デスティネーションマーケティングを行なう組織＝DMO

　ここまでのデスティネーションマーケティングの理解をしたうえで、3-1の「DMOと観光協会のビジネスモデルの違い」を再度確認していただくと、観光協会とDMOの業務の違いがより深く理解していただけると思います。それはセールスとマーケティングの差、マーケティングとサービスマーケティングの差、そしてマーケティングとデスティネーションマーケティングの差を理解することで、既存の観光協会の簡単な看板付け替えでは済む話でないことがわかります。

4-5 地域住民向け
マーケティングの重要性

観光産業が地域経済に及ぼす重要性を組織的に啓蒙する役割は

　せっかく「オーバーツーリズム問題」がCOVID—19で一旦リセットされたので、今後の観光需要復興時に「オーバーツーリズム問題」をより上手にコン

トロールする方法があるのか。その場合にはどうすればいいのかについて具体的に述べます。

　観光は産業として見ると、雇用を促進するとともに、外部からの来訪者に地元経済で消費をしてもらうため、輸出産業に類似の経済効果があります。インバウンド客が来訪した際には、外貨を稼ぐ意味でまさに輸出産業としての効果が発生します。また観光産業が地域内に存在すると、それら施設が払う固定資産税収がある分、域内居住者からの徴税額を相対的に下げることができます。労働集約型産業である観光産業はその分、地域雇用が促進されるのです。米国の場合、売上税（消費税）は中央政府でなく、州政府（県庁に類似）に入り、フロリダ州の場合はその州政府から一部が郡政府に還付されます。

　州政府が6.5％を徴収し、うち0.5％を郡政府に還付するという形です。フロリダ州全体でも売上税収の18％は観光客の州内消費に起因し、フロリダ州政府は「観光客が払う売上税収があるので、フロリダ州は州所得税をゼロにしている。それほどに観光産業は州内居住者に恩恵をもたらしている」と州内住民に宣伝しています。筆者が居住するオレンジ郡は人口140万人と、京都市と同じような規模ですが、そこにホテル客室9万3000室が存在し、年間で全米最高の7500万人が来訪する、典型的な観光地です。そこでは、売上税の半分超が観光客の消費に起因しており、観光産業に関連する雇用が雇用全体の4分の1を占めます。現地の大口雇用先リストを見ると、確かに観光・ホスピタリティ産業が多いことがわかります。

　ただし、そこまで地域経済にとって重要な観光産業でも、それを誰かが地元居住者に伝えないと「観光客のせいで混雑している」「観光客が渋滞を巻き起こしている」「観光客は金も落とさずにゴミだけ落としている」「地元住民が静かに過ごせない」などの観光客のマイナス面だけが強調された「観光公害」世論が形成されて増幅されていきます。

　では、一体誰が観光産業の恩恵面を地元住民に伝えるべきなのでしょうか。それは政府の仕事なのだろうか、という疑問を持つ方もいるでしょうし、日本では地元自治体（都道府県や市町村）の広報課がこれを行なうのだろうと推察している方も多いと思います。　米国では、実はこの業務はDMOの主要業務

の一つと位置付けています。政府が自分で喧伝するよりも、半官半民の非営利団体のような位置付けのDMOが観光産業の重要性を普段から地域住民に啓蒙することで、地域住民が観光産業の問題点だけを見て過敏に反応するのを抑制することができます。DMOは対外的に地域をマーケティングする組織だという理解は広く行き渡っているようですが、観光協会では本業に入っていない、対内的、即ち地域住民に観光産業の重要性を啓蒙する役割も、DMOの主要業務として位置付けるべきなのです。

　現在の日本では、DMOというとマーケティングを行なう組織という意識はお持ちのようですが、それは対外的なマーケティング活動という意識であり、地域内居住者に対して観光産業の重要性を啓蒙するという役割を意識したり、Webに主要業務として明記しているDMOはより少ないと思います。マーケティングは潜在的観光客向けだけでなく、地域住民という内部への観光産業理解を深めるためのマーケティングも必要であり、DMOはこれを忘却してはならず、これを主要業務の一つとして位置付けるというのが米国版DMOです。

　日本で今後DMOの設立を検討する方々の一部にお話をお聞きすると、地域外観光客の誘致についての意識は高いですが、地域内住民に対して観光の産業としての重要性を啓蒙する点についての意識は低いかほぼない状況のように見えます。読者の皆さまは、日本の各市町村や都道府県レベルのDMOが作成した観光産業の重要性を示す啓蒙資料や動画をご覧になったことはあるでしょうか。では具体的に見てみましょう。

❶観光産業の重要性を示す資料：郡政府レベル

　まず、フロリダ州オレンジ郡の固定資産税高額納付者リストを見てみましょう（表2）。

　この表にはトップ10社の企業名だけでなく、各社課税評価額及びオレンジ郡全体の固定資産評価額への比率、そして産業セクター名まで示してあります。するとトップ10社のうち、実に9社が観光・ホスピタリティ産業セクターであることがわかります。DMOはこの事実を地域住民に、きちんと伝えることが必要です。それは「観光・ホスピタリティ産業の企業のお陰で、オレンジ郡の

表2 **フロリダ州オレンジ郡の固定資産税高額納付者リスト**

固定資産税高額納付者トップ10は皆法人で、うち9社が観光・ホスピタリティ産業。
観光産業のお陰で個人向け固定資産税は低額に抑えることができているのです。

Orange County, Florida Principal Taxpayers Tax Roll Year 2015 [1]

Taxpayer	Type Of Business	Appraised Valuation	Percentage Of Total Taxable Appraised Value
Walt Disney Company	Tourism	$ 8.2 billion	8.18%
Universal Studios	Tourism	2.1 billion	2.09
Marriott Resorts / Ritz Carlton	Hospitality	1.6 billion	1.60
Hilton Resorts / Waldorf Astoria	Hospitality	1.2 billion	1.20
Hyatt Resorts	Hospitality	947 million	0.94
Orange Lake Country Club	Hospitality	778 million	0.78
Duke Energy	Electric Utility	736 million	0.73
Wyndham Resorts	Hospitality	574 million	0.57
Westgate Resorts	Hospitality	561 million	0.56
Vistana / SVO Vistana Village	Hospitality	508 million	0.51
Total taxable assessed value of 10 largest taxpayers		17.20 billion	17.16
Total taxable assessed value of other taxpayers		83.05 billion	82.84
Total taxable assessed value of all taxpayers		$100.25 billion	100.00%

固定資産税はより低額に抑えることができています」というメッセージの発信です。

　この他にも、地元の大口雇用者リストも存在し、それを見ると観光・ホスピタリティ産業の雇用創出効果が一目でわかるようになっています。

❷観光産業の重要性を示す資料：州政府レベル

　州レベルのDMOは「Visit Florida」という名称のDMOです。ここは資料だけでなく、フロリダ州住民向けの動画を作成しています。作成されたのは2007年ですので、絶対数値は変わっていると思いますが、相対的な数値は依然有効だと思います。

　YouTubeで「Power of Tourism」を是非、検索してみてください。この3分37秒の動画で出てくるメッセージは、「観光産業のお陰でフロリダ州には州の所得税はなし」の他にも、「観光客からの税収はフロリダ州住民1人あたり年間6000ドル相当（故に住民の皆さまへの課税額は低くて済む）」「観光産業は住民1人あたりの納税額の18％に相当する税収に貢献している」と続き、また州内の雇用創出効果については、実際に観光関連の幅広い産業従事者やホテル清掃係が使う清掃用具の流れを示して、小売業・卸売業・修理保全業、そして機材の製造業者までを含めて、これらすべての産業セクターの経済活動が観

光客の宿泊行為から発生している点を示しています。また、ホテルでの清掃業務を支える、それら修理保全や製造業にフロリダ州の工業専門高校を卒業した若者が雇用され、州全体の経済活動へとつながっている点も示しています。

重要な点は、これら資料や動画を作成しているのがDMOであることです。

米国オレゴン州のDMOが作成した動画では、日本の都道府県知事に相当する州知事自らが観光産業がいかにオレゴン州の経済に貢献しているのかを力説し、背景に州内の観光地が映るような動画を作成しています。そこでは、来訪した観光客が、その後オレゴン製の食料や飲料を買ってくれる効果があり、また観光で来訪した観光客のオレゴン州への移住も促進される結果になるので、産業としての観光は重要だというメッセージを発信しています。

日本で地域住民向けの観光産業の重要性啓蒙活動を主要業務と位置付けているDMOは少ないと思いますが、実は普段から地道に観光産業の重要性を地域住民向けに発信しておかないと、産業としての重みや重要性が過小評価されがちな観光産業への批判は、いざという時に地域住民から安易に表明されてしまうことになります。米国から日本を見ていると、Go Toトラベル政策という需要側を刺激して政府の支出以上の経済効果を狙うという政策にあそこまで必要以上の批判が出たことに関しては、普段から観光を産業として啓蒙していれば異なる結果になったのではと感じます。

日本のDMOが今から仕掛けておくべき業務としては、「地域の認知度を向上させて、往訪地域として検討してもらう」のが対外的マーケティング側ですが、同時に、「輸出産業としてのインバウンド観光産業セクターの重要性」について、地域住民に地道な啓蒙活動を開始する、という点を同時に仕掛けていただけると、後の問題解決が楽になると思います。

第 5 章

DMO経営人材
育成戦略の方向性
直近の課題と克服法

　本章はこれまでの議論がすべて絡んでくる、DMO向けの人材、特に経営幹部人材を中長期スパンでどう育成していくかについて議論します。

　数年前ですが、2017年に内閣府と観光庁が後援する「第1回DMO全国フォーラム」で講演させていただき、DMO申請に興味がある、もしくは申請予定の方々の一部と直接にお話をさせていただきました。過半数が女性経営陣とスタッフで占められている米国DMOと比較して、会議出席者には男性が圧倒的に多く、米国や世界のDMOと普段関係のある当方からは違和感が高かったのは、第3章にて紹介したオーランドDMO（Visit Orlando）の執行役員一覧表を見ていただくとご理解いただけるかと思います。

　その会議の範囲での所見ですが、旅行会社の本流である日本人向けセールス（観光立国宣言以前は日本国内観光消費総額の約95％は日本人国内消費だったという歴史的経緯あり）でキャリアを成してきた方々や、元地方自治体の方々は、日本人向け団体セールスの成功体験をお持ちの方々が多い印象を持ちました。

　しかしながら、FIT（個人旅行客）が中心の、英語必須のインバウンド向けマーケティング業務と統計解析による訪問者データ分析による戦略策定、定量的目標による経営管理というDMO本来の輸出産業効果による地方創生で観光立国・立地を実現するビジネスモデルに転換するには、日本国内の団体旅行誘

致の延長では対応できません。そのため、2つのグループ向けに人材育成の必要性が出てきます。一つは大学レベルでの将来の経営幹部候補生育成という観点での大学教育、もう一つは社会人向け継続教育による組織的な人材育成投資。これらがDMO人材向けに日本中で必要になると思われます。実はこの部分が日本の大きな直近の課題です。詳細についてご説明していきます。

5-1 誤解されている3つの内容

❶DMO設立の経緯と背景理解不足による人材育成の誤解

　第1章でも述べましたが、観光立国宣言が出た背景には、20世紀後半に大成功を収めて日本を繁栄に導いた製造業主体の輸出産業による外貨獲得政策が、21世紀にかけて近隣アジア諸国の国際競争力向上により、日本の貿易黒字・外貨獲得能力に陰りが見えてきた点があります。つまり、観光庁、そしてDMOの主要な使命は日本が21世紀の少なくとも前半、できれば後半も含めて外貨を獲得し、原油やLNGなどの日本にない資源を安定して購入継続できるようにして、国民の生活水準の維持・向上をめざすことにあります。つまり、観光協会や旅行代理店業務を延命させたり、日本国内の観光業を維持向上することは、主要な使命という位置付けではないと理解します。

　日本が当時の西ドイツのGDP額を超えて世界第2位になった1970年代前半から30年以上は、日本の貿易黒字額を減らす意図で日本人の海外旅行（アウトバウンド）が奨励され、同時に明治維新以降、太平洋戦争の混乱期を除いて国家戦略上一貫して重要であったインバウンド客誘致による外貨獲得戦略の相対的重要性が若干忘れ去られた時期だったわけです。観光立国宣言と観光庁発足により、日本の国家戦略は、鉱物資源はないが文化・歴史・自然遺産は豊富な点を生かして再びインバウンド客奨励による外貨獲得戦略に戻ったという大局観と理解していいと思います。

　この観点をしっかり押さえておけば、DMOの主要な使命はインバウンド客誘致による外貨獲得で、それは地域で外貨獲得し同時に日本国の国富も増やす

こと。この使命に貢献することであり、その枠組みでは、DMOは世界各地の観光地と国際競争をしなくてはならない点が理解できると思います。第3章で提示したように、国際競争の枠組み下では、日本語を理解する1億2600万人は世界人口78億人の1.6％に過ぎず、世界の残り98.4％の日本語のわからない国際観光客に訪日体験を推奨（外部向けのマーケティング）するためには、世界のビジネス言語となっている英語でのビジネスが基本である点も理解できると思います。

　筆者は米国に在住・勤務ですので、世界各国の学生を見て、また東アジアを含む世界のDMOや観光関連組織が当地フロリダ州オーランドに米訪するのですが、DMOの対外ビジネス言語は英語が基本であり、英語で業務処理ができる能力は最低限当たり前となります。シンガポールや香港は当然ですが、中国、韓国、台湾のDMO関係者もきっちり理解しているのと比較し、いまだにほとんどの日本国内のDMO議論やセミナーが日本語で、日本人同士で実施されていて、誰もそれに疑問を持たない点、大いに心配です。何のために財源の限られた政府から各種の資金援助が出るのかという、DMOの使命が理解できているのでしょうか。観光協会や旅行代理店を従来の昭和ビジネスモデルのままで存続させるのはDMOの使命ではなく、令和時代の21世紀中盤の日本を牽引する新たなビジネスモデルである、世界標準のDMO組織に貢献するために新たな業務内容や知識を自己投資して習得してほしいというのが観光立国・地方創生の意図だと思います。そのためには、土地勘がありそうな観光協会や旅行代理店人材にこそ努力を求められるのでしょう。

　世界との国際競争に打ち勝って、21世紀の日本に貴重な外貨を獲得し、かつ少子化高齢化による人口減で疲弊する地方経済を創生してくれるような「経営人材」が必要であり、財務諸表も読めず予算作業もできない、統計学も知らない、日本語専門の「おもてなし」要員では、世界勝負の土俵に立てない点、よく理解する必要があります。

❷ 経営人材像についての誤解

　日本の役所及び"J"とか"日本"とかの名称が付くような大規模組織では、昇進・

昇格は何年度に新卒入社（入省、入行、入庁）したのかを基本として、後は個別の賞罰や功績を若干加味して決まるのが昭和モデルでした。それはおそらく、明治、いやその前の江戸時代やさらに遡って律令制度の時代から続いているのかもしれません。加齢に従って各構成員の役職が上がっていくような官僚制度です。もちろん、優秀な人や人徳・人望が高い人は昇格が早かったり、そうでない人は上に行くにしたがって椅子の数が減る制度により、関連組織に出向したりするわけです。

　まず「経営」の定義は数多くありますので、概念として短く言うと「組織内の限られた資源をもっとも効率の良い分野に配備・再配備することで組織の成長性を確保する」ことです。

　DMOならば、まずマーケティング分野の場合は対外的な顧客層はどこにいるのか、どの程度の規模か、その顧客層を確保するにはどの程度のマーケティングが必要となり、コストはどの程度かかるのか、またコストに対してどの程度のリターン（見返り）を目標として定量的なゴールを設定するか、目標未達の場合はどの時点で撤退するか、を定めます。

　組織内財務管理の観点からは、現時点の人材規模で組織目標は達成できるのか、できない場合は人材増員するか、外部コンサルタントを雇用するかのコスト比較、また人員増員する場合には、どの程度のマーケティングのリターン（見返り）を発生させれば、人員コスト増は正当化できるのかの損益分岐分析も必要になります。また、地域内観光消費総額という地方創生・観光立国の観点から極めて正しい数値目標を設定した場合には、前年比で何%の成長率を想定し、各重点目標国やセグメントからの達成率は実現できているのか、できていない場合はどのような資源（人、物、資金）を受け取れば、目標は達成できるのかの定量的証拠に基づいた戦略案作成が必要になります。これらは米国の民間企業経営では当たり前のように使っている定量的な経営指標であり、経営手腕ですが、日本企業の場合はすべてがこのような定量的な経営指標や手腕に基づいて経営されておらず、逆の言い方をすると、経営者になっている人材はこれら国際競争で打ち勝てるような手腕を持っているから経営者になっているわけではなく、人望があって大きなミスを犯したことがないから経営職階になってい

るという人たちが多いのです。

その観点では、世界勝負で必要となる国際的な経営知識や手法を習得してお
く必要があるわけで、中高年に達している人材は、社会人教育・再教育で国際
競争力を高める必要がありますし、大学生で将来幹部候補生になりたい人材は、
ミスをせず大過なく過ごして勤続年数が伸びれば経営者になれるという発想を
捨てて、世界標準の経営知識を習得する必要があります。

❸DMO基本ビジネスモデルの誤解

右の表のように、どちらも観光客の来訪を奨励するという基本点は一致する
ものの、日本の伝統的な観光協会と世界水準のDMOには多くの相違点があり
ます。外貨獲得のためにはインバウンド客誘致に組織内資源を動員して観光立
国と地方創生を図るべきであり、「自分たちが慣れ親しんだから、他のことは
わからないから、英語ができないから」という理由で日本人観光客を都会から
誘致しても、日本人観光客はそもそもの市場規模がこれ以上大きくならないセ
グメントです。結局はジリ貧になりますし、外貨獲得という国家目標にはまっ
たく貢献できません。この基本的な部分について、日本で、日本語で、日本人
同士で行なっているDMO関連の会合やセミナーは、日本の国家予算が100兆
円で税収が60兆円の赤字構造になっていても、なぜ貴重な補助金をDMO関連
業務に供出しているかの理解が不足しているか、意図的に見えないフリをして
いるかにしか見えません。

かつての花形輸出産業でも世界の経済構造や需給状態、技術革新によって急
速に国際競争力を失い、静かに縮小していった産業セクターは、明治維新以降
でも、絹や綿などの繊維産業、陶器、石炭、鉄鋼、重工業、重電、弱電、造船、
海運など多岐にわたります。また、技術革新による産業構造変化で巨大な需要
がパタッと消え去った写真フィルム、カセットテープ、ビデオテープ、CDの
ような商品もありますし、業種そのものが技術革新で消え去ったレンタルビデ
オ店のような商売もあります。従業員や経営者個々人がまじめに仕事していた
かはまったく関係なく、時代の変遷で消え去る運命に見舞われた産業形態です。

そういう歴史的、世界的な大局観をもって観光産業を俯瞰すると、過去30〜

表 観光協会とDMOの相違点確認 (筆者試案)

	日本型観光協会	DMO (米国型)
顧客	送客してくれる旅行代理店各社 (と団体客の泊まれる地元宿泊産業)	個人旅行客、地域住民その他関係者 (stakeholders)、場所により MICE 関連客も
顧客国籍	ほぼ全員日本人の団体中心	インバウンド個人客 (場所により MICE 関連客) の獲得・増加が重要目標。プラス日本人
セールスかマーケティングか	ほぼセールスのみ	顧客ニーズを満たす地域観光商品を紹介し、来訪させるマーケティング
来訪観光客データ収集	ほぼなし。旅行代理店送客依存で、顧客データ収集・解析不要だった昭和モデル	本来はデータに基づいた定量的なマーケティングが必須
地元政府との関係	人材及び予算の両方で依存	人材は独立。予算も一般財源依存はなし。地方特別税ベースの使途限定税収から
地元政府からの出向者・出身者の有無	ありの場合が多い	出向者も出身者もなし。独立
財源	地方政府の一般財源。少子高齢化、税収源の環境で中長期持続性に懸念あり	地方特別税からエスクロー (使途限定) 口座経由。地元政府と地域納税者への負担なしというファンディングモデル
財源の持続性	一般財源依存＝持続性疑念あり。内閣府予算終了後の持続性は大いに疑問あり	一般財源依存は持続性に疑念。内閣府予算完了後の持続性は特別財源が確保できるか次第
MICE 関連客の重要性	ほぼ関係なし	季節性の回避・経済効果のため戦略的に重要
顧客との業務使用言語	日本語だけ	基本英語、その他外国語。日本語も
職員国籍・多様性	不要 (相手は日本人だけ)	必須。特に主要市場出身者は有益
ビジネスの成果評価基準	入込み観光客数増加	地域経済への経済効果 (観光支出額)

Source : made by the author,Tadayuki Hara,phD,June,2020

40年の伝統的な日本人相手の旅行代理店業務と観光協会業務のモデルは時代の変遷とともに縮小していくビジネスモデルであることは仕方がないことです。その運命に翻弄される中で、たとえば同じ世界の写真産業の巨頭であった米国コダックがコア商品の需要が消失して倒産した一方で、日本の富士フイルムはしっかりと生き残っている点は参考になると思います。旅行需要は継続して存在し、かつ今後も順調に拡大しますが、日本よりも世界の旅行需要成長率が高い場合に、訪問地としての魅力は世界トップレベルの日本の観光産業組織はいかに世界の高成長率を自分たちの成長率に取り込めるかというビジネスモデル変遷期の課題があり、その解答の一つがDMO、旅行代理店にとってはDMCだと考えることができます。消え去る運命のコアビジネスへの未練を払拭し、新規業務分野での業務知識をできるだけ早く個人が習得することで、国家や地域のために貢献することができるチャンスと捉えて再教育投資を行なうべきです。

5-2 観光学とホスピタリティ経営学の関係及び世界動向

❶観光学とホスピタリティ経営学について

　国連の世界観光機構（UN World Tourism Organization）が世界の観光産業を経済活動として把握する際に利用すべき手法として唱導している手法（tourism satellite accounts）では観光産業とホスピタリティ産業の関係を区別しています。日常の行動範囲を逸脱し、かつ居住地から相当距離（例：片道80km）を移動して行なった消費に限り観光消費と定義付けており、その定義に従うと、レストラン産業は観光産業かという興味深い議論が生まれます。正解は、たとえば米国ではレストランの売上げのうち約17%が観光消費であるため、「17%は観光産業、83%は非観光産業」となります。それでは複雑なため、有形無形のサービスを供与して顧客のニーズを満たし、対価支払いを直接消費者から得る産業であるという最大公約数に着目して、レストラン業は「ホスピタリティ産業」に属するとしています。するとホテル、タクシー、ケータリング、航空機、レンタカー、テーマパーク、遊園地、クルーズ船、結婚式場、国際会議場などすべてがこの「ホスピタリティ産業」の括りでカバーできることになります。

　これら産業の経営に特化した経営手腕を教えるのがホスピタリティ経営学部です。これら産業セクターでは、観光消費の対象となるサービスを供給していますが、その他の非観光客からの消費にも対応しているため、無理やり背伸びして観光産業と言うよりは、ホスピタリティ産業という位置付けで各セクターを包括的にまとめた呼び方と言えます。

❷ホスピタリティ経営学の教育

　米国の場合、観光ホスピタリティプログラムのある大学が150〜200校弱で、うち70%程度がホスピタリティ経営学部モデルに準ずると推察されます。

　学部経営者の観点から理由を述べるならば極めて単純。学生に観光学を教え

ても、大量の就職口を抱えるホスピタリティ産業界のニーズに合致せず、就職に苦労するからです。観光学という学術領域とその教育を否定する意図はありません（筆者はホスピタリティ経営学部の観光学科に在籍しています）。観光学モデルは、社会と産業界のニーズに合った人材の大量供給には構造的に合致せず、ましてや「観光立国」という観光を輸出産業として育成する国家戦略に必要な、変革のリーダシップを執り、かつ世界で戦える基礎知識群を持った経営人材の大量供給ニーズには合わないのです。

　また日米での学部経営の理念と基本ビジネスモデルの乖離もあるでしょう。われわれの学部を含む米国ホスピタリティ経営学部では、われわれの顧客は学生ではないと位置付けています。顧客は産業界です。顧客のニーズに合致した高品質な商品を品質管理し安定的に供給することで、大学・学部ブランドを構築し、商品価値を高めるビジネスモデルにおいては、学生は学部の「商品」です。「『商品』と呼ぶと日本では響きが悪い」と忠告を受けたことがありますが、顧客（産業界）ニーズに常に細心の注意を払って、それに基づき各商品を丹念につくり上げれば、棚に並べる前（＝卒業証書授与前）にどんどん売約済みとなる状況となり、本人にとっても、また優秀な人材配置により観光・ホスピタリティ産業の国際競争力が向上する地域社会にとっても幸福な状況となります。

　米国の場合は、大学学部が社会・納税者のニーズに合わない商品を生産し、顧客がそれを欲しない（学生が就業できない）状況となれば、即座に学部経営陣に圧力がかかり、カリキュラム見直しや場合によっては学部学科取り潰しにもなり得る緊張感があります。故に定期的に顧客（産業界）のメンバーからなる諮問委員会からカリキュラム内容や講座見直しなどの提案を受けて、軌道修正する形になっているわけです。

　産業界の素直なニーズを一度でも聴取すれば、「茶道、華道、観光社会学、観光歴史、観光地理学、観光文化」などの授業で貴重な学生の時間を割く暇もなく、「ホテル管理会計（米国ホテル統一会計基準）、人材管理、サービスマーケティング、ファイナンス、サービス管理、戦略論、料飲経営、組織理論、国際化経営、異文化コミュニケーション」という、学生が世界で戦うために必須な、米国、英国、スイス、豪州、シンガポールでもほぼ共通のカリキュラムで

グローバル人材を育成する方向に収斂するはずです。学部卒業時に経営幹部候補生として商品をマーケティングするには、在学時に800〜1000時間相当の有給インターンシップで現場を経験させておく必要もあり、ますます実践的でない授業を教えている時間はないはずです。

　筆者の勤務する大学学部にはDMOに就職する学生に対応する「イベント経営学士号」がありますが、そこでの教育内容は70〜80％程度は「ホスピタリティ経営学士号」の学生と共通の授業内容です。基本となる科目、たとえばマーケティングや人事管理、財務管理に関する基本知識は共通のベースを形成しておいて、そこに専門分野に特有の知識を上積みしていくという人材育成手法を用いると、学生が新たな産業興隆や業界の構造的変化があった時に変化に対応するための対応策を自分で理論的に考えることができるからです。カリキュラム内容を見ていただくと、構造的にはMBAのカリキュラムと類似点が多いことがわかります。それは米国ホスピタリティ経営の基本的枠組みを1980年代に確立したコーネル大学ホテル経営学部がビジネススクールのカリキュラム枠組みを利用し、内容をホテル経営に特化したカリキュラムを構築したからです。その後、コーネル大学ホテルスクールで博士号を取得した人材が米国や世界に散って研究系教員職となり、各地のホスピタリティ経営学部での基本的構造がコーネル大学ホテル経営学部の形に収斂しました。

　DMO経営の人材要員は、このように世界標準となっている欧米型の組織経営手腕を学ぶことが必要です。世界中が基本的に共通の概念や原則で行動し、競争している環境で、世界と勝負するならば、当然に世界の競争相手が把握している、英語で引き出せる知識とスキルを習得しておくことが必要です。これらを知らずに世界と勝負したり、競争を挑むのは無謀であり、非効率です。

5-3　各分野知識が
いかにDMO経営に役立つか

　続いて各分野の知識がDMO経営でどう役立つかについて例示しましょう。なお、ここでの知識はDMO経営だけでなく、ホテル・旅館などの宿泊業経

営、外食レストラン経営、インテグレートリゾート（IR、統合型リゾート）
経営、テーマパーク経営、クルーズ船経営……、すべての観光ホスピタリティ
分野の産業との最大公約数が多い内容であり、地域の観光計画策定や地域経済
活性化・地域経営にもそのまま役立つ内容です。

　組織内の限られた資源を低成長分野からの撤退と同時にもっとも投資効率の
良い分野に配分し、組織全体の成長率を確保するために定量的データで常に戦
略的に見直すのが「経営」です。「経営」要素のない定性的な「観光学」では、
これらホスピタリティ産業だけでなく、観光産業にも中長期的に役立つ人材が
育成できない点の理解は、過去30年程度の世界の潮流を見ると明らかです。ち
なみに、当方は米国大学ホスピタリティ経営学部の観光イベントアトラクショ
ン学科に在籍しているので、観光は本業なのですが、その立場であえてそこは
はっきり述べたいと思います。観光地の文化・歴史素材から魅力あるコンテン
ツをストーリー化するという分野では定性的な観光学、つまり社会学や文化人
類学の知見は役立ちますが、「観光学」できちんと教育されていない「経営」
分野に背伸びをするのは無理があります。つまり観光産業を育成するには「ホ
スピタリティ経営学」の知識とスキルが必要だという理解が重要です。

管理会計とファイナンス

　会計の知識があると、たとえば組織内のITシステムを更新した際、費用計
上した場合と資産計上した場合に当期利益計算にどのような差異が発生するか
という計算ができます。減価償却費が損益計算書と実際のキャッシュフローに
どういう差異をもたらすのかの概算もできます。またファイナンスの観点が加
わると、組織が持つ各資産が組織の当期利益にどの程度の貢献をしているのか
を計算することで、資産の処分・売却の判断を下したり、新規資産獲得した場
合は、どの程度の運営費用増となり、それを消すには売上げ側でどの程度の増
収効果が必要か。また、それは市場需給状況や競合先との相対的競争力を評価
すると、どの程度の確率で実現可能かを事前に判断することができます。資本
支出の経営判断をする際には、同じような投資機会を複数分析した結果として、
どの件に投資することを最終的に決めたという経営判断を数値を含めて書面に

残し、理事会に報告することができます。たとえば、ホテルが業容拡大したいという場合に、期待利回り率（ハードルレート）を資本支出判断のコアに据えて、設備投資や設備更新の資本支出はどの程度の増収増益を計上することで正当化できるのかを事前に複数の予想計算（シミュレーション）をかけていくつかのシナリオを策定しておくことで、想定外の現実を減らすことができます。同じような発想で、事前に定量的なシミュレーションをしておくことで、その評価も定量的に下すことができます。

　たとえば、欧州のある国に集中的にマーケティングをするという場合、そのマーケティングコスト（例：1000万円）を市区町村の地域税収で回収するためには、どの程度の新規税収を上げればその資金回収ができて、成功したキャンペーンと見なすことができるかという、数値を使った経営判断が可能になります。ある市区町村で宿泊代金に４％の宿泊税を課税しているとすると、その欧州のインバウンド客から年間２億5000万円の宿泊料金支出があれば、４％課税でちょうど1000万円の新規宿泊税が回収できます。では、１室あたりの平均客室単価が１泊１万円だとすると、その国から２万5000泊分の新規来訪客を確保できれば、DMOの1000万円のマーケティング投資は成功したと見なせますね。来訪者が１泊しかしない場合は２万5000組必要ですが、欧州からの旅行客だと自宅からの距離が遠い分、連泊の可能性が高くなるわけです。たとえば、地域内の観光資源を整備し、数泊連泊して地域を楽しんでもらうようなストーリーを整備しておいて、平均５泊してもらえれば、年間5000組の来訪でマーケティングコスト分を宿泊税収で回収することが達成できます。役所出身者の多い昭和の観光協会では、なかなかこうした発想には至らないかと思います。できないわけではなく、今までそういう発想で経営判断をするという訓練がされていなかっただけであり、社会人継続教育の重要性を裏書きする事例です。

デスティネーションマーケティングと地元住民向けマーケティング

　これは先の例で述べたケースが当てはまりますが、事前の市場調査を行ない、ある程度の確信を持てた潜在顧客層があれば、その層に効果的にコミュニケー

ションを取るにはどのメディアが良いのか（コミュニケーションミックス）。そこでどのような観光商品を紹介して、潜在顧客の旅行ニーズを顕在化させるのか。マーケティングの費用対効果を想定し、どの程度の期間目標未達ならば撤退するか、あるいは目標額を上回ったら追加予算を投入するのかの定量的な経営指標を策定します。数多くある潜在市場を上から想定する費用対効果数値でリストアップして集中投資するのか、広く投資するのかを決めます。

　デスティネーションマーケティングについてはすでに述べたので、ここではコミュニケーションミックスについて例示しましょう。潜在的な観光客層に対してどのようなメディア媒体を使ったら一番効果があるかは、まさにそれぞれの観光客層によって異なるわけです。たとえば欧州のイタリア、フランス、スペインの潜在的観光客は普段、それぞれどのような情報源で日本、あるいは皆さまの市区町村について情報を得ているのかを調べ、それぞれに一番効果がありそうなメディアに皆さまの観光地情報を発信するのが理想です。紙媒体ならば、新聞なのか雑誌なのかで具体的な新聞・雑誌名まで絞り込む必要がありますし、Web媒体ならばやはりどの媒体にどういう発信をするかを費用対効果も考えながら予算と期間を考えなくてはなりません。フロリダ州・オーランドの場合、外国人客の主要なマーケットは英国とカナダ、ブラジルです。カナダの場合ならば、冬が一番厳しい1～2月にトロント市の地下鉄駅とトロント市内の新聞広告に集中的な投資をして「雪のない太陽の照るオーランドへ直行便で！」というキャンペーンを実行しました。

　さて、ラジオというメディア媒体、これは依然利用価値があるのでしょうか？実はマーケティングミックスを考える上で興味深いケースがあります。ラジオは地元放送局から地元住民に放送するのが基本ですね。地元の交通渋滞やイベントなどの情報は他の街の人が聞いても相対的に価値がないので、アンテナから半径30km、50kmなどを対象にした地域圏向けのローカルメディアです。その特性を生かしたマーケティング戦略が取れる場合もあります。

　たとえば、地域内の観光施設、ホテル・旅館、テーマパーク、博物館で大規模グループのイベントが数日前に突然キャンセルや予定変更になって、準備した食材や確保した労働力をどうしようかという難題が発生したとします。イン

ターネットトでの情報発信は、即時性では問題ないですが、それは国内・世界中に広く発信されてしまいます。すると、たとえば夕食にワインかビールを付けて通常１万円程度の夕食商品を、「団体キャンセルの苦境で、明日から３日間4000円の特別価格で販売します」というメッセージが全国・世界に流れ、それを見た他の都市に住む顧客からすると「なんだ、そんな値引きして売るような価値の商品なのか」という認識を持たれてしまいます。その場合には、あえてラジオで地元住民向けに「通常は１万円の高品質の商品を地元の皆さまに味わっていただく特別な機会として、先着100組まで4000円でご案内します」と発信すると、国内・海外市場での商品価値イメージを棄損せずに、在庫を処理できるわけです。

「地元住民向けマーケティング」

　地元住民対象として格安観光商品を紹介するというビジネスモデルをより進化させると、被雇用者と中小企業者が多い、地元レストランなど外食産業の閑散期にそれをサポートすることをDMOが主導ができます。

　オーランドの場合は、レストラン産業の閑散期は９月なので、DMOが主導して、「Visit Orlando's Magical Dining」という地元住民向け特別月間イベントを行なっています。2021年は８月27日〜10月３日の１ヵ月強の期間、オーランド内の参加レストランすべてで３品のプリフィクスコースメニューを37ドルと普段より安い固定金額で提供し、売上げの中から１ドルは地元の貧困層向けの非営利団体への寄付に回すというプログラムです。2020年度はCOVID─19の最中にもかかわらず、34万5378ドル（約5180万円）が寄付されました。与えられた数値から逆算すれば、このキャンペーン１ヵ月でDMOは地域内で1277万8000ドル（19億円超）を地域経済内で還流させて、レストラン業界に「観光産業の重要なメンバー」であるということを体感してもらったわけです。また、チップ制度のある米国では現在20%程度がチップ収入として給仕の現金収入になりますので、４億円弱が産業界の労働者に流れた効果もあります。

　このイベントは観光客の地元満足度に重要な役割を果たす地元レストランの閑散期運営を支えるだけでなく、地元住民に普段は行けないようなレストラン

に行ってもらい、住民たちの口コミで各レストランを紹介し、同時に地域の貧困問題解消に貢献するというものです。このような企画を実行するには、地域開発・観光奨励、財務会計など多くの知識の活用が必須です。DMOとしては、このような地元住民向けマーケティングを観光閑散期に実行することで住民の皆が観光産業への理解を深め、自分の生活に関連する産業だという意識を高めてもらうことにつながります。こうした発想は観光協会にはないと思いますが、DMOは地元の観光産業に対してリーダーシップを発揮し、各関係者に恩恵を与える仕組みを実行するという攻めの姿勢が必要です。そのためには、どの分野でも「経営」の視点と発想が必要になるわけです。

人事管理、組織行動、異文化経営、リーダーシップ論

　おそらく財務諸表上の資産をあまり保有しないDMOにおいて、その業務効果性は人材の能力と質に大きく依存することになります。精密機械以上に気分や環境に影響される人が生み出すサービスは無形であり、その質を管理するには、相対的な人事管理の重要性が高くなります。各人の個別判断を導くのは組織文化であり、強い組織文化があればそれに影響されて構成員の行動や言動に一貫性と均一性が確保できます。特に国籍、性別、母国語、最終学歴、性的嗜好、年齢、宗教が異なる多様性にあふれた人材をチームとして運営するようなDMOにおいては、皆が共通の組織目標を共有し強調することが必要であり、おそらく日本人が一番経験がない、あるいは弱い分野であるが故に、世界の学術理論を知っておく必要があります。多様性があると、業務へのモチベーションを発揮する要因も異なる可能性があり、どのような人材にはどう対応すべきかも含めて、日本人には一番難易度が高い分野だと思います。日本人同士で日本語で行なう日本国内のDMOセミナーや講演会ではたぶん話題にも上らない問題かもしれませんが、異文化チームを率いるにはこの分野の知識は必須です。

　リーダーシップ論は、いかに効果的な嫌われないリーダーになるか、またそのスタイルとして微細にわたる指導型と、自主性を重んじた放任型という両極端をどのように使い分けていくのかというような学術理論がありますので、それらを学んでおくと実際のDMO運営で役立つと思います。

第6章

DMOを支える
人材確保と
異文化経営

*Securing human resources and cross-cultural management
to support DMOs*

6-1 DMOは観光奨励による
地域経済牽引の旗振り役

　DMOは非営利団体として「地域住民の生活の質の維持または向上」のために、手段として観光産業を奨励して地域外から地域内に資金を動かすこと（＝域外からの来訪客の観光消費を奨励すること）で地域経済を発展させるのが目的です。その意味では、政府・地方自治体とDMOの目的は合致しているわけです。

　日本では観光協会モデルから離別して、これから成熟していく、いわば発足段階にあるのがDMOです。DMOは観光奨励をして地域外から訪問客（いわゆる観光客だけでなく国際会議出席のようなビジネス客を含むため、UNWTO〈国連世界観光機関〉では「訪問客」の定義を使用）を誘致し、地域内で観光消費をしてもらうのがメインビジネスです。ここは観光協会モデルから移行する際も重要性は認識されています。

　日米モデルの違いを見ると、日本で現状は欠けているが、今後世界水準のDMOを展開する際に行なうべき使命が見えてきます。米国の場合は地域住民に対して産業としての観光の重要性を啓蒙する、これが重要なのはすでに述べました。また観光産業の成長により地域住民の生活水準の質を維持向上させる

ために、戦略的な展望を地元産業界と地域住民に提示することも行なうべきであり、その意味ではDMOのMがマーケティングだけを意味するという日本にありがちな発想から、Managementつまり地域計画・経営についても方向性や展望を持たなくてはなりません。

6-2 日本の観光産業・宿泊産業の現状問題把握と戦略的改善案のビジョン

　産業界の現状を把握する際は、もちろん短期的な問題と中長期的な問題とを分けるべきです。

　ただし、地域宿泊産業界、地域観光業界というマクロレベルの視点で考えると、現時点でまず中長期の問題を認識し、それらへの解決・改善策を考えて、今後5年後、10年後にどういうポジションにいたいのかというビジョンを提示することが重要だと思います。観光協会モデルから横滑りの日本版DMOでは、こうした対外的マーケティング以外の業務は自分たちの業務でないという意識が強いかもしれませんが、米国型・世界標準型DMOでは、地域を観光産業で発展させて地域住民の生活水準の質を上げるという究極目的達成のためには、このような観光産業主導の地域経済発展戦略案の作成はDMOの地域Management業務にしっかり入ります。

　戦略案とはどうやって作成するのか、復習になりますが、3ステップが必要です。①現状把握。問題点を把握、②理想像策定、③現状から理想像に到達する期限を設定。そうすると期限をより短い期間に分割することで達成・進捗状況を確認できます。

❶ 現状把握

　現在の日本の宿泊産業の問題点として低生産性問題、低水準年収問題、人手不足問題などが挙げられます。しかし、これら3つの問題点は実はそれぞれ関係しているのが理解できます。

> 労働生産性＝GDP（付加価値）÷就業者数（または就業者数×
> 労働時間）

（1）低生産性

　生産性は正式には上図の数式となります。

（参照：公益財団法人 日本生産性本部「労働生産性の国際比較2020」https://www.jpc-net.jp/research/detail/005009.html）。

　単純化すれば、ある売上高を上げるのに何人の従業員が必要だったのかというイメージです。20億円の売上げを計上する宿泊施設に200名の総従業員がいたら1人あたり売上げは1000万円ですが、同じ売上高20億円を計上する別の宿泊施設の総従業員数が100名の場合には、後者のほうが生産性は倍となります。米国と日本の生産性を比べると、日本の生産性は約半分ですので、日本は同じ売上高を計上するのに倍の人数が必要です。上記の日本生産性本部報告書には多くの情報が提示されています。

　低生産性問題は結局、従業員に労働対価として支払う賃金に分配する資金がより少なくなるという構造的問題にいきつきます。

（2）低水準年収問題

　これは宿泊業界で長年放置されてきた要因です。日本国内だけで見ていると賃金が上がっていない産業セクターが多く、その中に埋没して目立っていなかったのかもしれません。ただし、国税庁が作成した「民間給与実態統計調査」令和2年度版でも明確に指摘されています。それを引用したヤフーニュースの記事「年収が最も低い業種（業界）はどれ？」（https://news.yahoo.co.jp/articles/e3c6a3fed8ae1d81dac45c8c5d40c5ef1342eb7f）でも明白に実態が報告されています（表1）。

　ヤフーニュースに掲載されたのはファイナンシャルフィールド編集部が執筆した記事ですが、そこでは「年収が低くなる最も低い業種とその理由」として、さらに以下のように解説しています。

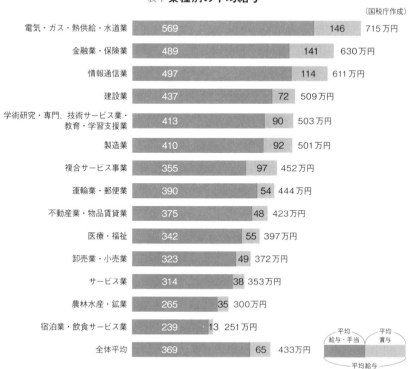

表1 **業種別の平均給与**

（国税庁作成）

業種	平均給与・手当	平均賞与	平均給与
電気・ガス・熱供給・水道業	569	146	715万円
金融業・保険業	489	141	630万円
情報通信業	497	114	611万円
建設業	437	72	509万円
学術研究・専門、技術サービス業・教育・学習支援業	413	90	503万円
製造業	410	92	501万円
複合サービス事業	355	97	452万円
運輸業・郵便業	390	54	444万円
不動産業・物品賃貸業	375	48	423万円
医療・福祉	342	55	397万円
卸売業・小売業	323	49	372万円
サービス業	314	38	353万円
農林水産・鉱業	265	35	300万円
宿泊業・飲食サービス業	239	13	251万円
全体平均	369	65	433万円

　宿泊業・飲食サービス業の年収が低い傾向にある理由にはさまざまあり、要因はひとつではありません。なぜ年収が低くなってしまうのか、2つの理由について解説します。

●離職率が高い

　宿泊業・飲食サービス業の年収が低い傾向である理由の1つに、離職率の高さが挙げられます。国税庁「令和2年分　民間給与実態統計調査」によると、宿泊業・飲食サービス業は医療・福祉と並び、平均勤続年数が9年ともっとも短いとわかりました。

　すべての業種の平均勤続年数が12.4年であると考えると、離職率が高いといえます。

●非正規雇用が多い

　宿泊業・飲食サービス業は、他と比較すると非正規雇用が多いです。総務省「サービス産業動向調査」によると飲食業は、2021年7〜9月平均では292万7600人の雇用のうち、非正規雇用は233万3300人と、79.7％と高い割合となりました。内閣府 男女共同参画局「男女共同参画白書 令和3年版」によると、全体の非正規雇用割合は男性22.2％、女性54.4％。

　正規雇用と非正規雇用では、年収にも大きな違いが生まれます。厚生労働省「令和2年分 民間給与実態統計調査による結果」によると、正規雇用の平均年収は495万円、非正規雇用では176万円で、319万円の差がありました。

（3）人手不足問題

　右記の2つの問題が理解できると、観光・宿泊産業でよく言われる「人手不足」は、実は産業界の低生産性と低水準年収から派生する「産業界の魅力不足」であるという業界特有の要因があることがわかります。非正規雇用だと平均年収が176万円、これは一日8時間、週5日勤務、年間で2週間程度の休暇取得を前提に平均時給を計算すると、時給880円程度なことがわかります。月収では税引前で14万円台ですので、中長期の人生設計をするには厳しい水準です。

　この非正規雇用をさらに性別で分けるとより厳しい現状が見えてきます。国税庁「令和2年分 民間給与実態統計調査」の13頁第8表によると、非正規雇用者の平均年収は176万円ですが、うち男性は227万円で女性は153万円となっており、非正規女性雇用者の待遇改善は地域社会及び日本国全体の課題と言えます。

　このレベルの生活水準で勤務する職場仲間の存在を容認してきたならば、厳しい見方になりますが、一方で、社会の最低収入層に多くの非正規雇用を供給してきたと言うこともできます。この状況を放置していると、現状でも人手不足の問題はあると思いますが、観光需要が復興してきた場合に、強烈な労働力不足となる脆弱性が容易に予測できます。それは経営者が言う人手不足ではなく、地域住民の生活水準の質の向上に貢献しているとは思えないような雇用条

件、つまり「産業界の魅力不足」を容認・黙認してきたツケが一気に表面化することになります。

❷理想像策定

　観光・宿泊産業界の理想像は、現状の問題点を克服した状況を展望することで自然と見えてきます。生産性を向上させて、労働力に対する対価としての報酬水準を上げ、職場の魅力不足問題を解決することで人材を確保し、離職率を下げるような勤務環境をつくることです。ただし、戦略論の基礎として、きちんと数値を入れないと将来、定量的に進捗状況を測定してスピードを調整することが不可能になるので、数値を入れましょう。

● 米国宿泊産業比で50％の生産性を80％まで引き上げる。つまり現状との比較では生産性を60％向上させる。

● 年収水準は現在14産業セクター中14位である251万円をほぼ倍増させ500万円とすることで、国税庁作成民間給与実態統計調査における14セクター中の年収順位を7位まで押し上げる。

◆ これは非正規職員、特に非正規女性職員の年収を153万円からほぼ倍増の300万円とすることを重視する。非正規男性職員の年収は現在の227万円を約75％増の400万円程度を目標とする。結果として男女平均年収格差を現状の女性対男性67％の水準から75％にまで是正する。

◆ 正規職員については現状の産業界平均年収の女性383万円、男性550万円から、女性は30％増の500万円、男性は18％増の650万円をめざす。結果として、男女平均年収格差を現状の女性対男性70％の水準から77％にまで是正する。

　この水準まで年収増加を実現できれば、観光・宿泊産業界従事者の生活水準の質を向上させることが可能となり、同時に職場の魅力不足問題を大幅に是正することができます。

❸現状から理想像への移行　期間設定（＝戦略案）策定

　現状が24年初頭ですので、今年をカウントし1年目として10年間という期

間を設定したらいかがでしょうか？　つまり10年目最終年度は33年12月末です。この10年間で観光・宿泊産業界の皆さまが主導して、現状から理想像に移行するという決意をし、それを産業界のビジョン、長期展望として発表します。10年間というのは比較的に便利な期間設定で、複利計算をすると倍増させるためには年率6.2％で成長すれば、10年目の最後には1年目初頭の数値が倍増することになります。2年目には非正規女性の年収が153万円から162.4万円に増え、3年目にはそれが172.5万円に増えるかどうかで、毎年進捗状況が定量的にチェックできますね。

　慎重な方は本稿を読んで「過去20年以上デフレ環境で給与が上がっていない状況なのに、それを今後10年間で倍増とは、あまりに非現実的。どうやって実現するのか？」と思われたかもしれません。そのどうやって戦略（＝定められた期間内で現状から理想像への移行を図ること）を実現するのかが、戦術の分野です。

6-3 今後10年間で日本の地域経済を 観光産業主導で創生する戦術案議論

　非正規女性の年収倍増から正規男性の年収18％増加までを唱導しましたが、国の実質GDP成長率が18年度でG7内で最下位となる1.3％の日本に慣れてしまった感性、あるいは長期デフレの脱力感から俯瞰すれば夢物語に見えるでしょう。

　このような急成長を実現するには、急成長する顧客層が必要です。端的に言うと、現状の日本人相手に日本語で業務を行なう国内観光ビジネスモデルでは、国全体の経済成長率である1.3％を超える成長率を持続することは困難に見えますね。

❶短期的な機会：「Great Resignation」（大退職）

　米国では史上稀なほどに離職率が跳ね上がっています。米国労働統計（Table 4. Quits levels and rates by industry and region, seasonally adjusted - 2021

M11 Results (bls.gov)）を見ると、特にレジャーホスピタリティ分野の「宿泊・レストラン産業」で顕著です。21年11月の１ヵ月間の統計で見ると、全産業平均が3.0％のなか、6.9％と突出していました。高離職率の２位が「小売業」の4.4％、３位が「芸術、娯楽、レクリエーション」と「プロフェッショナルサービス」の3.7％であることを見ると、その突出ぶりは顕著です。23年第４四半期でも全産業平均が2.2％のなか、宿泊レストランが4.3で第一位の離職率を維持。第２位の小売業は3.1％でした。

　これは、COVID―19で非正規はほぼ解雇、正規職員も離職者を引き留めないという対応をしてきて人員配置が最低限にまで落ちていたところに、政府からの個人給付金が配布され、同時に高齢者を中心にワクチン接種率が上昇したために、将来の不安のための準備金として現預金に貯めこんでいた現金が、一気にロックダウン中にできなかった消費に回り（リベンジ消費と呼ばれています）、需要が跳ね上がった産業が宿泊、レストラン、芸術・エンターテインメントの３つの産業セクターだったのです。

　従業員側は、今まで低賃金・長時間労働を強いられていたため、ここぞとばかりに高賃金での転職を図り、新規雇用も既存雇用者の保持のためにも、オーナー側は急速な賃上げしか選択肢がない（もしくは労働力不足で店を閉めるという選択）状況になっています。当方が居住するフロリダ州・オーランドでは、10ドル（1500円）程度だった学生の時給が、現在は15～17ドル（2250円～2550円）と半年で50％～70％上昇しています。

　個人的には、オーランドと同じ状況が日本で起こる可能性が充分あると思っています。すると、現状から理想像への距離がみごとに短期間で進捗してしまいます。つまり観光・宿泊産業界の経営者とDMOの経営陣は、その地域の競争力を上げるためには市場の賃上げ圧力に反対するどころか、その流れを自ら先取りして好待遇をオファーするという戦略的な動きが取れます。

❷中長期的な機会：インバウンド客誘致

　中長期的に観光・宿泊産業と地域に持続可能な高成長を実現したかったら、インバウンド客の取り込みが重要です。以前にも述べたように、日本政府は訪

日外国人消費額が20年度7000億円程度（政府目標8兆円）に終わったレベルから、30年に15兆円と掲げた目標を修正していません。また、米国から日本を俯瞰する観光産業研究者の筆者もこれは実現可能な数字だと思っています。7000億円から10年間で15兆円に増加させるために必要な複利計算の利率は年率約36％です。

　国家全体の成長率が1.3％のなか、年率36％で成長する産業セクターが存在したら驚異ですよね。日本がCOVID—19後に再び開国すると、かなり厳しい労働力不足問題が再燃すると予想していましたが、もはや現実のものになりつつあるようです。

　そうなると、個々人の生産性を上げる必要が顕在化します。それは社会人教育（米国では継続教育という言い方をしています）の必要性が上がることであり、同時に雇用者にとって有益なスキルや資格を保有している人には大胆な追加的手当てを支給することで、そうした貴重な人材を組織内に留める経営が必要になります。たとえば基本年収200万円で雇用されている非正規女性に英検1級を保有している手当として月5万円、年間60万円の手当を追加支給するイメージです。雇用者からすれば、60万円のコストを回収し、かつ増収増益できるようにインバウンド対応で活躍してもらえればいいので頼むから離職せずに自社に留まってくれとの経営判断です。

　インバウンド客が再来訪するような環境になったら、DMOは眺望・床面積等の内容が優る客室を中心に高単価な価格設定及び自社経由の予約比率上昇を意識してもらうように地域内の宿泊施設に働きかけることが必要です。これがキャッシュフローを増加させて、賃金増加分を売上げ増でカバーできる原資となります。

6-4 パンデミック後の米国及び　　日本の観光ホスピタリティ産業を俯瞰

　米国に遅れることほぼ2年間、日本の観光産業もパンデミック後を迎えたように見えます。また筆者が指摘してきたように、国内のリベンジ消費の力強さ

で21年春から急速に復興した米国・フロリダ州の観光産業と若干異なり、日本の場合は国内のリベンジ消費に米国ほどの力強さがない分、訪日外国人客がそれを補って日本国内の観光産業のスピード復興に貢献しています。パンデミック前のインバウンドの主力だった中国人層が出遅れている分、国家間関係の改善も背景に韓国人層が急速に戻っています。また中長期の日本観光産業にとって恩恵の大きい、自宅からの移動距離が長い欧米豪の非漢字文化圏インバウンドが相対的に多めに獲得できている点で、日本全体の観光立国戦略はうまく立ち上がってきています。もちろん、観光産業の急復興の副作用として、労働力不足の問題が顕在化しつつありますが、これも筆者が指摘していた２年間先行する米国観光ホスピタリティ産業がいかに同問題に対応したかを参考にしていただければ、日本での問題解決策は明白です。

　復習になりますが、米国の観光ホスピタリティ産業では、政府の介入なしに市場での需給関係に基づいた大幅な賃上げが起こりました。それに伴い、正規職員や既存職員の待遇も改善させないと離職を防げないとの危機感でこちらも急速に改善。具体的には筆者が勤務するホスピタリティ経営学部の新卒学生の初任給相場価格が年収３万8000ドル（同570万円）から５万ドル（同750万円）〜５万3000ドル（同795万円）と31〜40％も上昇しました。

　米国は求職中の労働者に対して過酷な印象を持たれているかもしれませんが、実は非正規職員やその家族に対しても寛容です。有名ドーナツチェーンの非正規職員の求人広告には「健康保険・歯科治療保険・眼科保険無料で供与」「従業員への無償または割引価格での飲食物供与制度」「退職金積立制度」「有給休暇制度」「従業員訓練と自己啓蒙開発制度」「希望の時間帯での勤務可能」とあります。時給は初任給が16.5ドルですので2475円。これは週休２日で週40時間勤務し、年間で休暇を２週間取得したら年収３万3000ドル（同495万円）になるので、そこそこの人生設計が可能な水準でしょう。

　日本では非正規職員への時給だけでなく、福利厚生やその他恩恵の供与も含めて、ここまで達していないでしょう。パンデミック後の「人手不足」というのは雇用者・経営者側の意見であり、実際は「低い時給・年収に起因する職場の魅力不足」で人が集まっていないのです。日本でも、時給・年収の大幅向上

に加えて、手厚い福利厚生や自己研鑽のための金銭補助を企業側が行なって人材を集める状況に今後急速になっていくはずです。

　フロリダ州の観光ホスピタリティ産業の現場で生きてきた経験からすると、社会の動きを見て、自ら早めに変革を仕掛けた企業では離職問題の影響は軽微で、むしろ優秀な人材を採用できて復興需要の波に乗って増収増益状況となっています。一方で過去の鎖に囚われて従業員待遇の改善に最後まで抵抗したり、自己変革を拒んできた組織は、労働力不足の荒波の中で離職者が止まらず、一部オペレーションの休止や他社による買収を拒めない状況に陥っているように見えます。つまり、時代の流れが見えた時に、それを見越して先に行動できる組織とそうでない組織の差がよく見えるようになるのがパンデミック後だと言えます。日本はまさに30〜40年に一度の構造改革の機会で、低賃金・職場の魅力不足のイメージが払拭される機会が訪れつつあるようです。

6-5 労働力不足環境での
社会変貌とその影響

　労働力不足問題はもう一つの興味深い要因を社会にもたらします。それが異文化異経営問題です。今まで日本は観光ホスピタリティ産業にかかわらず、すべての産業で年功序列・中高年日本人男性主体の価値観で、その他少数派の人たちは価値観や文化を多数派に合わせる形で機能してきました。

　この話題については筆者の主観ではなく、少し学術的に議論をしたいと思います。オランダ人学者ヘールト・ホフステードは世界の国々で人々の発想や行動にどのような差があるのかを研究しました。当初は1970年代に世界展開し、世界に支社と従業員を抱えていたIBM社の社員データ分析から始まったのですが、今でもこの分野の研究では引用される重要な研究結果です。各国社会の文化が構成員の価値観に与える影響と、これらの価値観が行動にどのように関係しているかを、因子分析から導き出された構造を使用して示しています。当初は5つの要因から始まって、今は6つの要因で各国文化を比較しています。それら要因は①不確実性の回避、②権力への距離（社会的ヒエラルキーの強さ）、

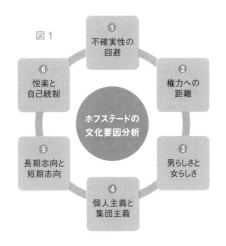

図1

① 不確実性の回避
② 権力への距離
ホフステードの文化要因分析
③ 男らしさと女らしさ
④ 個人主義と集団主義
⑤ 長期志向と短期志向
⑥ 悦楽と自己統制

③男らしさと女らしさ（仕事志向と人間志向）、④個人主義と集団主義、⑤長期志向と短期志向、⑥悦楽と自己統制、の各分野で定量的な指数を用いて各国文化を比較しています（図1）。

①は国が未知のものをどの程度避けるかを表します。②は権限が受け入れられ、従われる程度を表します。③は社会が重視する特定の価値感を表します。④は人々がチームとして互いに気を配っている度合い、または個人として自分自身に気を配っている度合いを測定します。⑤は社会が現在と未来に対処する際に伝統を優先するか、現代を求めるかを表現しています。⑥は即時の満足を控えて長期的な利益を待つ意思がある国と、現在の生活を楽しむことに制限を設けない傾向とを比較したものです。

各国の文化的指数評価と相対的な日本社会感

①においては、ドイツは高い指数（65）を獲得し、ベルギー（94）は地理的に近接しているにもかかわらず、スウェーデン（29）やデンマーク（23）と比較してさらに高くなっています。ただし、不確実性回避指数が非常に低い国はほとんどありません。

②はラテンアメリカとアジア諸国、アフリカ地域、アラブ世界で非常に高いスコアを示しています。一方、英語圏の国を含むゲルマン諸国は、より低い権力距離を持っています（オーストリアはわずか11、デンマークは18）。たとえば、ホフステードの分析によると、米国の指数尺度は40です。権力距離が非常に高いグアテマラ（95）と非常に低いイスラエル（13）と比較すると、米国は中間に位置しています。

③に関してですが、北欧では男性性が非常に低く、ノルウェーは8点、スウ

ェーデンは5点しかありません。対照的に、日本（95点）やドイツ文化の影響を受けたハンガリー、オーストリア、スイスなどのヨーロッパ諸国では男性性が非常に高くなっています。イギリスの世界では、男性性のスコアは比較的高く、たとえば英国では66です。ラテンアメリカ諸国は対照的なスコアを示しています。たとえば、ベネズエラのスコアは73ポイントですが、チリのスコアはわずか28です。

④は米国（91）、オーストラリア（90）、英国（89）で個人主義志向が高くなっています。反対に、香港とセルビア（25位）、マレーシア（26位）、ポルトガル（27位）は集団主義者と見なされています。

⑤の指数ですが、長期志向のスコアが高いのは典型的には東アジアで見られ、韓国は100点、台湾は93点、日本は88点です。東ヨーロッパと西ヨーロッパでは中程度であり、英国諸国、アフリカ、及びラテンアメリカでは低くなっています。

⑥の悦楽的か自己抑制的かの指数に関するデータはさらに多くないようです。悦楽的なスコアは、ラテンアメリカ、アフリカの一部、英国、北欧で最高です。つまり今楽しいことがあればやってしまえというノリが強い地域です。逆に自制が高い国は主に東アジアと東ヨーロッパで見られます。

では日本の相対的な位置はどうかと言うと、①においては世界各国と比較してもトップの位置です。トップと言うと何か良いことではないかと思われるかもしれませんが、「新しいことをしたくない。今までのやり方を継続するのが心地よい」ということなので、260年も継続した江戸幕府の社会を彷彿させる事例です。ただし倒幕・明治維新を実現したのも日本人ですし、同じ政権が500年継続したという点ではオスマントルコ帝国が存在しますので、日本人のDNAには不確実性回避志向が強い点を自覚しておけばいいと思います。

次に日本人が世界トップ指数なのが③です。これはLGBTQという面ではなく、社会組織が男性的、つまり社会が既存規範維持を重視し強固だが柔軟性や優しさがその分少ないという意味です。日本人同士でも「何でも杓子定規でもう少し融通を利かせてくれよ」と思ったことがあるとしたら、それは世界の中でもトップクラスの融通のなさなので仕方がないことで、似たような国はドイ

ツだと言うと何となく納得できるのではないかと思います。

　最後に日本がトップクラスの指数を出したのが⑤です。世界的には東アジアはこの数値が高く、日本よりも韓国・台湾のほうが少し高く、この3ヵ国で世界トップを形成しています。逆に短期志向、「まあ今のことを考えればいいじゃない」という傾向が強いのが英国、アフリカ、ラテンアメリカとなっています。

　日本は②と④では意外と世界の中間値であり、その2つで指数が高いのが中国だという結果には納得感があります。⑥は東アジア諸国が自己抑制的だという傾向があるので日本もそのグループだと推察できます。

6-6 異文化との共存・協力・管理能力必要性

　労働力不足になると、今までの日本の主流組織文化であった「日本人中高年男性」のカテゴリーに属さない人材が増えていくことはまちがいありません。まさに米国社会が過去50年でたどってきた道であり、それは「米国人（白人）中高年男性」がそれ以外の人材を採用し、登用し、許容して変貌を遂げた米国観光ホスピタリティ産業の歴史です。今後日本も同じ道を歩まないと、少子化高齢化＆インバウンドの増大による需要増のダブルパンチで急速に変貌を強要されます。

　その際に、世界的に研究がなされて浮かび上がった日本の社会像を自覚しておくと、「変革を好まず、既存規範遵守で杓子定規な日本社会」は、実は「日本人中高年男性」以外、つまり女性、若者、（定年退職後の）男女高齢者、外国人にとっては居心地があまり良くないのではという視野で、既存社会や企業内の慣習や規約類を改善できることに気づく可能性が高まります。

30年前の米国観光ホスピタリティ産業状況と今日の日本状況

　30年前の米国観光ホスピタリティ産業に関する学術論文を読むと、ホテルのGM（ジェネラル・マネジャー）の女性比率は10％以下でした。現在は30％を

超える程度になっていますが、まちがいなく今後さらに上昇します。すでにホテル内のセールス・ディレクター、マーケティング・ディレクター、人事ディレクターは15年ほど前から女性比率が過半数を超えていますし、米国内の観光ホスピタリティ経営学部の男女比率を見ると、すでに女性が過半数を超えているからです。

　DMOに関してはもっと極端で、DMOの執行役員や部長クラス以上では女性比率80％程度です。3章で紹介したフロリダ州オーランドのDMOであるVisit Orlandoでは執行役員14名中、社長を含めて9名が女性でした。日本の観光協会の男女比とは正反対と推察します。

　異文化経営とは対外国人だけではなく、自分以外の文化背景を持つ日本人、外国人たちに国籍・年齢・性別・学齢・性的嗜好・宗教などに関係なくいかに心地良く働いてもらえるかの環境づくりです。DMOはこれから日本で本格的に発足・成長・発展していく組織体であり、当初は250以上あるDMO希望組織が自主財源を確保できずに過半数が消滅・吸収合併されてからが本格的に組織づくりが行なわれていくのだろうと思っています。労働力不足の経営環境で優秀な人材を雇用・育成・開発するためには、異文化経営の発想は重要な骨子になり、経営者の哲学に必ず入れておくべき内容です。

第 7 章

DMOが目的遂行の
ために協力すべき
関連産業群の理解

Understanding the related industries that DMOs need
to cooperate with to achieve their goals

　第1章でしっかりと定義しましたが、DMOの目的は何かを再度確認しておきましょう。

　DMOは非営利団体として「地域住民の生活の質の維持または向上」のために手段として観光産業を奨励して地域外から地域内に資金を動かして（＝域外からの来訪客の観光消費を奨励すること）地域経済を発展させることが目的です。その意味では、政府・地方自治体とDMOの目的は合致しています。

7-1 観光産業と観光商品の経済的な特徴
##　　　 ─産業間依存の高さ

　観光産業は、複数の産業セクターにある複数の企業群と相互依存でお互いの観光消費をつくっていくことが多く、観光客という消費者が支払う代金、これを最終需要と言いますが、この最終需要を支払う観光商品（物品の場合も、無形のサービスの場合もある）の形成には、数多くの中間材投入が行なわれているのです。

　少し学術的な説明が必要です。わかりやすい例を挙げましょう。

　たとえば、タイヤ工場があったとします。そこでは自動車のタイヤを生産しています。タイヤという商品を製造しますが、それを誰かに販売することで「売

上げ」が発生します。ところが、この売上げは直接に消費者（読者の方々）に売る販路と、組み立て工場で自動車という完成品を製造するために必要な中間財として売る販路があります。たとえば、「ヨコハマタイヤ」の工場で製造したタイヤは、読者の方々が直接に購入して自分の車に装着する場合は「最終需要」を満たすために販売され、日産自動車㈱が自社生産する自動車完成品に必要な部品として売る場合には「中間財」ということになります。つまり、

> 売上げ（Outputs）＝最終需要（Final Demands）＋
> 中間財（Intermediate Products）

となるのです。

　では観光産業の最初の例として、航空機の座席の例を考えましょう。航空会社の売上げを考えると、われわれ消費者はある一定の日時におけるA地点からB地点の座席占有権を購入します。たとえばJALやANAのサイトに行き、クリックして希望の日時の羽田―那覇便の座席占有権を購入する。これは最終需要ですね。

　では、航空会社が座席を中間財として販売するとはどういうことでしょうか。皆さまは飛行機の切符を旅行代理店から購入したことはありますか？　ホテル宿泊と一緒になったパッケージ商品はいかがでしょうか？　この場合は、旅行代理店は航空会社からある程度まとまった座席数を購入し、そこに利益マージンを乗せて消費者に販売するか、航空券とホテルとの宿泊パッケージも同じようにまとめて購入した物とセットにして、消費者に販売するわけです。この場合は、皆さまの最終需要は旅行代理店のパッケージ商品購入で発生し、旅行代理店が航空会社及びホテルから仕入れた商品は中間財となります。

7-2 地方都市での会議の例に見る 観光産業の幅広い地域内産業相互依存

　次に、数百名規模の国際学会が日本の地方都市を舞台に３泊４日の予定で開

催されたとしましょう。日本人参加者は60%、海外からの参加者が40%としましょう。さて、考えてみてください。あなたが主催者側だったとしたら何の準備が必要でしょうか？

　学会の専門的な内容に基づいて、どのようなテーマのセッションを4日間の午前・午後に設定するか。発表者や批評者、パネル討議は参加者の中からどのように選ぶか。全体が集まっての基調講演は誰に頼むか。分科会は何ヵ所設定するか。また、会場使用料は全体でいくらか。Wi-Fi環境やコーヒーブレイクを設定したらコストはいくらか……。考え出したらキリがないほどの細かい決断が必要です。パンフレットはいつ、どういう内容で作成するか。Webサイトは誰が制作するのかといった決断も必要でしょう。地方都市で行なう場合は、さらに細かな情報が必要です。最寄りの国際空港から会場までの行き方、公共交通機関の使用の有無、また外国人でも理解できる外国語表示があるのか……。決めるべき事柄は本当に多岐にわたります。さらには、最優秀論文賞やその他特別賞を発表する夕食会や、最終日に行なう地域観光ツアーの手配と、一般的な学者ではとても一人でできる内容ではありません。

　そこで専門家を雇うという選択肢があるわけです。ミーティングプランナーという、これら手配を行なうことを本業にしているプロがいます。日本ではこれから成長余地があると思いますが、現地での旅行関連手配を専門とするDMC（Destination Management Company）を雇うことも可能です。また、全国レベルで業務を行なうミーティングプランナーが各地方都市でDMCを孫請けとして雇うというケースもあるでしょう。

　資金の流れで言うと、学術学界が会議参加費用を参加者から集める点は参加者に見えますが、その他に数多くの商取引が発生し、地域での資金決済が行なわれる点は、一般参加者には見えにくいものの、実際には地域にて多くの資金循環が発生します。

●会議場利用費……主催者側から会議場管理者へ支払い。

●ホテル宿泊代金……参加者から直接支払い。背後にはホテルとミーティングプランナー間で団体割引契約や客室ブロックなどの事前交渉あり。

●公共交通機関利用代金……参加者から直接支払い。

●設営費、視聴覚設備利用費、同時通訳費など……主催者側からDMC、またはミーティングプランナー経由で支払い。

●現地団体ツアー…主催者側からDMCまたはミーティングプランナー経由で現地運輸会社に支払い。

　学会を地方都市に誘致するのはDMOの仕事ながら、開催決定後の詳細な運営内容の管理や各種手配についてはDMOでは手に負えません。故に、DMOは誘致前後の活動においては、地元宿泊産業、公共交通機関、民間運輸会社、DMCなどとの密接な相談が必要になるわけです。国際会議や展示会などが開催されると、地元の宿泊施設には数百室単位で宿泊需要が発生し、バスやタクシーも需要急増。そして地元観光ツアーの開催になると、地元DMCという営利企業群への売上げ急増の状況が発生します。また、毎日の夕食までを会議内で手配するよりは、夕食は自由時間とすると、主催者側から見れば参加費用の増大を防ぐことができるとともに、現地の外食レストラン産業に夕食時以降の急激な飲食需要増が発生することになります。これらすべてをDMOが手配することは不可能です。「地域住民の生活の質の維持または向上」のために手段として観光産業を奨励して、域外からの来訪客の観光消費を奨励し地域経済を発展させることが目的の非営利団体であるDMOとしては、地域民間企業が儲かるお膳立てをすれば、その目的は達成されたことになります。

　この例を見ていただくとわかるのは、観光産業は多くの関連企業がお互いに地域内で中間財を供給し合って、観光支出の最終需要をむという経済活動であり、DMOはそのお膳立てとなる観光客やMICE客などを自分の地域に連れてくることが使命となります。

7-3 DMCについての考察

　まだ本格的なDMOの立ち上げが始まっていない日本では、DMOとDMCを混同されて、同じものだと思っている方がおられるかもしれません。確かに略語は似ています。DMOとDMCを一緒にしたらどうかとの発想をする方がいるようですが、米国では「利益相反」の観点から、それらを同一組織が行な

うというビジネスモデルは聞いたことがありません。そこで、DMCについての理解を整理しましょう。

まず復習になりますが、DMOは「非営利団体」であり、その存在する地域住民の生活の質の維持または向上が目的であり、地方自治体（市区町村レベル）と目的を共有します。その意味では、DMOは各地域・市区町村内に一つだけ存在するのが原則で、同地域に複数存在して競合させるという営利企業のような経営環境にはありません。排他的存在であるが故に、その地域で発生する宿泊税のような地方特別目的税の一部を受領して、運営コストに充てることが可能なわけです。

一方、DMCとは先述の通りDestination Management Companyの略で、日本だと着地型（団体）旅行手配会社というイメージに近いと思います。「会社」であり、当期利益の最大化が組織の目的となる営利企業です。故に、完全な民間企業であり、地域内に複数存在してもまったく問題ないですし、競合環境があって各社のサービスが磨かれ、消費者の評判が良い会社が生き残るという、資本主義の市場メカニズム内で業務をすることになります。

具体的な業務内容を見ると理解がしやすいと思いますので、オーランド地区に存在するいくつかのDMCの業務内容を各社のWebサイトから引用しましょう（表1）。

オーランドの場合はWebサイト検索をしただけでも、少なくとも10社はDMCが存在します。また、同様の活動をより小規模な個人ベースか私企業ベースで行なうミーティングプランナーも数多く存在します。たとえばVIP向けのストレッチリムジンを保有する個人または中小企業がある場合、米国の他州や海外からの個人需要が直接に入って来ることもあるでしょうが、多くはDMCやミーティングプランナーから中間財としてストレッチリムジンを運転手付きで数日間派遣してほしいという需要への対応になります。その場合は、請求書送付から決済までより安心して応諾できるという観点があります。

また上記の各社記述にもあったように、同じ会社がオーランドだけでなく近隣の別の市（マイアミとネイプルズ。マイアミもネイプルズも360km、320km程度離れているので、東京から仙台や名古屋への距離と同じ程度です）でも活

表1 オーランドのDMCの業務内容

●Access Destination Services社

For 50 years ACCESS has been leading the industry as your single source for all your experiential event and destination management needs. With our impressive and ever-growing national presence, we're able to offer local expertise everywhere and innovative solutions anywhere.

アクセス社は50年間、すべての体験イベントと目的地管理のニーズに対応する唯一の源として業界をリードしてきました。 印象的な成長を続ける全国的な活動により、あらゆる場所で地域の専門知識を提供し、あらゆる場所で革新的なソリューションを提供することができます。

●Elite Destination Management Florida社

Elite Destination Management Florida is a full service Destination Management Company (DMC) with unparalleled experience and expertise in the Orlando, Miami Beach and Naples. We provide general session design and development, themed events and decor, off-site events, themed décor, dine-arounds, team building, hospitality staff, transportation, guided tours, client branding, creative design and wedding services.

エリートデスティネーションマネジメントフロリダ社は、オーランド、マイアミビーチ、ネイプルズで比類のない経験と専門知識を持つフルサービスのデスティネーションマネジメントカンパニー（DMC）です。 一般的なセッションのデザインと開発、テーマ別のイベントと装飾、オフサイトイベント、テーマ別の装飾、食事、チームビルディング、ホスピタリティスタッフ、交通機関、ガイド付きツアー、クライアントブランディング、クリエイティブデザイン、ウェディングサービスを提供します。

●Hello! Destination Management 社

We listen. We collaborate. We create a plan with Detailed Imagination. Then, we deliver with precision. Ultimately, we turn that tangled web of decisions into a smooth, stress-free planning experience that becomes lasting memories for you and your guests. Let's create something amazing…together!

私たちは聞きます。 私たちは協力します。 詳細な想像力で計画を作成します。 そして、正確にお届けします。 最終的に、私たちはその絡み合った意思決定の網を、あなたとあなたのゲストにとって永続的な思い出となるスムーズでストレスのない計画体験に変えます。 一緒にすばらしいものをつくりましょう！

動していますが、民間企業ですので問題はありません。

　Hello! Destination Management社には筆者が勤務する大学学部でイベント経営学士号を取得し、卒業後に同社で勤務している学生が複数いるため、直接に話を聞く機会がありました。

　「たとえば、オーランドでソフトウェア会社が2万5000人が参加する数日間の社内・取引先向けの大会議・イベントを企画する場合。参加者は49のホテルに分泊し、202台のバスを手配して時間通りに全員を国際会議場に運び、分科会や本会議での受付からWi-Fi、オーディオ機器の手配と設営、街中での夕食

やテーマパークなどへの予約と交通手段手配などを行ないます。普通の人は何を誰に手配すべきかを考えるだけで、もう圧倒されてしまうでしょう。それを一括ですべて当社が手配します。全米のどこからでも、海外からでも参加者がスムーズに参加できるような手配も、VIP向けの特別待遇も同時にすべて手配できます。当社に任せてもらえれば、すべての準備・手配・そして当日の会場での人員配備も含めて責任をもって行ないます」

　この場合は会議主催者側が個別にレストランやホテル、バス会社やテーマパークに連絡を取り、消費者として最終需要を別々の会社から別途個別に購入する必要はなく、すべてをDMCに一括相談するだけで現地での細かく多様な各種手配を、各関連事業者との間で調整してくれるわけです。

　また、日本だとオーランドと気候が似ている沖縄にも大きな需要があるのではと思いますが、南国の温暖な気候の場所で結婚式や新婚旅行に行きたいという消費者の需要はあっても、多くの消費者は一体どの業者に連絡してどう手配したらいいかがわかりません。その特殊なニーズに対応するウェディングプランナーの場合は、まさにDMCやミーティングプランナー同様の業務ながら、婚礼に業態が特化しているわけです。オーランドならば、空港に到着して保安検査場を出たところで、大きな名札を持った運転手に声を掛けてストレッチリムジンで送迎してもらい、手配済みのホテルに直行してチェックイン。その後、ロマンティックな夕食、そして翌日のイベント、あるいはディズニーワールドへの訪問など、すべて着地側で手配してもらうというニーズは、現在もしっかりと存在しています。過去30年間で旅行代理店業務が法人営業、超富裕層営業以外はほぼ消滅し、個人客需要は航空券もホテル予約もWebベースに移行した現在の米国でも、物理的な旅行業務内容として求められているのです。

　DMCの場合は、地方都市圏（市区町村）が大きければ複数のDMCが存在して競合することは自然ですし、日本では一都市での営業だけで充分な当期利益を計上できるほどのビジネス量は、発足当初にはないでしょう。季節性がある場合には、一拠点で複数の市区町村をまたがって商圏としてもいいですし、あるいは複数の県庁所在地に事務所は構えるが、近隣との需要を見て人材を流動的に配備し、特別イベントに向けた人材シフトを敷くという判断もできると

思います。これから新幹線が延伸して需要が増えそうな福井、石川、富山や長崎、佐賀、福岡あたりはDMCがあるといろいろな観光需要を創出できる可能性があります。今後に向け、季節性や経済規模、集客力やMICE向けの観光公共インフラ設備などの各種要素を考慮して、一都市の需要が急増するイベントがある場合は、周囲の県から人材や物資の融通をし合うようなビジネスモデルを構築することが一つの対応策です。

　一方でDMOの場合は各地域に一つが原則であり、場所によっては市区町村レベルでの地域DMOが存在しない場合もあるでしょう。その場合は垂直方面に上がって、より広域の都道府県レベルでのDMOがその地域をカバーすることになります。

　観光産業はこのように中間財を提供する現地企業が数多く存在し、MICE（国際会議や展示会）需要を地方自治体に誘致できれば、その経済効果は極めて幅広く市区町村の地域経済を潤す、特殊な産業経済活動なのです。ただし日本では、観光産業が成長性の高い重要な産業で、しかも経済効果が地域に幅広く拡散する産業であるというイメージがまだまだ浸透していません。観光＝余暇や遊びといった軽薄なイメージの払拭が充分になされていないように見えます。米国の場合は、観光産業の重要性を啓蒙することはDMOのメイン業務に位置付けられています。その点が対外マーケティングだけに意識が行きがちな日本のDMO候補組織との大きな、かつ重要な違いです。

　市区町村レベルの地域DMOには、その観光地の宿泊産業が①観光客依存度がもっとも高い産業セクターである点、②そのDMOの運営資金源である宿泊税を自ら代理徴税している点、に鑑みて現地の宿泊産業経営者がリーダーシップを取るのが理想的であり、それが米国DMOのモデルです。

　日本の場合は、過半数が既存観光協会からの横滑り・看板付け替えで、財源も人材もすべて地方自治体頼みというのが一番多いケースに見えます。次にあるのが、旅行代理店や旅行産業勤務経験者が地縁・血縁のある地域に行ってDMOを新規に立ち上げるというケース。そして同様に旅行代理店や旅行産業勤務経験者が、まったく地縁・血縁のない場所でDMOを宣言し新規に立ち上げるというケースがあるように見えます。

宿泊産業に関して言うと、昭和の高度経済成長期時代からの日系旅行代理店による送客依存で、手数料15〜17％程度を徴収されながら宿泊と飲食という「中間財」を旅行代理店に売るビジネスモデルから、2000年頃からOTAに置き換わり10％前後の手数料を払う形態になりました。さらに一部の宿泊産業は時代の流れに気付いて、自社ホームページによる直接予約の獲得で営業利益率を上げて、ゲストにもより価値のある商品を提供できるというモデルに進化している施設もあります。そしてDMOの発足は、これも数十年に一度の宿泊産業が主体となって各観光地の観光産業育成を自らのリーダーシップで推進することができるという構造的変革の機会なのです。

7-4 DMOの構造とDMCの構造： DMCは既存旅行代理店の ビジネス多様化の候補先の一つ

地元宿泊業界の海外事情を知る若手や経営陣が気づかないならば、日本版DMOは観光協会の横滑り・看板付け替えモデルが一番多くなります。しかし、そのモデルは財務持続性がないため、多くは内閣府からの補助金がなくなる数年後に費用対効果の高さを示す確固たる証拠が出せないでしょう。地元自治体も累積繰越損のある赤字非営利団体に補助金を支給できないため、残念ながら破綻消滅する可能性が高いと、筆者は懸念しています。少子高齢化の進展で人口減が進む市区町村では、政府から資金を受けていながらも赤字累積があったり、単年度で赤字の非営利団体に一般財源から補助金で補填するほど監査の甘い議会だと、むしろその非営利団体と地元自治体のあらぬ癒着が疑われる可能性が高くなります。固定資産税の未回収などの問題を抱える自治体にそんな余力はないはずです。

米国DMOでは聞いたことがないですが、たとえば旅行代理店などの民間企業大手から出向ベースで人材を受け入れるという、日本で散見されるDMOビジネスモデルは、DMOの使命である“「地域住民の生活の質の維持または向上」”のための手段として観光産業を奨励して域外からの来訪客の観光消費を奨励し、

地域経済を発展させる"という理念が共有されていません。結局は、出向元に役立ちそうな情報をDMOで拾って自社に回すだけという業務行動になってしまうのは仕方のないことです。

　DMOは専任職員だけで運営し、出向者も地元自治体出身者もゼロという独立性を確保するには、安定性のある財源を確保しないとならないわけで、当方が再三強調するファンディング面の重要性が浮き彫りになります。TID（Tourism Improvement District／観光産業改善地区）やその他税収のような少額で持続性・安定性がない（課税対象が限定的であったり、課税に強制力がないため広く浅く継続的な税収額を想定できない）財源は労多くして恩恵が少なく、結局は観光客からの宿泊税が一番安定的で持続性があるということは、40年以上の実績や先行事例のある米国では明らかです。

　DMCは各地で着地型により旅行商品手配をする民間の営利企業ですので、当期利益の最大化を図ることが目的です。資本主義の市場経済ですので、あまりに高い手数料を取ると、顧客の満足度が落ちて再び戻って来なかったり、同様のサービスで旅行商品の手配をする別企業が参入する余地が生まれます。

　米国は世界でもっとも国際観光収入の高い国です。19年で言えば、日本が史上最高の4兆8000億円をインバウンド層から稼ぎ出した一方で、米国はインバウンド客から23兆円を稼ぎ出しています。また、観光産業経営に関しては実務界の国際競争力は米国系ホテルチェーンやテーマパーク、クルーズ船、あるいはオンライン系観光新規事業を見ても圧倒的に世界のトレンドを牽引しています。その米国でオンライン取引がここまで興隆していても、どういう観光産業やビジネスモデルが残って栄華を極めているのかをしっかりと見極めることで、数年後の日本の観光市場に起こる事象を比較的正しく推定することが可能です。

　その観点で見ると、DMCは今後日本でもっと発展する余地があります。特に、年間観光消費の総額が23兆円程度で、高い成長率が見込めない国内向け旅行ビジネスではなく、今後急成長路線に戻るであろうインバウンド層の成長の恩恵を日本にいながらにして確保することで、各地方のDMCは成長を見込めるビジネスモデルを描くことができます。

　たとえば、東京や大阪ならばインバウンド客が自ら地下鉄や鉄道を利用して多くの観光地・観光資源を訪れることが可能です。しかし、京都でさえも複数の観光地の往訪にはバス乗車が必須ですし、まして人口100万人以下の地方都市に公共交通機関を利用して来訪したインバウンド客が、各観光資源、特に文化・歴史資源にどうやって鉄道駅から現地まで移動するのでしょうか。現地ではどのようなストーリーを彼らの母国語、最低でも英語で説明するのか。また、その場所から地域内の別の観光文化資源を見に行く際に、1〜2時間に1本程度のバスで鉄道駅まで戻り、また別のバスに乗り換えるという不便を強要するのか。あるいは、より観光客に都合の良い英語なり各国語のガイドの付いた現地ツアーをDMCが用意するのか。いろいろな体験を売るための観光商品を各産業から中間財として仕入れて、最終商品にして販売するのか、という分野はまだ多くの余地があるように見えます。

　今後の日本では、滞在期間が長い欧州・米国の観光客の割合が増えると思いますが、その中には特に滞在期間が長く、消費単価も高いラグジュアリー層や、本物の排他的な経験にはプレミアムを払ってでも是非体験したいと考えるアドベンチャー系や深遠な文化体験系を求めるセグメントも出てきます。米国では、今のベビーブーマー層の発想であるクラシックラグジュアリー以外に、Generation X世代（現在の30歳代後半から50歳程度まで）、Generation Y世代（現在の20歳代後半から30歳代後半程度まで）、その次にはGeneration Z世代（現在の20歳代前半まで）が控えています。日本国内で日本人と日本語だけで話している世代は、ラグジュアリー層の観光商品への需要パターンに関しては、ほぼベビーブーマー層の発想である古典的なラグジュアリーの意識感覚、つまり金持ちの贅沢に付き合う高額商品を紹介すればよいだろうとの発想しかありません。世界の新たな若年層ラグジュアリー旅行者が希少価値のある真正な体験・経験に価値を見出し、支出を惜しまないという嗜好と、齟齬が発生してしまう可能性があるのです。

　日本の新興DMCの話を聞くと、海外留学・生活経験のある起業家や若者が立ち上げた組織には、大きな潜在性や成長性を感じます。一方で、巨大優良企業であった大手旅行代理店は、どのようなビジネスモデルでその急成長需要を

自社の成長に取り込むのかが見えにくいことが懸念されます。DMCはきちんと米国でのビジネスモデルを研究すれば、商取引オンライン化がさらに進行しても、物理的旅行がヴァーチャル旅行に駆逐される可能性がほぼない点に鑑みて、健全なビジネスを保持できる分野だというのが米国の先行事例です。

7-5 「参考ケース」：コアビジネスが 10年程度で消滅した際の世界企業の明暗

　筆者は2004年に米国で博士号を取得し、最初に赴任した大学が現在の勤務先であるセントラルフロリダ大学ですが、そこでは年に2回、産業界の代表を招き、昼食を交えて、学部の方向性やカリキュラム編成についてのアドバイスを受け、学部経営に生かすという諮問委員会会議があります。05年に着任早々に出席した諮問委員会会議での産業界からの提言を今でも覚えています。「旅行代理店経営という授業はもう不要だから廃止して、E-Commerce（電子商取引）経営という授業を新設してほしい」。この意見に産業界の重鎮たちからも賛成の意見しか出ず、旅行代理店経営の授業が廃止されたのです。今から20年程度前のことです。

　21年現在で、世界の旅行市場におけるOTAの市場規模と市場シェアについては、以下の要約があります（表2）。

　端的に言って、もはや世界の3分の2の旅行市場はオンライン取引に移行しています。物理的な旅行代理店業務は、大手法人向けの法人営業は残っていますが、たとえば米国大学の教職員だと、自らOTAで予約して出張するのが当たり前になっています。その意味ではほぼ20年前の諮問委員会会議での提案は正しかったわけです。

　旅行業務は旅行代理店にとってまさにコアのビジネスでしたが、突如として世界的な大手企業のコアビジネスが消滅するという危機が起こったケースは、過去にどの産業であったのかと調べると、おそらく30歳代以上の読者は必ず知っているであろう企業、コダック社と富士フイルム㈱のケースがあります。

　ハーバード大学や多くの新聞、雑誌に取り上げられましたが、強大な世界シ

Source：https://www.statista.com/
topics/2704/online-travel-market/#dossierKeyfigures

ェアを誇った優良企業２社のコアマーケットが消滅した際に、１社は生き延びて、１社は倒産し明暗を分けたという、非常にストーリー性が高い事例です。

　両社のコアビジネスは写真のカラーフィルムだったのですが、売上げがピークを迎えたのは00年。全体売上げに占めるフィルム部門の売上げはコダックで72％、富士フイルムで66％という稼ぎ頭であり、営業利益への貢献率もそれぞれ60％、66％ありました（Source：Why Kodak Died and Fujifilm Thrived：A Tale of Two Film Companies　以降のデータは同じ情報源より引用）。

　また、総売上高を見ても00年時点での両社売上高はコダックが140億ドル、富士フイルムが１兆4000億円と、似たような巨大企業でした。

　ではどこで差が付いたかと言うと、多角経営化の経営方針の部分です。コダックは消費者向けデジタルイメージング部門を立上げ、05年にはその部門の売上額が伝統的なフィルム部門の倍になるほど一時期はうまくいったのですが、実は営業利益ベースではフィルム部門の黒字を消費者向けデジタルイメージング部門の赤字補填に使っているというのが00年代の実態でした。また、消費者向けデジタルイメージング部門のデジタルカメラはその後、07年から市場に誕生したスマートフォンに大きくシェアを奪われていきました。また、年間でフィルム部門を超える売上高を計上し、営業利益も計上していた将来性あるヘルスケアイメージング（医療用画像）も展開していたのですが、これを衰退するフィルム部門をサポートするために07年に売り飛ばしてしまいました。これで成長部門がなくなり、残るデジタルカメラ部門はコスト削減のために自社製品の組み立てを他企業にアウトソースすることで、自社内でノウハウを蓄積できず、最後はスマートフォンに駆逐されてしまったのです。結局、12年に倒産してしまいました。

表3 コダックと富士フイルムの総売上げ

	コダック		富士フイルム	
Kodak	140億ドル	2000年	1兆4,000億円	FUJIFILM
	72億ドル（48%減）	2010年	2兆2,000億円（57%増）	

Source：CIPA reports, Statisca, quoted by Why Kodak Died and Fujifilm Thrived：A Tale of Two Film Companies
(Source：同記事より：Why Kodak Died and Fujifilm Thrived：A Tale of Two Film Companies)

　一方で、富士フイルムも同様に圧倒的な利鞘を稼ぐ安定したフィルム部門が、コダックと同時期に急速に縮小しました。00年にピークを迎えたフィルム市場は10年間で90%の売上げが吹き飛び、10年前の10%以下の市場規模になりました。ただし、同時期の10年間にコダックの総売上げが半減したのと比較し、富士フイルムの総売上げは57%上昇しました。

　富士フイルムはデジタルカメラ産業はモジュール化が進み、新規参入が容易な市場になると見込んでそこへの過大投資を避け、むしろ自社内の技術や強みの棚卸しをして、消費者向けの画像市場を超えて多角化投資を行なうとの戦略を構築しました。たとえば、高度なフィルム構築技術を生かしてフィルム技術がコアであるLCD画面の開発に投資するためにFUJITACという組織を結成。テレビ、パソコン、スマホ画像に特化した技術投資をして、現在では画像向け保護偏光フィルムの世界市場シェアの70%を占めています。また、コラーゲンから生成するゼラチンが伝統的なフィルムの主要要素だったわけですが、同時に写真の酸化による色彩劣化を防ぐための酸化防止技術を社内の技術者が持っていたことで、これが人間の皮膚の酸化による老化を防ぐノウハウに役立つはずとの確信の下、07年に女性化粧品市場に新規参入しています。その一方で、世界での衰退が想定されたフィルム産業に新規資源を延命投資せず、その資金で富山化学工業㈱、そして富士フイルムが海外のゼロックスと合弁で創立した富士ゼロックス㈱に関しても、合弁相手のゼロックス持ち分を買収して小会社化しています。00年のフィルム産業ピーク時に60%の総売上げと3分の2の営業利益を計上していたフィルム部門は、10年後には総売上げの16%にまで縮小するほどに組織の大変革を仕掛けて、コアビジネスが10年で10%以下に消滅する世界市場動向に先んじて対応した結果、総売上げは10年前の57%増

となったのです。

　上記2社のケースから学べることは、日本における旅行代理店業務のように消費者向け旅行商品というコアビジネスが着実に縮小して、今後増加に転じることがない場合、体力とキャッシュフローがあるうちに、自社の核となる無形・有形の知識や技術のリストアップ（棚卸し作業）を行なうことの重要性です。それらが生かせる旅行関連業は何か、旅行関連ではなくても自社の技術や知識を有利に生かせる他産業は何か、そしてそこに参入するには自社での起業か、企業買収や資本参加が必要かなどを見極める必要があります。今後の世界市場の技術革新により、衰退するビジネスモデルと成長する機会は何かなどの社内戦略議論を進めないと、コダックになるか、富士フイルムのように飛躍の契機とするかの分岐点の決断はまさに今だと思われます。

　DMCに限らず、急成長するインバウンド層の恩恵を自社の成長率に取り込める部門や新規ビジネスモデルに関しては、日本在住の日本人同士では発想や戦略案がかなり限定され、結果として組織構成員に対しては「与えられた持ち場で皆が我慢すればいずれ良くなるから」と、改革も変革も根拠もない、残念な精神論訓話しかできなくなってしまいます。敗色濃厚な戦場で、あえて勇気をもって戦略的撤退をすることで人材と資源の浪費を防いで転進し、自社資源の棚卸しにより正確に把握した自社の強みを生かして、より勝てそうな土俵で勝負をかけられるか。筆者には今こそが、経営変革を行なえる最後のチャンスに見えます。

　今後、日本の旅行関連市場でどこに成長の可能性があり、それを自社のビジネスモデルとしてどう取り込むかという議論をする際には、DMOと連携した業務を行なう機会の多いDMCのビジネスモデルは一つのヒントを与えてくれる切り口になると思います。

デスティネーション・マネジメント・オーガニゼーション（DMO）の将来

The Future of the Destination Management Organization (DMO)

　観光の「商品」や「体験」を形成するために集まったさまざまな要素の中で、管理やマーケティングが最も難しい要素と伝統的にみなされてきたのが観光地です。これは今日でも当てはまり、観光地の内部（およびそれを超えた）の無数の個々の利害関係者が、観光地の進歩と最終的な成功を妨げる、異なる、場合によっては相反する戦略的優先事項を頻繁に示しています。共通の観光地目標に向けてすべての関係者を結集し団結させるため、資金、ガバナンス、リソースの利用可能性、政策の優先順位の点で大幅に異なるにもかかわらず、観光地地経営（またはマーケティング）組織（DMO）が依然として主要な組織アプローチとなっています。

　従来、DMOは目的地の競争力と全体的な訪問体験を強化するために利用できるリソースを管理することに重点が置かれてきました。しかし、現在、世界のほとんどの地域で一貫して、自然環境を保護し、居住ホストコミュニティのニーズを受け入れ、より広い環境に拡がる明らかな衝撃やストレス要因に耐えられる方法でこれを確実に達成する必要が出てきています。これにより、DMOの日常業務と長期的な戦略的優先事項がさらに複雑になり、その複雑さが増すと同時に、社内外の環境が大きく変化する時期においてDMOの妥当性が高まります。

　DMO分野における変化の多くを推進するのは、観光の恩恵をより公平に広め、オーバーツーリズムによる被害を制限する必要性です。同時に特定の場所に観光活動が集中することは、観光客が得られる経験を妨げるだけでなく、人口過密の観光地に住み、働いている人々の生活の質と幸福を損なっています。

これは主にヨーロッパのより伝統的で歴史的な目的地での問題ですが、当局が観光の動的要因と季節性、観光客の流れと観光客の旅行軌跡を理解できていないアジアの一部でも現在問題になっています。

　DMOが実際に何を管理し、マーケティングしているのかが現在問われているため、この後者の点はDMOの将来にとって特に重要です。たとえば、行政上の「境界」によってきちんと定義された特定の場所に重点を置くのではなく、観光旅行の流れから、目的地は静的で便利に区切られた場所ではなく、時間の経過とともに変化する可変空間との共通点が多いことが示唆されています。したがって、観光客の「旅」は、DMOが観光客が占める空間、観光客のニーズ、要望、期待、および常に一貫しているとは限らない住民コミュニティのニーズ、要望、期待を真に代表していることを確認するために再検討する価値があります。観光客と住民、それぞれの境界は流動的であり、目的地や観光客の流れが競争力を維持するためには、DMOは彼らの行動の変化を深く理解する必要があります。

　おそらく、変化を促すより一般的な力は、短期的なショックと長期的なストレス要因の頻度と規模の増大に対して目的地がより事前に備えておく必要があることであり、これらが相まって産業としての観光業の継続的な虚弱性と脆弱性に注意を向けています。この虚弱性と脆弱性は、経済的な代替手段がたとえあったとしても限られている小島嶼国や発展途上国で最も蔓延しています。世界の多くの地域で観光業は常に万能薬とみなされてきましたが、実際に適切に管理すれば都市、地域、州、国に利益をもたらすことができる多くの産業の1つです。

　最近の新型コロナウイルス感染症（COVID-19）のパンデミックは、観光システムに対する他のどのショックよりも文字通り、世界最大の産業を一夜にして停止させました。これは、よく議論されている産業としての観光の脆弱性を浮き彫りにしただけでなく、観光地を活気づけるためにすべての関係者と協力して取り組むDMOの戦略的重要性を、良い意味で浮き彫りにした訳です。世界のほとんどの地域で新型コロナウイルス感染症（COVID-19）後の観光業の回復の速さは、観光需要の強靭さの証拠だけでなく、従来は嗜好品的位置

づけだった観光需要は現代において生活必需品目に昇華してきているようだと非常に多くの観光市場が見做し始めている証拠と言えます。

DMOがまだ果たすべき役割があり、より影響力のある役割を果たしていると主張できるもう1つの分野は、新しいテクノロジーの分野です。ソーシャルメディア、拡張現実、仮想現実、拡張現実、複合現実のいずれであっても、観光地レベルでの新しいテクノロジーの導入は、さまざまなイノベーションをサポートするテクノロジーインフラストラクチャを確実に整備することで競争力を維持する手段として特に民間部門の利害関係者にとって重要です。

目的地の管理やマーケティングにおける人工知能（AI）の将来の役割はまだ確認されていませんが、経済の他の分野と同様に、その可能性を最大限に活用する人々にとって、その影響は画期的であり、成功を確実なものにするでしょう。

結論として、将来の変化のスピードを加速させる力が働き、観光地は動的なままであり続けるでしょう。場所に関係なく、すべての目的地にとっての課題は、その地域を形成する政治的および規制上の境界線がどの程度変化に対応し、後手後手ではなくより事前予知して対策を取って、長期的な経済、環境、社会の安定を確保しつつも、文化的な持続可能性と同時に満足のいく訪問者体験を提供し続けられるかでしょう。

DMOにとって、これらのアジェンダを順守する必要性を認識し続ける限り、静的で便利に定義された空間としてであっても、アトラクションや体験を相互接続する観光客の流れとしてであってもその妥当性は、変わらず存続出来るでしょう。

Alan Fyall, Ph. D.
（アラン・ファイアル）

ローゼン・カレッジ・オブ・ホスピタリティ・マネジメントの学務副学部長及びビジット・オーランド観光マーケティング寄附受益者であり、UCF 国立統合沿岸研究センターのメンバー。国際観光管理を教えており、専門分野は目的地のマーケティングと管理。現在の研究対象は観光の持続可能性と回復力に関連しており、特に観光地の住民コミュニティに対する観光の影響に焦点を当てている。

第8章

DMOのインバウンド観光客向け観光商品開発

Tourism product development for inbound tourists by DMOs

8-1 観光地マーケティング理論の確認

　本章はマーケティング側に踏み込んで、インバウンド向けの観光商品開発について実例を挙げながら述べていきたいと思います。

　第4章で一度引用した学術論文で、DMOの対外マーケティングにおける顧客の観光地認知のステップについて述べました。観光客がある場所に訪れたいと思って実際に往訪するまでにはいくつかのステップがあり、それらを理解することで効果的なマーケティングができるという話でした。それらステップは次の6つです。

❶認知

❷考慮・検討

❸優先度

❹（往訪）意図

❺（実際の）往訪

❻（往訪後の観光地）奨励

　たとえば、日本人が米国旅行を計画する場合、ハワイ州やニューヨーク市、ラスベガス市と言うと、ほぼ皆さまが聞いたことがある地名です。つまりブランドイメージが存在するので、次の考慮・検討に進みやすいのです。読者の中

には「私はノースカロライナ州にも行った。ニューオーリンズ市にも行った」という方もおられると思います。何かのきっかけでそれらの場所について聞き（認知）興味を持ち、現地の情報を集めてみたらおもしろそうなので、自分でさらに資料を集めて調べ（考慮・検討）、今回の米国旅行では数多い観光地の中でぜひここに優先的に行ってみたいと複数の観光地から優先的地位（優先度）を形成した後、航空券とホテルを準備して、日本から米国ハブ空港に飛び、米国国内線で目的地そばの空港まで行くという手配をする（往訪意図）。これらプロセスの結果、実際に往訪したわけです。

❶認知

まず、消費者は自分が認知していないとその商品を買うことはありません。低額商品をオンラインで買うのと異なり、ある程度の時間と資金を投入する際には、購入するブランドを事前に認知していないとそのブランドを考慮・検討し、優先度をもって実際に往訪準備をするという段階にいきつきません。筆者は米国に24年、中東に6年、ウクライナにも合計で数ヵ月超住んでいるのですが、それら「世界」のまだ来日経験のない潜在的インバウンド観光客が認知している日本の地名はTokyo, Osaka, Kyoto, Sapporo。これらは広く知られていますので、そこは「認知」の段階はすでに超えていると言えます。

またそれら都市と別に世界でよく知られている地名は、「Hiroshima、Nagasaki、Fukushima」です。広島、長崎は世界史上初、そして世界史上最後の原爆攻撃を受けた都市で、中南米、中東、東欧、中央アジアなど、筆者が往訪したすべての国で圧倒的に知名度が高い都市です。福島は意外に感じられるかもしれません。筆者が21年11月にウクライナのチェルノブイリ原発事故現場の現地ツアーも参加した際、他の参加者（アイルランド、スペイン、フランス、英国、米国、ベルギー）は全員が把握しており、皆に「福島ではこういうツアーはあるのか、大変興味がある」と聞かれました。

幸運にも「認知」がある場合は次のステップに即進めるわけですが、日本国内の多くの県や市区町村にとってはこの潜在的訪日観光客に「認知」してもらうステップが最初の挑戦になると思います。

❷考慮・検討／優先度

　認知をしてもらえば、次に皆さまの観光地（貴観光地、とします）を考慮・検討してもらうことが可能になります。ただし、この認知ステップと次の考慮・検討、その次の優先度まで飛び抜けることは可能です。その手段となるのがストーリー構築と発信です。

「ストーリー構築」

　貴観光地は世界190ヵ国それぞれに幾千もある観光地の中で何が特別でわざわざ来訪してもらい、宿泊してもらう価値があるのか、きちんと考えたことはあるでしょうか。

　確かにブランド名がある都市ならば、ストーリーがなくても認知度は充分なのでインバウンド観光客は来訪するでしょう。ただし、そのように恵まれた場所は前記したような場所であり、大多数の観光地は認知度を上げる必要があります。その際に認知度上昇、考慮・検討、優先度を一気に得るためにはストーリー構築と発信が有効です。

　このストーリー構築に関して、あえて申し上げますが、日本人の皆さまの感覚を過信しない勇気が必要です。インバウンド観光客は、当然ながら日本人ではありません。故に彼らの嗜好や感動の感覚は日本人と若干異なることがあります。総じて言うならば、既存の観光協会（日本人団体向けに日本語で業務する団体）がよくやるような、日本語パンフレットを英語や中国語に訳したらそれで良しという発想では結果につながりません。なぜ、結果につながらないのか？　それは対象となるインバウンド観光客の感性に訴えるストーリーを構築するという観点が欠如しているからです。

　日本では観光客誘致に際して、「日本人対外国人」という大枠の切り口をする地方自治体がまだ多いと思います。しかし、どこの国から来る人なのか、性別、年齢なども無視して「外国人」と一括りで趣味・嗜好や感性が一緒だという想定は正しいでしょうか。

「外国人の感性：ストーリー構築による日本人には見えない観光資源の創出」

　一つ実例を挙げます。日本人ならば皆が知っている世界に誇る観光地京都に、

これもユネスコ世界文化遺産である世界に誇る清水寺があります。東アジア史を専門とする米国人大学教授が京都を案内してくれるということで、ハワイ大学の米国人教授と一緒に米国大学教員３名で京都徒歩ツアーを実施。筆者自身が何度も訪れている清水寺に行きました。筆者はその時、京都大学経営管理大学院 観光MBAプログラムの客員教授を兼任していて京都に住んでいる時期で、果たして自分が知らない新しい場所はあるのだろうかという疑問も若干ありましたが、東アジア史専門の博士から直接に説明を受けられるということで参加しました。

　定番コースの清水の舞台からの眺望を楽しみ、時計回りに下りていって通路の最後に、普段まったく意識せずに通過している場所にある顕彰碑で米国人教授は足を止めて説明を始めました。

「ユネスコ世界文化遺産である清水寺は坂上田村麻呂が建立したが、坂上田村麻呂は征夷大将軍という称号も受領していた。この征夷の夷は蝦夷という日本に元々住んでいた先住民である縄文人であり、その先住民族が統治をしていた現在の東北地方を弥生人たちが中心の大和政権が制圧しようとする。その最高責任者としての地位が征夷大将軍であった。当初、大和王権は蝦夷の制圧に苦慮し、苦戦していたが、坂上田村麻呂が征夷大将軍となってから優勢に転じ、最後は祖国の民を苦しめる戦争を止めるために、蝦夷側の指導者であるアテルイ（阿弖流為）とモレ（母礼）が征夷大将軍・坂上田村麻呂側に投降した。

　坂上田村麻呂はその２人の蝦夷指導者の人格・人徳を高く評価し、大和王権に２人を現地における大和王権の代表として登用すべきとの案を唱道したが、その案は京の貴族達には受け入れられず、最終的には蝦夷指導者の２人は現在の大阪府・枚方市にて処刑された。坂上田村麻呂の意向を受け、彼が建立した清水寺の敷地内に、日本人先住民の代表ながら処刑されてしまったアテルイとモレの顕彰碑が1994年に建立されるに至ったのである。

　顕彰碑の横にある北天の雄碑（写真）を見てほしい。そこにはいつ来ても、常に新鮮な花が供えられている。」米国人教授は私にこう話した。

「アテルイとモレの処刑から1200年以上経っているのに、今日も新鮮な花が供えられているのが見えるだろう。誰かが、歴史から抹殺されかけた北天の雄

たちに献花している。
日本人の高徳な態度は、
自国の史実に直面する
勇気と多様性を容認す
る寛容な文化の成熟度
を示している」

ここまでのストーリーは少なくとも筆者はそれまで聞いたことがなかったのですが、その米国人教授の話を聞いてハワイ大学と当方（セントラルフロリダ大学）の2人の教員は圧倒され、実は清水寺のハイライトは、最後にある顕彰碑だったのかという感想を抱きました。時間が止まって歴史が逆流したような感覚です。

　少なくともそういうストーリーを聞いていないインバウンド観光客にとっては、顕彰碑はインスタ映えしないし、日本語表記だけで意味がわからず、ほぼ意識せずに通過するだろうと推察します。ここでのポイントは、同じストーリー構築・発信でも、日本人が聞くのと、自国内で先住民の少数民族を虐殺して、白人たちが現在の国家体制をつくった米国人やオーストラリア人が聞くのでは印象が異なること。潜在的・顕在的に先住民や多民族国家問題への反省・贖罪意識が高い国の国民が聞くと、反応が大きく異なります。ストーリー受け手側の属性情報により、その効果性が異なる可能性が高いのです。つまり、日本人だけの観光協会ではこのようなストーリーを構築・発信できるのかという課題があり、外国人観光客の感性に染み入るストーリー構築・発信のためには外国人を活用するほうが失敗する可能性は低くなる、あるいは日本人ではとうてい発掘できない文化的資源を見出してくれる可能性がある点の理解が重要です。

❸（往訪）意図、（実際の）往訪、（往訪後の観光地）奨励

　説得力にあふれるストーリーに魅了されて実際に往訪したインバウンド観光客にとっては、そのストーリーを自分で確認できるような経験・体験を貴観光

地側できちんと供給ができることは最低限重要です。

　最近になってその重要性が増しているのが、往訪中及び往訪後に貴観光地の往訪体験を称賛し、往訪を奨励してもらうことです。イメージとしては貴観光地の往訪体験を各種SNSにてシェアしたり掲載してもらうという行為であり、現地のDMOとしてはこれを奨励するような仕組みがあれば卓越です。

　かなり極端なことを言えば、認知、考慮・検討、優先度、（往訪）意図がなくて、何らかの理由でいきなり貴観光地を往訪したとしても、そこで前向きな体験をすれば、これらプロセスをすべて通過して貴観光地を称賛・奨励することになるケースも発生し得るのです。これも一つの事例をご紹介します。

「栃木県・大田原市」

　栃木県は都道府県イメージ調査で最低ランクを数度獲得し話題になったことがありますが、実際は2000m超の山やスキー場、温泉、そして関東屈指の観光地として日光・鬼怒川、那須があります。県庁所在地は宇都宮です。基本的には県の北西部に高山や山脈が連なり、温泉が多く、県南は東京への通勤圏にギリギリ入り、県中央と東部は低山と平野が広がる地域です。関東の居住者でも県北東部にはあまり来る理由がないのは、いわゆる著名な観光地が存在しないからだと思われます。

　その中でJRの駅もないが、米の生産量は県トップの大田原市があります。普通に来訪したらどこを見たらいいかわからずに通過してしまうような農村地帯なのですが、そこに米国人教員と学生を引率して16年に往訪し、3泊4日の農家民泊をして滞在しました。当然、筆者以外はいきなりの往訪であり、大田原市のブランドイメージも何もない状態での滞在です。

　ところが滞在後、全員が観光地としての大田原市を絶賛し、各人がその経験をSNSで前向きに発信するに至りました。それは物理的な目に見える観光資源ではなく、農家に滞在しそこで実際に畑で収穫した野菜を食べるなど、農家のホストの方々が普段の生活を丁寧に外国人観光客にシェアしてくれて、ホストの家で一緒に寝泊まりした体験が絶賛の対象となったのです。

　つまり、名立たる観光資源のない普通の農村でも、観光客に連泊してもらい、その体験を世界に発信してもらうという、大田原市だけの資源では決してでき

ない世界向けマーケティングを、来訪者自らにしてもらうというビジネスモデルが実現できているわけです。

　もっと一般化すると、少子化高齢化で急速に人口減・後継者問題を抱える多くの農村部にとっては、インバウンド観光客向けの観光産業は、日本人が抱く「ここには何も見るものはない」という意識を超越した、輸出型ビジネスを構築できる可能性があると言えます。

　また、当大学の学生の体験を現地DMOが撮影し、動画で大田原市の観光体験を世界に発信しています。YouTubeで「Ohtawara Farm Stay - Tochigi, Japan (Ohtawara tourism 大田原の農家民泊)」で出てきます。（https://www.youtube.com/watch?v=2PnUXdAGxTA）

8-2 観光地マーケティングの現場実践

❶消費者、潜在的インバウンド観光客の感性：例の1

　以上に俯瞰したように、観光地マーケティングの基礎理論を理解したうえで、対外的なマーケティングを仕掛けるには実際のターゲットである外国人の目線と感性を最大限利用するのが失敗率を下げるポイントです。

　日本人が良いと思ったことは外国人にも良いと思ってもらえる可能性は高いというのが一般的には言えますが、当初の認知や考慮の部分では、何といっても説得力のあるストーリーを構築・発信することが大切で、そこは日本人の感性をあえて抑えて、外国人はどう思うのか、感じるのかをまず確認してから実際のマーケティングを開始すべきです。

　この部分は「良いものは顧客が発見してくれるからいちいち自分から宣伝しない」という伝統的な職人のような発想だとまちがってしまう部分であり、控えめで謙譲精神旺盛な日本人がまちがえやすい点と言えます。

　これも実例を述べましょう。4年ほど前に米国国内線に搭乗した際、座席前ポケットにあるユナイテッド航空の機内雑誌を手に取り、何気なく眺めていたら、Japan's Nakasendo Trailという記事を見つけました。思わず2回繰り返

して記事の見出しを見返しました。その見出し文は以下のような始まり方でした（表1）。

この文章を見るのと日本の観光協会が日本語でつくったパンフレットを単に英訳した文章（表2）を見て、どちらが「おお、行ってみたいなあ」と米国人読者に思わせる可能性が高いでしょうか？

日本人に貴観光地を売るならば、今まではこの日本語ガイドブックの感性でよかったのかもしれません。しかし米国人に中山道を来訪してほしいと思ったら、米国人旅行作家に来訪してもらいその感想・体験に基づいて随筆を書いてもらったほうが、ターゲットとなる米国人たちの感性に染み入る文章が書いてもらえるわけです。

その外国人の感性がよくわかる部分が表3の表現であり、これを読んだ外国人はいきなり「認知→考慮・検討→優先度→

表1 中山道
（ユナイテッド航空米国国内線機内誌より）

"I have been to plenty of trail shelters, in the Black Forest, the Shenandoah, the White Mountains. They are invariably simple and rustic. This one was simple but not so rustic. It was impeccably crafted and perfectly proportioned, like a jewelry box set in the forest.."

私はブラックフォレスト（独）、シェナンドー（米国東部）、ホワイトマウンテン（米国東北部）のたくさんの簡易避難休憩所に行ったことがある。それらは常にシンプルで素朴だ。中山道の施設はシンプルだったが、素朴ではなかった。森の中に置かれた宝石箱のように、完璧につくり上げられ、完璧に比例調和されていたのだった。

表2 中山道
（日本のガイドブックより）

南回り・太平洋沿岸経由の東海道に対し、北回り・内陸経由で江戸と京都を結ぶ。草津追分以西は東海道と道を共にする。江戸から草津までは129里（約507.7km）あり、67箇所の宿場が置かれた。また、江戸から京都までは135里（526.3km）である。現在の都府県では、東京都・埼玉県・群馬県・長野県・岐阜県・滋賀県・京都府にあたる。

It connects Edo and Kyoto via the northbound and inland to the Tokaido via the southbound and Pacific coast. The west of Kusatsu Oiwake shares the road with the Tokaido. There are 129 ri (about 507.7 km) from Edo to Kusatsu, and there are 67 post stations. The distance from Edo to Kyoto is 135 ri (526.3 km). The current prefectures are Tokyo, Saitama, Gunma, Nagano, Gifu, Shiga, and Kyoto.

（往訪）意図」くらいまで進みそうな文章力があります。

ここで米国人筆者が強調する中山道の世界レベルでの魅力についての説明があります。筆者の言いたいことを別の言い方で要約すると、以下のようになると思います。

世界の多くの観光地で歴史的な史実が「骨董品」扱いされて、博物館のガラスケース内にかつての人々が着ていた衣服や所持品が陳列されるというありきたりの歴史保存方法になってしまっている。それに比べて、先人たちから伝わった「儀式」の歴史は、末裔たちが「もうこんな作法や儀式には意味がない」と判断した時点で静かに歴史から消え去って、骨董品しか残らないのが世界の多くの観光地である。自分の足と心（想像力）を伸ばすために、過去の旅行者達が何世紀にも行ってきたが如く、中山道を歩くことは、まさに儀式の歴史に自分をどっぷりと浸す経験であった。

日本の中山道においては、東名高速道路や中央自動車道、東海道新幹線などが開通して移動手段・経路としての意義はすでに失っているのに、先人から伝わる儀式（熊よけの鐘を鳴らして旅を続ける）や、宿場町を博物館の骨董品ではなく儀式を後世に伝える商業・観光施設として伝承や知識も含めて保全している点により、世界的水準で現世でも過去の歴史を体感できる文化遺産だと捉えていることがわかります。

米国は建国が1776年ですので、中山道の歴史のほうが古いわけですが、では中山道を欧米人にどのように説明したら魅力的に感じてもらえて、「認知→考慮・検討→優先度→（往訪）意図」とつなげて、実際の往訪を実現することができるのか。その大きなヒントがこの米国人旅行作家が書いた文書にあると思います。

アイヌ民族、白神山地のマタギ、秋田のなまはげ、日本各地に残る「祭り」、神楽、歌舞伎、多くの伝承など、実は日本には数多くの「儀式」が残っています。この"儀式の歴史"という分野に興味を示す世界のインバウンド観光客が誰なのかがわかれば、そこに向けた集客策が打ち出せるでしょう。少子化高齢化の環境下、伝統芸能の存続が危ぶまれているものもあると思いますが、資金面での困難さを抱える場合は、前に説明したように、宿泊税のような地方特別税で、域外観光客を呼び寄せる伝統芸能や文化遺産に補助金を拠出するという、米国フロリダ州オーランドの事例は大いに参考になるはずであり、その中心と

なってスキームを考えるのは地域のDMOです。これは観光地マーケティングのビジネスモデルの基本がよく見える例です。

潜在的な消費者の心、感性に染み入る文書を彼らの言語で発信して自分たちの観光地のすばらしさを伝え、「認知→考慮・検討→優先度→（往訪）意図」に引き込み、そのインバウンド観光客を初来訪に導く。そして、自分たちの観光地の来訪中と来訪後に満足度やその感動を発信してもらい、彼らの再来訪＆友人・知人、属性情報が類似の潜在客来訪につなげるという流れ

表3 中山道
（ユナイテッド航空米国国内線機内誌より）

"British author Jay Griffiths has written of two types of history: artifact and ritual. Artifact history is easily preserved and commoditized in Museums. Ritual history - actions replicated across centuries that once conveyed meaning to those who came before us - is more elusive, more likely to fade quietly into irrelevance. To walk the Nakasendo, to stretch my legs and mind as travelers have done for centuries, was to immerse myself in the latter."

「イギリスの作家ジェイ グリフィスは、「アーティファクト（骨董品）」と「儀式」の2種類の歴史の分類について記述している。アーティファクト（骨董品）の歴史は、美術館で簡単に保存可能で、手軽な商品化も可能である。一方で儀式の歴史、つまりかつて何世紀にもわたって繰り返され、私たちの先祖代々の人々に意味を伝えた一連の行動はより儚く、意味がないと見なされ、静かに現世から消える可能性がより高い。中山道を歩き、かつて旅行者が何世紀にもわたって行なってきたように自分の足と心を延ばすことは、後者（儀式の歴史）に自らを没頭させることであった」

になります。ターゲット層の感性を理解できると有利なため、自分たちの観光地のターゲット層が見えてきたら、その国の出身者を雇ってマーケティングを実施するのです。

これは以前にも述べましたが、インバウンド個人旅行客向けマーケティングはセールス主体の過去の日本人向け旅行業ビジネスモデル、つまり昭和時代にできた日本人団体相手の観光協会モデルの延長線にはないのです。観光商品の供給者側、つまり日本語を話す日本人の思い込みを抑え、インバウンド客という消費者側のデータ研究をし、その嗜好に合わせた情報発信をすることが必須となります。

❷消費者、潜在的インバウンド観光客の感性：例の2

筆者は10年ほど前に和歌山県の熊野古道を現地の日本人ガイドさんと往訪したことがあります。その時にガイドさんは次のような話をしてくれました。

「熊野古道の歴史や文化背景の説明をすると、すごく喜んで説明に対していろいろと質問をしてくれるのは欧米人、特にフランス人。3泊も4泊もして細かく質問してくれて、各所での説明をとても楽しみにしてくれるので、ガイドのし甲斐がある。最近多いのは中国人のバスで来る団体さんだが、熊野古道にはあまり興味を示してもらえず、早く電気量販店に連れて行ってくれ、とツアーの途中で言われてしまう。まあ、あちらにはもっと古くて深い歴史があるから、同じ物をお見せしても反応が異なるので、ガイド側でも国籍に合わせてツアー内容を変えるようにしている」

これは同じ観光資源でもインバウンド観光客の属性情報（国籍、居住地、性別、年齢、年収水準、過去の訪日経験の有無など）が異なると、評価のされ方（満足度、再来訪意図、口コミでの推奨度）が異なることを意味します。この各個人の属性情報と評価のされ方の相関関係に着目すると、「どのような属性情報を持つインバウンド観光客が当観光地（または当観光資源）に対して一番高い評価（満足度、再来訪意図、口コミでの奨励度）をしてくれるのか」が、来訪時のデータを取得することで、これを統計的に解析すると重要な観光地経営情報が見えてくるわけです。観光客の頭数、つまり人数だけを見ていた日本人相手の観光協会モデルでは、各個人の属性情報はほぼ関係のなかったデータだと思いますが、世界的な水準でDMOを運営するには、このレベルでのデータと統計解析が必要になります。

日本の大学で文系教育を受けた多くの人にとっては、「統計学」は縁が遠いと思いますが、世界レベルでDMOとして世界各地の観光地と勝負する気概があるならば、「統計学」を使った来訪観光客のデータ解析は、その生産性と有効性を別次元に引き上げて優位性を確保するには必須のスキルと知識です。

8-3 DMOのデスティネーションマーケティングへの人材育成方向性：世界動向

日本でも観光DX（観光分野のデジタルトランスフォーメーション）という

言葉が最近流行っていると思います。コンセプトとしては、観光関係の各種情報入手から手配などの決済までもすべてデジタル化してスマートフォンで処理するような環境をつくり、人員配置の効率性を向上させることで生産性を向上させるという全体感だと思います。ここで必要になる人材と、統計学を活用したデスティネーションマーケティングに必要な人材のスキルに関しては重複があります。両者の共通項となるのが、数理系のスキルが必須なことです。特に応用統計学の能力はデータを活用した分析には必須です。

たとえば「Digital Marketing and Big Data Management for Hospitality and Tourism」（ホスピタリティと観光向けデジタルマーケティングとビッグデータ管理）や、「Data Analysis in Hospitality and Tourism Research」（ホスピタリティと観光研究における応用統計解析）のような授業です。

**図1 セントラルフロリダ大学の
観光・旅行業DX人材の育成プログラム**

HIGHLIGHTS

 UCF's travel technology and analytics program is the first of its kind in the nation to develop leaders in the travel and tourism industry.

 As the No. 1 travel destination in the U.S., Orlando provides an ideal learning environment for technology professionals to apply their skills in the travel industry.

5% Job growth for travel technology and analytics grads is projected to increase 5% nationwide.

$94K Median pay for travel technology and analytics grads is $94,000.

セントラルフロリダ大学ローゼンホスピタリティ経営学部とコンピューターサイエンス学科は共同で、全米初の観光・旅行業DXに特化した人材育成プログラム「Master of Science in Travel Technology and Analytics」（旅行技術・分析科学修士号）を2019年に立ち上げた。
Source：https://www.ucf.edu/degree/travel-technology-and-analytics-ms/

「旅行・観光」という名前の付いた授業、日本の典型的な観光学部だと、観光社会学や観光文化など、数字を使わないような授業や産業界出身者の現役時代の話のような授業が典型的だと推察しますが、そのような定性的（数字を使わない）な内容中心の授業で単位を取っても、米国では初任給年収３万ドル（円安基調の＄１＝150円で450万円相当）が上限です。

一方で、筆者の勤務先であるセントラルフロリダ大学ローゼンホスピタリティ経営学部とコンピューターサイエンス学科が共同で、全米初の観光・旅行業

DXに特化した人材を育成するプログラムとして「Master of Science in Travel Technology and Analytics」（旅行技術・分析科学修士号」を2019年に立ち上げました（図1）。こちらはプログラム設立時の目標であった卒業生初任給年収10万ドル（1500万円相当）に対して、第1期卒業生の初任給は9万4000ドル（1410万円相当）という実績が実現できました。

　DMOやDXに関しては日本より進んでいる米国では、このような定量的な（＝数字を使った科学の世界）知識とスキルを持つ人材は高給の就職先が見つかります。

　この観光人材育成については、また別途詳しく議論したいと思いますが、観光協会が行なっていたような、来訪者数が前年比で増えればそれでよいというセールスの概念では、21世紀のマーケティング、ましてやデータ分析中心のデスティネーションマーケティングとなると、定量的なスキルがないと世界との勝負にならない可能性があります。現時点では、日本の観光学部群にここまで定量的な理系のプログラムに振ったものは聞いたことがありませんが、今後日本が世界と勝負する、あるいは世界で戦える人材にふさわしい年収を個人が確保するには、DXや応用統計学は決してスキップできない内容となることはまちがいないと思います。筆者の大学では、ホスピタリティ経営学部だけでは不可能なほどにコンピューター知識が必要なため、コンピューターサイエンス学科と共同プログラムにしたわけですが、日本でも理系学部との共同か、あるいは理系学部主導でDX系の人材育成プログラムを開発するという程度に思い切って振らないと、とても日本の文系教育を受けただけの人たちだけではDX分野の人材開発プログラムができないと思います。DMOの場合だと、実際のデータ収集や解析は外部業者に委託することが現実的かもしれませんが、発注者にきちんと統計学の基礎知識や解析結果の分析経験がないと、受注者の好きなように作業が進められて、統計解析結果がDMOの戦略作成に反映し切れなくなります。故に、自分で基礎知識を持っておくことが重要です。

8-4 国内成功例を考える

　本題のデスティネーションマーケティングに戻ります。

　日本国内の観光地でも、潜在的インバウンド観光客の特性を検討し、そこの観光資源ならば特定の地域や国からの来訪客に評価されるのではと、インバウンド観光客向けに上手なデスティネーションマーケティングをしていると思われる地域や市区町村があります。筆者が直接に関与しているわけではないですが、データやその地域のDMO系の方々のご発言などを見ると、なるほどと感じることがあります。

　長距離観光客という観点では、欧米観光客は滞在日数が長く、結果として総消費額が高くなりますが、日本国内の平均データと比較すると、金沢市、高山市、広島市は欧米観光客が相対的によく獲得できていますので、その成功の裏には努力されている方々がおられるのではと推察できます。

　日本国内の平均データ、たとえば2019年ならば3100万人の訪日客総数に対して、国籍別にどの国が何％かを調べて、滞在期間が長く結果として消費単価が高い長距離インバウンド客（欧州や米大陸）が自分の都道府県や市区町村に何％来ているかの数値と比較すれば、それだけでも、自分の地域の特徴が見えてきます。

　来訪してくれたインバウンド客の属性情報を知り、満足度、再来訪意図、口コミでの奨励度などとの相関関係を統計解析し、その結果を踏まえて、どのような属性情報のインバウンド客はより再来訪意図が高いか、口コミでの奨励をしてくれる率が高いかを把握。今度は市場調査である程度のボリュームがある組み合わせを重点的なターゲットと設定して、後はそのターゲットにいかに自分たちの観光地を「認知→考慮・検討→優先度→（往訪）意図」してもらうかというデスティネーションマーケティングの基本的な流れまで計画できれば、実際のDMO経営戦略を構築することができます。

第 9 章

インバウンド
富裕層向け
観光商品開発

Tourism product development for wealthy inbound tourists

　本章ではデスティネーションマーケティングの対象グループの一つについて学びます。それは富裕層です。すべての観光地の主体者（地方自治体、DMO、ホテル・旅館）が狙う必要はないですが、この市場を狙う潜在性がある観光地にとっては、一人あたり消費単価が高いということは環境負荷も低いわけで、持続性の観点にもより貢献できる観光客層と言えます。

　なお、筆者も富裕層観光市場については観光庁の委員会にて委員を拝命し、米国で富裕層関連の特別講義を行なわせていただいた経緯があり、今回の内容の一部はそちらで利用したものを使います。また当章で引用する数値や説明は、クレディスイス銀行の調査レポート（英文）を参考にしています。詳細はぜひ原本を確認していただければと思います。https://www.credit-suisse.com/about-us/en/reports-research/global-wealth-report.html

9-1 世界の旅行市場規模と
富裕層旅行市場規模

　COVID—19による乱気流のせいで、2020年度の数値は通常の数値と異なる点は留意しなくてはならないですが、世界の旅行市場規模は4.7兆ドルであったと推定されています。一方、世界の富裕層旅行市場の規模は19年度（COVID

―19発生直前）では9456億ドルと推定されています。正確性を増すには
COVID―19後の観光市場での比較をするべきでしょうが、世界の旅行市場規
模はほぼ日本の年間GDP並みであり、富裕層旅行市場は消費額ベースのシェ
アで見ると実際の旅行者数シェアよりも大きくなるという点が理解できれば充
分です。

9-2 世界の富裕層の定義

　富裕層旅行者の話題に飛び込む前に、まず世界での富裕層の定義を確認して
おくことが必要です。幸いにして、世界で共通の定義がほぼ確立されています。
財務諸表を見たことのある方には理解しやすいのですが、収入側（フロー）の
定義と資産側（ストック）の定義とがあります。

❶収入側からの定義

「Luxury travellers weredefined as those with anannual household income
of more than $150,000, and bookings arrivals in foreign countries made by
these travellers were deemed as luxury trips
富裕層旅行者は年間世帯収入が15万ドルを超える旅行者と定義され、これらの
旅行者による海外への予約は富裕層旅行と見なされました」

　この収入側の定義はあくまでもUSドル建てで判断しますので、１ドル100円
の時代ならば年間世帯収入1500万円、130円の時代ならば1950万円、150円な
らば2250万円、となります。この年収がある家庭の旅行はすべて富裕層旅行
者（Luxury traveler）と見做すということで、やや粗い定義とも感じられる
と思いますが、まずは収入側からの世界の単純な定義を理解して次に進みまし
ょう。

❷資産側からの定義

　まず、ここでの計測対象は純資産、いわゆる「富」ですが、この定義は「金
融資産と家計が所有する実物資産（主に住宅）の価値から負債を差し引いたも

の」です。これは、世帯が作成する可能性のある貸借対照表に対応し、世帯が所有する資産項目と、売却処理した場合の正味額です。

　クレディスイス社がフォーブズ誌の定義を引用していますが、フォーブスの年間ビリオネアのグローバルリストは、100万米ドルを超える保有資産の見積もりを改善するために使用されます。100万ドルというのは、1ドル100円の時代ならば純資産1億円、130円ならば同1億3000万円、150円ならば同1億5000万円です。純資産がこの額を超えると富裕層と見做されます。

　なお資産側からの定義については、クレディスイス社はこれをさらに細分化しています。富裕層（High Net Worth：HNW）のカテゴリーで100万ドルから5000万ドル、5000万ドル以上の資産保有については超富裕層（Ultra High Net Worth：UHNW）という定義付けをしています（Source：CreditSuisse Global Wealth Databook2021）。

❸資産側から見た世界の成人人口における富裕層の位置付け

　次に世界の総人口数を俯瞰して、これを純資産側から見てセグメント分けをしてみましょう。

　家計の資産が世界中の成人人口全体にいかに分配されているかを定量的にセグメント分けしてみます。これには、各国の平均資産レベルの推定値と、国内の資産分布のパターンに関する情報を組み合わせる必要があります。

「世界の成人人口の55％は純資産150万円未満」

　図1の「世界の富のピラミッド」は、世界中のすべての成人間の富の分布をまとめたものです。低資産保有者の大規模な基盤は、次第に少なくなる上位層の成人を支えています。20年には29億人（世界の成人の55％）が1万ドル（1ドル150円として150万円）未満の資産を持っていたと推定されています。

「世界の成人人口の32.8％は純資産150万円〜1500万円のグループ」

　次のセグメントは、1万ドル〜10万ドル（150万円〜1500万円）の範囲の富を持つ人々を対象としており、今世紀で最大の増加を見せ、00年には5億700万人だったのが20年半ばには17億人と3倍以上の規模になりました。これは新興国、特に中国の繁栄の高まりと、発展途上国における中産階級の拡大を反

映しています。このグル
ープの平均資産は3万
3414ドル（約500万円）で、
世界中の平均資産の半分
弱です。57.3兆ドル
（8595兆円）に上る総
資産は、このセグメント
にかなりの経済的レバレ
ッジ、つまり資産を担保
にして借入をし、資産を
増やしていく能力を提供します。

図1 世界の富のピラミッド

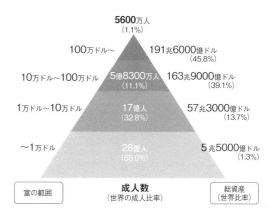

「世界の成人人口の11.1%は純資産1500万円〜1億5000万円のグループ」

純資産が10万ドル〜100万ドル（1500万円〜1億5000万円）の範囲にある上・中部セグメントも、今世紀中に2億8000万人から5億8300万人に大幅に拡大しました。彼らは現在、合計163兆9000億ドル（2京4585兆円）、つまり世界の富の39.1%の純資産を所有しており、これは成人人口シェア（頭数と比較して）のほぼ4倍に相当します。日本を含めた先進国の中産階級は通常、このグループに属します。

「世界の成人人口の1.1%は純資産1億5000万円超のグループ=富裕層（HNW）」

それらの上、富裕層（HNW）の個人（つまり、100万ドル=1億5000万円超の億万長者）のトップティアは、サイズが比較的小さいままですが、近年急速に拡大しています。現在、世界で5600万人、つまり成人全体の1.1%に達しています。この富裕層の成人人口は、総資産所有権と世界資産のシェアの点でますます支配的になっています。富裕層の成人人口の総資産は、00年の41兆5000億ドル（6225兆円）から20年には191兆6000億ドル（2京8740兆円）へと、ほぼ4倍に増加し、世界の資産に占める割合は同期間に35%から46%に増加しました。つまり、富は増大しているが、同時に寡占状態もさらに進行しているわけです。

図1を見ていただくと、今後インバウンド観光を受入れ・推進する時に世界

人口を純資産額でグルー
プ分けした時にどこを狙
っていくのか、それぞれ
の市場規模はどの程度な
のかの理解が深まると思
います。

これを見ると、ピラミ
ッドの一番下のグループ、
つまり純資産1万ドル

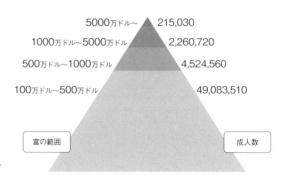

図2ピラミッドの上部

5000万ドル〜　　215,030
1000万ドル〜5000万ドル　　2,260,720
500万ドル〜1000万ドル　　4,524,560
100万ドル〜500万ドル　　49,083,510

富の範囲　　　　　　　　　　成人数

（130万円）未満の成人は、世界の成人人口約52億人の55％を占める28億人、
下から2番目が世界成人人口の32.8％を占める17億人、上から2つ目のグルー
プが世界の成人人口の11.1％を占める5億8300万人、そしてこのピラミッドの
トップを占めるグループが純資産100万ドル（1億5000万円）超の富裕層で、
世界の成人人口の1.1％となる5600万人の市場規模だとわかります。

❹富裕層セグメント細分化

（1）富裕層セグメントの細分化

いわゆる富裕層市場は世界成人人口の1.1％で、世界中に5600万人いるとい
うことがわかりましたが、今度はその富裕層をさらに細分化してみましょう。

今度は富裕層内を4つのグループに分けます。
- 純資産100万ドル〜500万ドル
- 純資産500万ドル〜1000万ドル
- 純資産1000万ドル〜5000万ドル
- 純資産5000万ドル以上

図2をご覧ください。5600万人、世界の成人人口の1.1％の富裕層（HNW）
をさらに細分化すると、一番下の純資産100万ドル〜500万ドル（1億5000万
円〜7億5000万円）層が圧倒的に数が多くて4900万人（富裕層の87.5％）です。
その上が純資産500万ドル〜1000万ドル（7億5000万円〜15億円）層で世界に
452万人、次に純資産1000万ドル〜5000万ドル（15億円〜75億円）層が世界に

226万人、そして頂点である純資産5000万ドル（75億円）超は世界中で21万5030人であり、この富裕層の頂点層を超富裕層（UHNW）と呼称します。

（2）超富裕層とCOVID—19の影響

COVID—19の影響が直撃した20年末にUHNWグループをさらに調査すると、富が1億ドルを超える成人6万8010人が新たにUHNWグループにリスト入りしており、そのうち5332人は5億ドル（750億円）以上の純資産があります。

「超富裕層市場は米国が世界を圧倒」

UHNWグループ全体の地域内訳は、北米が11万4380人（53%）で占められ、ヨーロッパは3万8110人（18%）、2万8130人（13%）が中国とインドを除くアジア太平洋諸国に住んでいます。各国の中で、米国は世界全体の55%に相当する11万850人で、他国に大きな差をつけています。中国は2万8130人のUHNWで明らかに世界2位であり、ドイツ（8630人）、イギリス（5100人）、日本（4670人）、インド（4320人）が続きます。上位10ヵ国の残りの国は、フランス（3750人）、カナダ（3510人）、イタリア（3560人）、スイス（3300人）となります。

「COVID—19パンデミック時に純資産額は上昇」

20年にUHNWグループは4万1420人（24%）増加しました。これは、03年を除く今世紀のどの年の割合をも上回っています。アフリカとラテンアメリカを除いて、ほとんどの地域がこの増加に貢献しました。北米は2万1640人（23%）増加し、もっとも多くのメンバーを追加しました。中国はより少ないメンバーの追加に留まり、9830人でした。しかし、これは19年の数の54%の増加に相当します。20年はヨーロッパ（17%増）及びアジア太平洋（20%増）でも大幅にUHNWが増加しました。

❺世界富裕層へのマーケティング時：
　市場規模か投資効率かの選択

次に、190ヵ国程度が存在する世界の国々で、個別の国に向けてデスティネ

ーションマーケティングを行
なう際、どうやってその国の
富裕層を攻めるかという戦略
を事前に決めておくことが重
要です。それは釣りにたとえ
れば、とにかく魚の数が多い
池を攻めるのか、あるいは面
積は小さいけれども大きな魚
の比率が多い池を攻めるのか
という違いです。

　具体例を見ましょう。表1
をご覧ください。この表はパ
ンデミックが始まって世界的
には資産価値が上昇した結果

表1 国別の億万長者数の変化

100万ドルを超える富を持つ成人（1000人）

国	2019	2020	変化
アメリカ	2万222	2万1951	1730
ドイツ	2319	2953	633
オーストラリア	1412	1805	392
日本	3272	3662	390
フランス	2159	2469	309
イギリス	2233	2491	258
中国	5022	5279	257
カナダ	1436	1682	246
オランダ	826	1039	214
イタリア	1293	1480	187
ブラジル	315	207	− 108
インド	764	698	− 66
ロシア	313	269	− 44
香港	560	520	− 40
アラブ首長国連邦	208	169	− 39
サウジアラビア	268	236	− 32
タイ	108	86	− 21
クウェート	93	79	− 14
チリ	77	64	− 12
メキシコ	274	264	− 10
世界	5万873	5万6084	5211

として富裕層が増えたが、内訳としては富裕層が増えた国々と減った国々があ
ることを示しています。

　ただし、筆者の目的としては、2020年をご覧いただき、世界の富裕層5600
万人中、米国が2195万人と圧倒的に多い点、第2位の中国の527万人、第3位
の日本の366万人に大きく差をつけている点を確認いただければ、まずは充分
です。イメージとしては富裕層が多そうなサウジアラビア、ロシア、インドな
どは、どこも富裕層の規模としては100万人にも満たないのです。

9-3 各国内富裕層の対国内人口比率

　国内の富裕層絶対数では人口の多い米国が世界を圧倒していましたが、次に
国内人口比率に対する富裕層比率を確認しましょう。表2をご覧ください。

　欧米を中心とする民主主義諸国が圧倒していますが、トップは米国ではなく
スイスです。スイスでは総人口の14.9％が富裕層とほぼ7人に一人が富裕層で
あり、富裕層の魚影が一番濃い国家であることがわかります。また米国を上回

る富裕層率の国としてオースト
ラリアが入っています。総人口
は米国より少なくても富裕層比
率ではわずかに米国を上回って
います。日本でもニセコや白馬
などでオーストラリア富裕層が
その片鱗を示しているのは、ア
ングロサクソン国家でない日本
が東アジアで民主主義国家体制
を持ち、国際政治的にも欧米民
主主義諸国と協調していること。
また、快適に旅行・滞在できる
国だという認識を持つオースト
ラリア人が増えているという背
景があるからかもしれません。

　一方で、富裕層が多そうなイ
メージながらも意外と総人口比
で少ないのは中国（総人口比
0.5%）、ロシア（総人口比0.2%）、
インド（総人口比0.1%）とい
う点もこれで確認できます。

　対総人口比率は富裕層向けマ

表2 億万長者の変遷 2000-20（一部の国抜粋）

億万長者の人口比率 (%)

国	2000	2005	2010	2015	2020
スイス	3.6	5.7	9	8.9	14.9
オーストラリア	0.8	2.9	6.4	5.7	9.4
アメリカ	3.8	5.3	5.8	7	8.8
香港	2.3	2.1	3.4	5.8	8.3
オランダ	2.1	4.6	4	3.8	7.7
スウェーデン	0.8	2	4.6	4.7	7.3
デンマーク	1	2.4	3.6	3.4	6.7
ニュージーランド	0.7	2.4	3.2	4.9	6.3
ベルギー	1.2	2.7	4.2	3.4	5.7
カナダ	1.2	2.2	3.9	3.5	5.6
シンガポール	1.1	1.4	3.3	3.1	5.5
アイルランド	1.4	3.5	3.3	3.5	5
フランス	0.9	2.4	4.6	3.3	4.9
オーストリア	1.7	3	4.2	2.7	4.8
イギリス	1.7	3.3	3	4.2	4.7
ドイツ	1	1.8	2.5	2.5	4.3
ノルウェー	1.2	2.9	4.1	3.2	4.2
日本	2.4	2	3.7	2.2	3.5
台湾	0.7	1	1.6	2.2	3.1
スペイン	0.5	2	2.7	1.8	3
イタリア	0.9	2	2.9	2.5	3
韓国	0.3	0.8	1.4	1.8	2.5
中国	0	0	0.1	0.3	0.5
メキシコ	0.1	0.1	0.2	0.2	0.3
ロシア	0	0.1	0.1	0.1	0.2
インドネシア	0	0	0	0.1	0.1
インド	0	0	0	0.1	0.1

ーケティングにおける効率性への指針となります。たとえば、この表の数値で
対総人口比の富裕層比率2％や3％を上回る国々の富裕層訪日が充分に獲得で
きているか。取れていない場合は悲観するのではなく、今後の有望富裕層市場
だという見方をすることができます。これは特に日本全体でその国を狙えとい
う観点ではなく、日本国内の各観光地（デスティネーション）がこの国の富裕
層を狙うという市区町村レベルでの個別マーケティング戦略を策定する際には、
ボリューム感がある国をターゲットにできるという認識が重要です。

9-4 各国の成人国民純資産額
：平均値と中央値の相違

　数値確認では最後の表になりますが、各国国民の純資産額の一覧表（表3）を確認しましょう。正確な理解をする際に重要な知識が、統計学の知識である平均値と中央値の差異の理解です。

　筆者は年に2回ほど、春学期と夏学期に米国の大学にて大学院生向けに応用統計学の授業を教えています。そこで強調するいくつかの統計学知識の一つがMean（平均値）とMedian（中央値）の違いです。数値の分布が中央に集まり中央部分が一番標本数の頻度が高いのが正規分布と言って、左右対称の釣り鐘型の分布になります。たとえば人間の身長の分布はこのような形になります。

　しかしながら、所得の数値はこのような左右対称の正規分布にはならずに、図3のような分布になります。

　この数値は14年の米国の例で若干古いですが、所得分配の分布としては現在も大きく変わりません。（Source：USCensus Bureal）

　この表を見ると人口の多くが図の左側に集中していますが、右側の富裕層は絶対数は少なくてもその家計所得が高いためにずっと右側に低く継続して広がっていることがわかります。この場合にはMean（平均値）を取ると、右側の富裕層の数値を入れた平均値計算となるので高めに出ます。この表では5万3700ドルと書いてあります。しかし、米国人口全体を見て、「年収が高い人の数と年収が低い人の数が同じになるような年収はいくらか？」という中央値を計測すると、この表を見る限りは3万ドル少々でしょうか。

　すなわち、平均値と中央値の乖離が大きい場合には富の寡占がその国でより多く発生しており、平均値と中央値の乖離がより少なければ、その国ではより平等に富が分配されていると推察できるわけです。

　すると国民「平均」の純資産世界トップは67万3960ドル（1ドル150円として1億109万円）でスイスが第1位ですが、スイスの国民1人あたり純資産「中央値」は14万6730ドル（2201万円）です。米国に至っては純資産50万5420ド

表3 成人一人あたりの平均値及び中央値による国別ランキング 2020 年

〈ドル〉

順位	国・地域	成人一人あたりの平均値2020年	
2020		2020	2019年からの変化
1 位	スイス	67 万 3960	7 万 730
2 位	アメリカ	50 万 5420	4 万 1870
3 位	香港	50 万 3340	－ 2 万 6420
4 位	オーストラリア	48 万 3760	6 万 5700
5 位	オランダ	37 万 7090	4 万 6030
6 位	デンマーク	37 万 6070	3 万 8750
7 位	ベルギー	35 万 1330	5 万 4030
8 位	ニュージーランド	34 万 8200	1 万 5150
9 位	スウェーデン	33 万 6170	5 万 5460
10 位	シンガポール	33 万 2990	2 万 5460
11 位	カナダ	33 万 2320	2 万 9070
12 位	フランス	29 万 9360	1 万 6770
13 位	イギリス	29 万 750	2 万 200
14 位	オーストリア	29 万 350	2 万 8790
15 位	ノルウェー	27 万 5880	1630
16 位	ドイツ	26 万 8680	4 万 450
17 位	アイルランド	26 万 6150	1 万 2450
18 位	日本	25 万 6600	1 万 7140
19 位	イタリア	23 万 9240	2 万 390
20 位	台湾	23 万 8860	1 万 5270

〈ドル〉

順位	国・地域	成人一人あたりの中央値2020年	
2020		2020	2019年からの変化
1 位	オーストラリア	23 万 8070	3 万 2280
2 位	ベルギー	23 万 550	3 万 5330
3 位	香港	17 万 3770	－ 1 万 550
4 位	ニュージーランド	17 万 1620	7180
5 位	デンマーク	16 万 5620	1 万 6980
6 位	スイス	14 万 6730	1 万 4090
7 位	オランダ	13 万 6110	1 万 6880
8 位	フランス	13 万 3560	7090
9 位	イギリス	13 万 1520	8100
10 位	カナダ	12 万 5690	1 万 1330
11 位	日本	12 万 2980	7630
12 位	イタリア	11 万 8880	9900
13 位	ノルウェー	11 万 7800	1870
14 位	スペイン	10 万 5330	7960
15 位	アイルランド	9 万 9030	4960
16 位	台湾	9 万 3040	5860
17 位	オーストリア	9 万 1830	8820
18 位	スウェーデン	8 万 9850	1 万 5770
19 位	韓国	8 万 9670	8170
20 位	シンガポール	8 万 6720	6660

（表2・表3）Source：James Davies,Rodrigo Lluberas and Anthony Shorrocks,Credit Suisse Global Wealth Databook 2021

ル（7581万円）でスイスに次いで第2位ですが、米国の国民1人あたり純資産「中央値」はランク外で不明です。貧富の格差が大きい国だと推察できます。

　では、今度は「中央値」での世界国家ランキングを見てみると、トップは23万8070ドル（3571万円）のオーストラリアです。これは国民全体に富の分配がうまくできていることを表しており、国民全体が豊かな生活ができているのではと推察できます。純資産の平均値は48万3760ドル（7256万円）で、表2で述べたように富裕層の対総人口比率でも高い数値を誇っていますので、今後、日本の観光地がインバウンド観光戦略を策定する際、オーストラリアは距離的・文化的にも、また大衆向け観光でも富裕層向けでも持続性ある良好な国だという事実が数値で見えてきます。

　所得の分配において、貧富の格差が少なそうに見えるのはベルギーです。純資産の平均値と中央値の乖離を比較すると2倍も離れておらず、総国民に富が潤沢に分配されているのが見えます。富裕層の絶対数である表1に国名はありませんが、富裕層の対総人口比率を示す表2にはしっかりとベルギーが出ています。

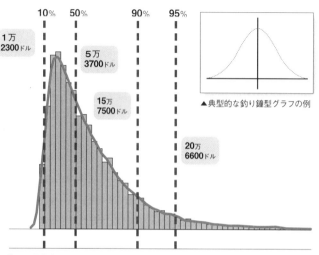

図3 **世帯収入の分布 2014**

Source：U.S. Census Bureau,Current Population survey ,2015 Annual Social and Economic Supplement

　いかがでしょうか？ やみくもに「富裕層を狙え！」とセールス活動を始める前に、まずはじっくりと数値を睨んで、自分の観光地（デスティネーション）はどのような国の富裕層が満足してくれそうなのか、そのターゲット国には充分な富裕層が存在するのか、その国の一般観光客はすでに自分の観光地（デスティネーション）には来訪している実績があるのか、その反応からどのような観光資源を評価してくれそうなのかという下調べをしてから、マーケティング活動に取り組むほうが効率はいいはずです。

　では、米国人、オーストラリア人、ベルギー人の一般国民はCOVID―19前の19年に日本に年間何人ぐらい来訪していたのかは、観光庁やJNTOの公開データで確認ができます。全体数で言えば、19年の来訪インバウンド総客数が3100万人でしたので、そのうちの何％が自分の観光地（デスティネーション）に来訪している実績があったのか、そのなかで「富裕層」グループに入るインバウンド観光客は何人来ていたのか。そこまで調べることができれば、22年後半から始まるであろうインバウンド観光客の復興マーケットを有利に進めることができます。

　筆者の推察では、インバウンド観光客富裕層は19年に30万人前後が来てい

たのではと見ています。全体のインバウンド観光客総数の約１％程度と、純資産側の富裕層の総人口比率（1.1%）と同じような数値だったのではと思います。ただし、これは世界の富裕層5600万人の0.5%相当に過ぎず、もっと上昇余地・余力があるというのが、日本を世界から見た筆者の感覚です。

9-5　自地域の観光資源棚卸しのすすめ

　たとえば、皆さまが地方の雑貨店や骨董品店を訪れたとします。そこで自分の興味のある品を販売しているのか店長に聞いた時に、「どうだったかなぁ、うちにその在庫有ったかな？」という対応だったとしたらどう感じるでしょうか。自分の店の在庫も把握していないのか、と失望する方もあれば、店長でも自分の店の在庫を把握していないぐらいの品揃えならば、驚くべき品が埋もれているかもしれない、という変な期待感を持つ方もいるかもしれません。

　実は、日本の観光協会もDMOも少なからずこの状態に近い部分があるのではと推察します。こう言うと、「とんでもない。当地域にはすでに有名な観光資源があるし、きちんとパンフレットやWebにも掲載しています」と反論される組織もあるでしょう。まずこの点について議論します。

9-6　日本人の見た観光資源と
　　　インバウンド客が見た観光資源の相違

　日本人から見てすばらしいと感じる観光資源と、インバウンド観光客から見た卓越した観光資源。多くの場合は一致するわけですが、一方でインバウンド観光客の感性から見ると、日本人が見過ごしているがすばらしい観光資源がある、という話は第8章で述べました。

　筆者は海外在住歴が30年を超えており、その意味では日本語がわかる割には感性という観点では若干インバウンド観光客に近いという自覚はありますが、もっとも感受性の高い幼少から少年期はずっと日本でしたので、コアの感性は日本文化を持っているが故に、完全に米国人の感性を持っているわけではあり

ません。この文化慣習の差異を超えてインバウンド観光客がどのような部分に興味を持ってくれるのかは、やはり外国人の人たちに実際に観光資源を見てもらってその感想を聞き、自国民にこの場所の良さを訴えるには何をどのように発信したらよいかを聞くのが現時点で最良の方法だと思います。

　一番手軽にできるのは、日本各地に居住しているALT（外国語指導助手）に意見を聞く、あるいは最近増加している外国人居住者の意見を聴取するという方法が、費用対効果の観点では効率が良いでしょう。ただし、多くの在日外国人は必ずしも観光の専門家ではないので、複数の意見を聴取して、何がその地域の魅力的な観光資源なのか、それをどう発信したら効果があると思うかについてヒヤリングを重ねてみるのが良いと思います。

　また別の例として、筆者が勤務する米国フロリダ州オーランドにある観光ホスピタリティ経営学部では、パンデミック時は途絶えましたが、毎年複数名の学生を日本に有給インターンシップ派遣しており、それら学生が派遣先の地域の観光資源を一通り回遊し、現地の観光協会や市区町村の観光課などにアドバイスしている事例があります。

　2022年は、1名の男子学生が東京・赤坂にある非営利団体で勤務しており、そこから高知県・仁淀川地区に派遣されて、実際に英語での発信業務を行なっています。

ザ・リッツ・カールトン京都に有給インターンシップ派遣した学生2名。中央女学生はその後法科大学院経由でフロリダ州弁護士となり、ホテルでの労働法専門家弁護士に。

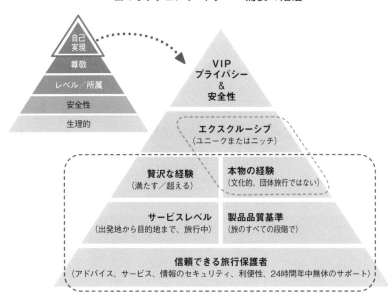

図4 ラグジュアリートラベル需要の階層

SOURCE : Shaping the Future of Luxury Travel | Future Traveller Tribes 2030

9-7 富裕層向けの観光資源 ：世界の動向注視

　前に俯瞰したように、パンデミック時に世界の富裕層の多くはその資産価値を増加させています。では、パンデミック後の海外旅行再開時には、今までと同じ富裕層向けの観光商品提供、すなわち高額な宿泊施設、高品質の移動手段、高額の物品サービス供与というパターンのままでいいのでしょうか？　世界的なトレンドとして、われわれが把握しておくべき富裕層市場の変化があるのかを確認しましょう。

　ここでShaping the Future of Luxury Travel の資料を引用します。富裕層向け旅行ニーズを、有名なマスローの人間の動機付けの5段階の階層を利用し示した図です（図4）。

　このモデルでは、まずは人間の生理的なニーズ（お腹が空いた、のどが渇いた、眠りたい、といったもっとも基本的なニーズ）が最下層にあり、その上が

安全性（心配せずに寝られる場所があるなど）、その上にはレベル／所属ニーズ（組織や地域、スポーツチームなどの人間の帰属願望）、さら上には尊敬ニーズ（他人から尊敬されたいなど）、最上位には自己実現ニーズが存在するというのが元のモデルです。

　ポイントは、より下層のニーズが充足されていない人間に、その上のニーズを充足させるような機会を与えてもあまりやる気につながらないという、まさに人間のモチベーションについてのモデルである点です。

　すると、最下層、つまり確実に充足させなくてはならない富裕層旅行ニーズはまず「信頼できる旅行保護者」、すなわち24時間いつでも対応できるスタッフを配備し（電話でも可能）、アドバイスやサービス、治安情報や利便性情報を与える、信頼できる保護者を確保することだとわかります。

　その次には「サービスレベル」や「製品品質基準」が入ってきますが、ここはパンデミック前から存在していた部分です。

　その上、下から3番目の階層を見ると、「贅沢な体験（満たす／超える）」とあります。これは溺愛するとか、徹底的に甘やかすようなニュアンスのある経験（細かいところまで詰めた徹底的なサービス）をさせる左側の部分と、「本物の体験（文化的、団体旅行ではない）」をさせるという文化観光的な右側の部分があります。

　左側に関しては、これは実は日本人が得意だと思われる「おもてなし」に当たるのですが、相手のニーズに合わせて柔軟に対応するという日本人が不得意な部分さえ改善すれば、世界的にも高いレベルで日本人が供給できる体験だと思います。暑い時にさっとおしぼりを出して、利用後は本人に持たせずに即回収するとか、富裕層の名前を入れた小物を用意しておくといったサービス。柔軟性の観点では、時差のある国から富裕層が来日した際には、相手国の時差を把握して夜に朝食や朝に夕食を出せるよう、事前に宿泊施設やレストランに伝えておくなどの気配りです。

　右側に関してですが、本物の文化体験の機会を与えることが、パンデミック後に重要性が増す内容だと思います。これも、日本人が不得意な利用者側のニーズを把握して供給者側のサービスや観光・文化資源の内容を調整して提供す

るという点が重要です。

　上から２番目には「エクスクルーシブ（ユニークまたはニッチ）」、特別なあるいはニッチな、他の旅行者にはあまり知られていないような体験が出てきます。最上位は、VIPなので隠密行動というか、あまり皆に知られたくないという、芸能人や大物スポーツ選手に求められるようなニーズとなります。しかし、富裕層がこの５つすべてを必要とするわけではなく、それぞれの富裕層がどのレベルまで要求をしているのかの見極めが必要であり、段階別に対応を考えればいいのです。次に実例を考えましょう。

本物の文化体験：例示

　筆者は2022年の５月、６月と広島県・東広島市に滞在する機会がありました。それに関連する例で言うと、日本酒が好きだ、試してみたいというゲストには、酒蔵を改装したレストランの個室を確保。複数の日本酒を試飲しながら料理も楽しめる場所だけでなく、きちんと英語で日本酒の基本的な説明をしながら「吟醸酒」「純米酒」「本醸造酒」などを実際に試飲してもらい、違いを体感してもらうような準備が必要でしょう。そして、地域の歴史としては広島県でもっとも米産出量が多いのは西条地区であり、故に昔からの街道沿いに酒蔵が多いなどの歴史的背景もしっかりと説明し、質疑応答もできれば、それは本物の文化体験と感じてもらえる可能性が高くなります。製造過程などを実際に見せてもらえるような酒蔵数軒と普段から関係を保っていると、より満足度を上げられます。

　また、「日本刀に興味がある」という富裕層が来日したら、誰でも見られるような博物館に連れていくのではなく、日本刀をつくるには「玉鋼（たまはがね）」という純度の高い鋼が必要不可欠で、玉鋼は日本古来の「たたら製鉄」の技術でのみ製造できるものだという説明をして、実際に島根県の安来市、雲南市、奥出雲地区という歴史的に刀向けの製鉄作業をしていたたたら製鉄の現地に行くのがいいと思います。そこから石見街道を通って広島県・尾道市まで行き、そこで鍛冶町という町の歴史や由来を説明して、なぜに尾道が発展したのか、そこで島根の鉄や銀がどういう役割を果たしたのかを説明。由来の場所

を実際に案内するまで行ない、宿泊先や食事についてもとにかく個別の独白体験をしてもらえるような場所を調べておくことが必要です。尾道市の街並みはそれだけでも不思議な雰囲気がありますが、どうして商店街が海と国道、山陽本線に挟まれてずっと続くのか。なぜ尾道は明治時代より以前からそこまで繁栄していたのかなどを説明すると、インバウンド富裕層にはとても興味深い文化と体験を提供できると思います。

新たなトレンド：本物体験と排他的体験

「本物の体験」とは、その場に来ないと体験できないというニュアンスが強調されるわけです。たとえば島根県のたたら製鉄での精錬方法は、なぜ大規模な近代的な製鉄所や鉄工所では真似できないのかの説明と現地での工房見学は、世界中でもここに来る以外に体験できる場所はないわけです。「エクスクルーシブ」という単語には独占的な・排他的な、すなわち一般大衆には見られないというか、特権階級しか体験できないというニュアンスがあるのです。一般には公開していないが、あなただけには特別に見せます、特別なガイドが案内するから見ることができますといった排他的なイメージです。

　ここで気付いていただきたい点は、これらの体験は高級車で送迎され、昔から存在する高価なホテルに泊まり、高価な食事と高価な買い物をするという昭和時代の富裕層の体験とは異なった要素が入っている点です。

　たとえば、筆者が21年11月に往訪したウクライナのチェルノブイリ原発へのガイド付きツアーは、世界でそこにしかない代替地がない場所で、実際に現地に精通するガイドの説明を聞き、放射能測定装置を各自が持って安全に留意しながら現地を回遊します。これは本物体験と排他的体験の両方を兼ね備えた旅行体験となるわけで、その意味では新たな富裕層が指向する旅行体験を理解するには良い事例と言えます。ちなみに、ウクライナ政府の管理の下、資格のあるガイド付き添いを条件として認められているツアーなので、一般観光客が自由に往訪できない点でエクスクルーシブな要素があるわけです。そのツアーでは「初期消火活動に従事した放射能特殊消防士の消火活動がなければ被爆量は5倍程度に高まっており、スカンジナビア半島やベラルーシは崩壊していた

可能性が高い。30名の消防士は2週間以内にほぼ全員が被爆で亡くなった」という話を聞き、消防士殉職像を実際に訪れるという体験は、代替地のない本物の体験です。ツアー参加者は全員欧米からの30歳前後の若い旅行者でしたが、私が皆から聞かれたのは「福島ではこのようなツアーはあるのか。是非行きたい」という質問でした。

　本物かつエクスクルーシブな旅は、まさにラクジュアリーツアーの新定義に合致するわけで、その意味では将来、日本でこうしたツアーをインバウンド観光客向けに提供する際には、値段はあえて安く設定せず、その分、本物かつエクスクルーシブな内容を詰める方向性がいいでしょう。

9-8 観光・文化資源の位置付け

　筆者は普段から、観光産業経営にはすでに欧米で主流となり、東アジア諸国でも主流になりつつある「ホスピタリティ経営学」、つまりミクロレベルで各ホテルの部門や運輸業支社、飲食店単体などでいかにビジネスを黒字化して運営するかといった専門知識を教えるべき、と言っているのはこれまで述べた通りです。財務諸表も読み込まない、予算作業もできない観光学では営利事業の経営には不適であり、かつ非営利組織・団体の経営においても、収支構造を把握し、最大費用項目である人件費をカバーして赤字経営にならないビジネスモデルを構築できる能力が当然に必要だからです。

　しかし、観光学や文化人類学、社会学、歴史や地理の知識やノウハウが必要な状況があります。それは各観光地の資源を評価整理し、その内容を強化して、自分の地域にはどういう観光文化資源があるのかという在庫管理、つまり棚卸し作業をしていく時です。

観光学系知識とホスピタリティ経営系知識が共有すべき認識

　観光経営のため、地域や国家の国際競争力強化のための必須の知識はホスピタリティ経営学であるという世界の流れが、日本語と言う障壁で疎外され、事実上の鎖国状態である日本においては観光学が主流となっています。これは中

国・韓国・台湾で、20年ほど前から国家レベルでの観光産業育成においてホスピタリティ経営学が主流となっている状況を見ると、日本の孤立状態がより際立ちます。ただし、先に述べたように、各地域での観光資源・文化資源の構築・磨き上げの作業では、社会学や文化人類学が重要となる場合があります。ここで重要になるのは、

「観光資源・文化資源を後世に保全し伝承するためには、現世の世代が、そのすばらしさを評価できる国内外の人たちに積極開示して、評価をしてくれる人たちからきちんと対価をもらうビジネスモデルを構築すること」です。日本にとって1億2700万人で最高値となった国内人口は、今後着実に減少していきます。人口の構造的減少問題は、今まで日本が経験したことのない試練です。今後20年〜50年のスパンで展望すると、国全体と各地方での税収ベースを大きく増やすことは想定困難であり、むしろ地方を中心に高齢化・少子化による人口急減と税収減を想定しておくべき時期にあります。その国家経営環境下で今まで通りの「観光文化資源は大切に（誰にも見せずに、収入がなくても）保全し、後世に継承する。そのためには国民が払う国家税収で保全費用を賄うのは当たり前」という発想では、必ず赤字経営状態となります。

　故に、発想を180度転換して、世界に誇れるレベルの観光文化遺産ならば、それを評価してくれる国内外の人たちに観てもらい、その対価をしっかりいただいて、そのキャッシュフローを元にさらなる保全や利用を促進するという方向をめざすというのが、人口減社会での観光文化保全のビジネスモデルとなります。

「魅力的な地域の観光文化資源ならば、きちんと整備してそれを評価できる訪問客に本物かつ排他的な経験をしてもらい、地域が自分でお金を稼ぐ」という発想を、今後のホスピタリティ産業経営者と観光・文化資源関係者で共有することが必要になります。実はこれは、地方創生政策ときっちりと合致する発想なのです。

　そして、この地域の観光文化資源を活用して、地域が自分で稼ぐビジネスモデルを小規模ながらも消費単価がより高くなるであろう富裕層に、本物体験（authentic experience）と排他的体験（exclusive experience）をしてもらい、

うまくいくかを確認する（それは満足度と再来訪意図、口コミ意図などで定量化して測定可能）ことが、今後50年余りの日本の観光文化立国政策の指標となるわけです。

9-9 富裕層向け観光・文化資源の見極め

わかりやすい例で言うと、ユネスコ世界文化遺産は世界レベルの専門家が見極めを行なっている観光文化資源ですので、そこは参考にしたらいいかと思います。ただしAuthentic で Exclusive なという観点からすると、すでに多くの観光客が押し寄せている場所でAuthentic で Exclusiveな部分をどう構築するのかは、課題ではあります。

ユネスコ世界遺産となると、そのすばらしさは世界レベルで認められていますので、それを富裕層向け観光資源として使うのは原則正しいわけです。しかし、京都の清水寺のようなすべてのインバウンド客の興味を引くような場所で、Authentic でExclusiveな体験をさせようと思ったら、第8章で示したような強力なストーリーを構築して、そこで大衆が見ているものと違うものが見えるという体験を提案しないといけないと思います。

また同じユネスコ世界遺産でも、島根県の石見銀山のように、インバウンド客向け観光地としてはまだ成熟しておらず、その分ガイド面で工夫できる余地が多い場所もあります。単に日本国内の世界遺産だという観点ではなく、当時の文化・軍事の中心地である欧州諸国においても、当時の世界地図に石見銀山の名前が記載されていたのはなぜか。欧州貴族の家庭での銀食器と石見銀山の関係など、世界史の観点で石見銀山を説明したほうがインバウンド客、特に滞在期間が長くなる欧米客にはより興味が増すわけです。

銀山に行くまでの道も古い街道の景色が修復・保全されていて、また石見銀山が歴史的に周囲の山林を伐採した分だけ植林していたという歴史的経緯の話は、現在のSDGsの概念に関しても先駆けだったという説明ができます。ただし、大森代官所跡のバス停から現在公開されている石見銀山遺跡である龍源寺間歩までは上り坂で2km強の距離があり、別掲写真の街道の街並みが終わっ

た後は、日陰のない道が
続きます。日本人でも情
報不足で炎天下を歩いて
いる人たちがいる状況で
すので、アクセスに工夫
の余地はあります。

　観光・文化資源見極め
の観点で、今後パンデミ
ック後のインバウンド客
再復興において大きな可
能性を有するのが「日本遺産」です。おそらく認定機関の文化庁も、当初はイ
ンバウンド客向けという観点はなかったと推察しますが、結果として日本国内
の文化、すなわち観光資源としての全国的な棚卸し作業がそのお陰でできてい
るわけです。

　特に意義が大きな点は、その多くが人口減の地方に存在する資源であること
です。富裕層がすでにオーバーツーリズム問題の兆しのあった東京や京都にま
た大量に戻るのを放置するのではなく、人口減で経済刺激策が急務の地方や中
山間地を回遊し、できればそこで宿泊してもらうことで、観光立国と地方創生
の２つの政策の同時実現に貢献できることになります。たとえば島根県・雲南
市や奥出雲市など、日本人でもあまり旅行したことがないような山間地にはす
ばらしい文化・遺産、そして日本の原風景が広がっています。

　一つ例を挙げましょう。広島と言うと、多くの旅行者の行き先はユネスコ世
界遺産である原爆ドーム・平和記念資料館です。その後、同じくユネスコ世界
遺産である宮島に行って広島観光は終わりというのが典型的なパターンだと思
いますが、今回言及した尾道市、酒蔵の街・東広島市だけでなく、すばらしい
街並みの残る竹原市、そして観光資源豊富な呉市があります。たとえば呉市か
ら瀬戸内海の島々を橋でつなぐ安芸灘とびしま海道の最後には日本遺産である
御手洗（みたらい）のすばらしい街並みが残っているのに、現状ではインバウ
ンド客にまだ発見されていないと言える隠れた観光文化資源となっています。

日本遺産のWebページにアクセスしてみると、日本語の内容も今後さらに増えるような状態に見えます。これを英語で世界に向けて発信するという段階になると、JNTOが担当するのかと推察しますが、こちらの枠組みはできていて、やはり文化や歴史の内容を詰めていくのはこれからというように見えます。これらのWebページが充足してくると、日本各地での富裕層向け誘致活動に勢いがつくと思われます。

9-10 各地方での富裕層取込目標設定案

　包括的なコンテンツに関する情報発信がまだ英語でできていないという地方観光地のほうが多いと思いますが、戦略目標や行動案を考えておくべきです。目標は数値であるほうがはるかに望ましいです。それは数値だと誰でも客観的に同じ評価が下せるからです。以前に戦略論設定の時にご紹介したと思いますが、復習です。

①現状把握

　まずは、皆さまの観光地に現状、何人の観光客が来訪し、いくらの観光消費をしているか、これを把握します。19年のデータと直近のデータがあれば大丈夫です。19年は3100万人が来日し、年間総観光消費額は4兆8000億円でしたね。これは都道府県別のデータがありますので、皆さまの都道府県への来訪客数と観光消費総額がわかります。もちろん、市区町村レベルでの数値把握ができるデータがあればさらにいいです。

　来日客の約1％と想定すると、19年の富裕層来日総数は30万人前後と思われます。富裕層来訪者数と富裕層観光消費総額の都道府県別数値がない場合は、インバウンド客全体の都道府県別数値（全国における皆さまの都道府県の割合）を使い、粗くてもいいので推測してみてください。

　21年はほぼ日本全国がインバウンド客は壊滅状態でした。ほぼゼロからの出発なので、当初数年の回復期は前年比数百パーセントで来訪客数と消費総額が激増することになり、数年後からは二桁成長のペースで理想像に向かって突き

進む形になるはずです。

②理想像策定

　日本の観光立国目標が30年に年間来日客6000万人、年間観光消費総額は15兆円ですので、そこを大前提として、では皆さまの都道府県あるいは市区町村でその何％を獲得すべきかの数値を、上記の都道府県別数値（全国における皆さまの都道府県の割合）を使って計算が可能です。たとえば国全体のうち５％のシェアだとしたら、年間インバウンド客来訪目標300万人、年間観光消費総額は7500億円をめざすと設定できます。では、仮にインバウンド富裕層は全体の１％だが、消費総額に関してはインバウンド客の10％だという数値が確認できた場合には、富裕層年間総数３万人、消費総額は年間750億円をめざすという具体的な到達目標が設定できます。

③現状から理想像への移行・期間設定（＝戦略案）策定

　３つのステップの最後に期間を設定するわけですが、今回の場合は政府目標に合わせて30年までの８年間を設定します。たとえば21年が富裕層来訪客数及び年間消費総額ともにゼロという場合には、そこから８年間で３万人、消費総額750億円をめざすので、直線を描けば3750名、7500名、１万1250名という具合に伸びることになります。このようにスタートとゴール、そして到達点の数値がわかれば、毎年の数値目標も設定できます。それにより毎年の進捗状況を自らがチェックできることになります。この数値をもって、まずは走り出すことが大切です。

　そして、地域の観光資源を棚卸しして、具体的にはどの国籍・どの属性情報のインバウンド客、及び富裕層を獲得していくのかの戦術的なマーケティング部分を策定していけばいいわけです。満遍なくすべての外国人を獲得していくというのはほぼ無策同様であり、棚卸しした地域観光文化資源の内容で、無理なく提供できる本物体験（authentic experience）と排他的体験（exclusive experience）は、どの国の人に、より嗜好が合うのかを考えれば、ターゲットが絞れてくると思います。

　地方で1泊数万円から10万円程度の料金で販売できる宿泊施設は現状多くないですが、富裕層の選択肢に挙がるには、そういう宿泊施設が存在することだけでもその観光地全体のイメージや位置付けに大きな影響力を及ぼします。そこに本物体験（authentic experience）と排他的体験（exclusive experience）に関するストーリー性を持った地域観光資源があれば、インバウンド富裕層には魅力になると思います。

　以前に述べたように富裕層が一番多いのは米国ですが、旅行動機がアウトドア系なのか、文化体験系なのか、飲食体験系なのか、温泉スパ系なのかという嗜好の切り口でセグメント分けをしてもいいですし、欧州のこの国だというセグメントの絞り込みで効果があればもっと深く攻めても構いません。パンデミックが収束した今、皆さまの観光地で本物体験（authentic experience）と排他的体験（exclusive experience）を提供できる観光文化資源は何かという棚卸し作業が役に立つと思われます。

第**10**章

米国のDMO主導の観光地開発戦略とポートフォリオ戦略

US DMO-led destination development strategies and portfolio strategies

10-1 米国でADRが一番高い
ホテルはどこにあるか?

　スイートルームや特別室ではなく、ホテル全体の平均客室単価（ADR）が高いホテルが米国内のどこにあるかと言うと、今までの常識だと、ニューヨーク、シカゴ、サンフランシスコ、ラスベガス、あるいはリゾート地だとマイアミ、フォートローダーデール、ハワイのマウイ島辺りが挙げられていたと思います。ハワイ州だとワイキキだけでなくカハラ地区やコオリナ地区、そしてマウイ島だけでなく、ハワイ島にも雄大な敷地に絶景を提供するホテルがあります。日本人はあまり来ませんが、米国本土での伝統的な高級リゾートはサウスカロライナ州のヒルトンヘッド島からフロリダ州パームビーチのブレイカーズホテルなど、米国東海岸の温暖な南部の海沿いに存在します。

　ところが最新のデータだと、ビーチもなく都会でもない、家族連れがTシャツに短パンで闊歩するような低廉な大衆リゾート地にあるホテルが、ニューヨーク市のホテル価格をみごとに上回っています。フロリダ州オーランドにある「フォーシーズンズ リゾート オーランド アット ウォルトデイズニーワールド」はADRが1773.10ドル（1ドル150円計算で1泊約26万6000円）で、アメリカでもっとも高価な高級ホテルとなっています〈SOURCE：With a rate

182

of \$1,733 per night, this Orlando resort is the most expensive U.S. luxury hotel (msn.com)〉。

　オーランドは、日本からは米国内で一番遠くに見える東南部ですが、米国内での年間観光客来訪数は全米一の7500万人（2019年）で、ニューヨーク市の6300万人やラスベガス市の4300万人を数年間連続で超えていることは、第2章でも紹介してきました。観光客が来る大衆リゾートという点では、すでに実績があるのです。では、なぜ並みいるライバルを差し置いて、富裕層向けホテルで全米一のADRを達成するホテルが出てきたのか。

　本件は、日本における富裕層獲得に向けた観光地開発戦略にも大きな示唆があると思いますので、ご説明します。なぜDMOがテーマの本連載で取り上げるかと言うと、全米一の実現にはDMO主導の10年、20年にわたる中長期的戦略が存在するからです。一ホテルだけ、あるいは地域の名士一人が立ち上がるのではなく、また地元の市区町村自治体が単独で主導したのでもありません。DMOが前面に立って改革の旗を振り、観光地全体の既存イメージを変えずに、より幅広い選択肢づくりをした結果、実現したものです。

10-2 オーランド市（オレンジ郡）の観光地戦略調査

　00年代だったと思いますが、地元のDMOを中心に、MICE、特に高額消費のインセンティブ層を含む全米のミーティングプランナーに調査をして、「オーランドのイメージ：強みと弱み」を定量的に把握するという作業をしました。

　そこで出てきたオーランドの観光地としての強みは、国際会議前後や参加者に同行して来訪する家族への娯楽では他を圧倒する選択肢（世界のトップテーマパーク15ヵ所のうち、9ヵ所が存在する集積性、亜熱帯の自然環境）があること。MICE系の設営準備に関すると、労働組合がなく柔軟に主催者側のニーズに現地で対応できること。また、米国の大都市と比較して価格が安いなどが挙げられました。

あえて利用者目線で短所を炙り出す必要性

　しかし、時代や来訪客の嗜好の変化を乗り越えて、観光地を数十年単位で対象客に魅力ある地と感じてもらうためには、自分たちの長所に酔うだけではなく、他人の目で俯瞰して出てきた短所を把握し、それを改善していくことが重要です。ミーティングプランナーの主観的な意見で出てきたオーランドの短所は①レストランの選択肢が貧弱、特に高単価店が少ない、②高級ホテル、富裕層向けラグジュアリーホテルがないので、高額な接待が必要な医療系会議客向けの現地選択肢がない、③空港からの公共交通機関がバスだけで貧弱、などでした。オーランドDMOはその結果を踏まえて、最高級レストランチェーンと最高級ホテル群の誘致を10年以上掛けて戦略的に招聘していったのです。ADRが100ドル以下だった時期に300ドル強程度でないと採算性が確保できないホテル群を誘致しようとしたので、ホテル側も立ち上がり期の運営赤字を含めて戦略的展望を有していないと大衆向けリゾート地としてのイメージが確立されているオーランドには出店できない状況でした。

　筆者が複数のホテル側管理者の話を直接に聞いた上で、欠如した部分を筆者の推測で補った見解ですが、ニューヨークやボストン、シカゴなどの大都市ホテルで常連客となっている顧客のプロフィールを見ると、小さい子どものいる若手富裕層（IT系や投資銀行系または起業家）や3世代旅行に出掛ける成功した会社幹部クラスが中心となります。彼らの家族旅行を考えた際に、確かにレジャー系の低廉価格で有名な観光地であっても富裕層向けホテルの選択肢があってもいいはずだと判断したのでしょう。「高級なホテルをつくって誰が使うのか」という地元民の杞憂をよそに、フォーシーズンズホテルやザ・リッツ・カールトン、JWマリオット、ウォルドーフ・アストリアと、北米系グローバルホテルチェーンのラグジュアリーブランドがどんどんと新築されたのです。

　筆者はオーランドにある米国最大の学生数を誇るホスピタリティ経営学部に19年勤務しており、当学部の学生たちが複数人、毎年これらのホテルに有給インターンシップから正社員採用されるのを見ています。たとえば先のフォーシーズンズホテルだと、宿泊客が無料で利用できる託児所が敷地内（プール脇）

表1 100万ドルを超える富を持つ成人

億万長者が増えた国

	2019	2020	変化
アメリカ	2022万2000	2195万1000	173万
ドイツ	231万9000	295万3000	63万3000
オーストラリア	141万2000	180万5000	39万2000
日本	327万2000	366万2000	39万
フランス	215万9000	246万9000	30万9000
イギリス	223万3000	249万1000	25万8000
中国	502万2000	527万9000	25万7000
カナダ	143万6000	168万2000	24万6000
オランダ	82万6000	103万9000	21万4000
イタリア	129万3000	148万	18万7000
世界	5087万3000	5608万4000	521万1000

億万長者が減った国

	2019	2020	変化
ブラジル	31万5000	20万7000	−10万8000
インド	76万4000	69万8000	−6万6000
ロシア	31万3000	26万9000	−4万4000
香港	56万	52万	−4万
アラブ首長国連邦	20万8000	16万9000	−3万9000
サウジアラビア	26万8000	23万6000	−3万2000
タイ	10万8000	8万6000	−2万1000
クウェート	9万3000	7万9000	−1万4000
チリ	7万7000	6万4000	−1万2000
メキシコ	27万4000	26万4000	−1万
世界	5087万3000	5608万4000	521万1000

Source：James Davies,Rodrigo Lluberas and Anthony Shorrocks,
Credit Suisse Global Wealth Databook 2021

にあり、子ども連れの夫婦が久し振りに2人きりになれるサービスを提供しています。客室や内装は1980年代のラグジュアリーホテルの内装イメージ（マホガニーと深緑系大理石、そして金メッキ）とは異なり、明るくモダンで、細部を見ると確かに高い建材を使っているという控えめな表現です。

　オーランドの最高級クラスホテルを実際に訪ねると、宿泊しない一般観光客でも物理的には入館できますが、有料バレーパーキングやベルスタッフの出迎えなどがあり、決して入りやすい雰囲気ではなく、絶妙に差別化と排他的な雰囲気を演出しています。一方で、宿泊客に対してはあまりベタベタとしたサービスをしませんが、要所で各スタッフが目を凝らしており、ゲストが何か必要な時はサッと出てくる感じの待機状況にあります。

10-3 観光地ポートフォリオ戦略

　世界の富裕層の分布データ（表1）を見ると、1位は圧倒的に米国です。クレディスイス銀行の定義だと、純資産100万ドル（1億5000万円）以上の世界人口は5600万人。世界人口が78億人ですので、世界人口の0.7%が億万長者に

当たりますが、米国人はうち2100万人と、ほぼ世界富裕層の40％を占めています。中国人が520万人、日本人が360万人なので、米国人富裕層の規模がいかに大きいかがわかります。

また純資産5000万ドル（75億円）超の超富裕層に絞ると世界で21万人ですが、米国人だけで11万人と過半数を占め、米国人をとらえることがこの小さなセグメントでは大変重要だとわかります。

富裕層向け施設は排他的であるべきか？

「富裕層向け施設をつくると金持ちに媚びる地域となって、地元民が行けない場所が増えるのでは」という類の質問を日本の方々から受けることがありますが、その際にオーランドのケースは大変参考になると思います。今でもこの地域、むしろ距離的にはよりディズニーワールドに近いキシミーという街には、1週間200ドルの看板を掲げているモーテルが続く地域があります。現状だと1週間300ドルぐらいかもしれませんが（一日あたり40ドル程度）、それら激安ホテル群とラグジュアリーホテル群が共存しているのがオーランドです。

筆者の自宅から大学への通勤経路にあるJWマリオットは、パンデミックの最中にあえて宿泊者以外、つまり地元民に向けて日帰りスパ商品を奨励したところ、海外旅行ができなくなった地元の余裕ある女性客を中心に需要が想定以上に伸び、貴重な収益源になったことを現場管理職から聞きました。パンデミックにあっても、各宿泊施設が市場状況に応じて多様なゲストを来館させる試みを実施していたのです。

つまり観光地としては、ポートフォリオ戦略で、多様性のある来訪客の嗜好や予算にあった多様な宿泊商品を抱えておけばいいのです。世界最大の富裕層を抱えるのは米国ですが、米国人にとっては「選択肢の存在」「選択の自由」がとても重要です。

外資系でないと日本では富裕層は取れないのか？

もう一つ日本の方々からよく聞かれる質問は「外資系ホテルチェーンでないと富裕層は取れないのか」です。筆者の答えは、「取れないことはないですが、

外資系ラクジュアリーホテルチェーンはすでに富裕層顧客をオーランドだけでなく、ニューヨーク、サンフランシスコ、マイアミなどで抱え込んでいるので、それら顧客の新規開業ホテルへの来訪のスピードは速いという利点はあると思います」とお答えしています。

　故に、日系や独立系ホテルでも、世界の高級ホテル群をまとめてマーケティングし、互いに世界の富裕層を送客し合うようなるリファーラル・チェーンへの加入は効果があると思います。

10-4 発展途上国富裕層の魚影確認方法

　以上で、富裕層が圧倒的に多い米国の世界的ホテルチェーンの運営会社がそれら米国人富裕層を抱え込んでいるのは理解できたと思いますが、では絶対数は多くなくても貧富の差が激しい発展途上国の富裕層の魚影については、米国の世界的ホテルチェーンの運営会社はどうやって捉えているのでしょうか。

　これは皆さまの多くが航空会社のマイレージやホテルチェーンの会員プログラム、プレステージのある上級クレジットカードに申請された時のことを思い出すのがヒントになります。

　普段、われわれは個人情報を他人には教えません。年齢、生年月日、職業、役職、勤続年数、年収、家族構成、趣味、購読誌・購読新聞、電話番号、メールアドレス……。さらには旧姓や本籍地・国籍などです。ところが、右記の特別会員や特別プログラムに申請する際は、内部審査に通りたいとの願望から、すらすらと個人情報を開示しませんでしたか。「上級会員になるとチェックアウト時間延長、可能な限りの客室アップグレード、インターネット接続無料、ポイント増額付与」といった餌に釣られ、自ら進んで個人情報を渡しているのです。

　これが富裕層や超上級会員になると、さらに細かい情報開示を要求され審査を受けるわけですので、ホテル側としてはそこまで細かい個人の趣味・嗜好が把握できれば、差別化した選択肢の中でそのゲストが一番喜びそうな商品・サ

ービスを提供できることになります。故に、発展途上国の富裕層が欧州大都市や米国大都市に来た際にそれら特典を享受したいがために、欧米ホテルチェーンに自らの情報を開示して特典を得る一方、ホテルチェーン側は貴重な富裕層の個人情報が獲得できるという仕組みになっています。

米国ホテルチェーンですと、欧米だけでなく、日本、中国、タイ、ポーランド、ロシア、チェコ、ウクライナ、アゼルバイジャン、メキシコなど、世界の多くの国に進出しており、それぞれの地で最高級のプレステージを得ています。すると、その国内でプレステージを得るような上級会員になると、欧米から日本に往訪した際もそのチェーン内では同様の特典やプレステージを受けられるようになります。どこに行ってもそのチェーン内の施設を利用したいという「囲い込み」型の忠誠心のあるゲストを得ることができるのです。そうして発展途上国の富裕層がじわりと炙り出され、彼らの個人情報を含む貴重なデータが世界レベルのデータベースに蓄積されていくわけです。

再度申し上げますが、日系ホテルチェーンでも独立系ホテルでも自国内の富裕層はすでに把握されていると思いますが、インバウンドの外国人富裕層を獲得するためには、外資系に運営を委託しなくても、世界の富裕層を互いに送客し合うような国際的リファーラル組織（コンソーシアム）に加盟すると、ある程度類似の集客効果が期待できます。運営委託契約や一部のフランチャイズ契約だと、施設の統一性に関して本部から多くの指導が入り、その基準に合致させるための設備投資などが必須となりますが、リファーラル制度だとそこまでの強制がない分、独立経営ならではの個性を生かしたままで国際的な送客網を利用できます。これも次に述べる国際的なマーケティングの観点からの恩恵があります。

10-5 世界に向けた観光地のマーケティング

次に観光地の知名度の問題があります。外資系ラクジュアリーホテルチェーンが進出すると、その観光地の名前が自然とそれらターゲットセグメントに広まるという効果がありますので、その観光地の世界に向けたマーケティングを

担当するDMOはもちろんですが、既存の宿泊施設群としても、世界的なホテルチェーンが同じ市区町村に進出してくる場合は、冷静に損得勘定を計算するといいと思います。

　たとえば、蔵王、日光、奈良、熊本、別府など、日本人にとっては知名度のある観光地としての認識は高くても、世界の観光客や富裕層が観光地としてそれらの場所を認知しているかは別問題です。その観点から外資系ホテルが進出すると、世界に向けた観光地マーケティング効果としては、その土地のDMOにとっては目に見えない大きな観光地宣伝効果があることになります。以前にも述べましたが、「消費者は認知度がない商品は買わない」という原則があります。観光地として認知してもらい、それが実際の来訪につながれば、現地に存在するすばらしい観光資源を発見してもらえ、それがSNSなどでの口コミになり、同じような属性情報の人々が世界から来訪するというモデルができ上がります。

　逆に言うと、日本人にとっては観光地としての認識がない土地であっても、海外で映画や小説の舞台になったことにより、外国人観光客は観光地として来訪するような場所が実際にあるわけです。

10-6 既存観光地ポートフォリオ戦略

　既存の観光地をこれから変革しなくてはならないという使命感を持つDMOが日本に複数ある一方で、「DMOは観光地をお客さんに宣伝すればいいのでしょう。われわれは観光協会時代から外国語パンフレットをつくり、PRしていました」というDMOもあると思います。

　既存観光地を変革する際に、全体を一つの方向に動かすという戦略も否定はしませんが、フロリダ州オーランドのケースは、コストが高く、リスクも高い全体のイメージ変更戦略ではなく、既存の観光地における選択肢を増やして多様性を確保するという、観光地ポートフォリオ戦略がうまくいった実例になります。ただし、その主導者は現地DMOであり、きちんと観光地のイメージに関して長所・短所のデータ取得をして統計解析し、その結果から10年以上かけ

て弱点に正面から向き合った結果でした。全米最高価格のラグジュアリーホテルがある一方、大衆向け激安ホテルもマーケット内に同時に存在するオーランドのケースは、日本でも大いに参考になると思います。

10-7 既存宿泊施設ゲスト ポートフォリオ戦略のすすめ

　宿泊業者にとって急復興・急成長するインバウンド個人客セグメント（外国人FIT：Free Independent Travelers層）、特に自宅からの移動距離の長い非漢字圏（欧州・北米・中南米・中東など）からのインバウンド客は、①予約を入れてくるタイミングが日本人FITより早い、②日本人FITや団体客層よりも高価な商品を販売できる可能性が高い、という特徴があります。

　ところが、一部の宿泊施設では外部業者からレベニューマネジメントのシステムやソフトを導入しており、「ソフトウェアスイッチオン、現場管理職の判断能力スイッチオフ」という通常の状態で継続使用すると、低価格商品（通常客室）をインバウンドFITに早期に販売することになります。日本人FITが予約を入れる頃には高価な商品（優先客室）しか残っておらず、リピーターや一般客から「便乗値上げではないか」という不満の声が出る可能性があります。逆に予約受付の早い時期に高価な商品（優先客室）を市場に流し、日本人の予約が入る時期にはそちらの販売経路を利用して低価格商品（通常客室）を出していくという、現場管理職階のソフトウェアやレベニューシステムへの介入が必要になります。

　数歩下がって俯瞰すると、低賃金・長時間労働というネガティブなイメージのある日本の宿泊産業業界を構造的に変革できる30〜40年に一度の貴重な機会なわけです。過去２年程度の米国ホテル業界における賃金の急上昇の実例を見てきた筆者の立場からすると、低賃金・長時間労働のイメージを変えるには、時給ベースを市場価格に逆らわずに上昇させて、職場の魅力を増すことで同業他社からではなく、他産業の優秀な人材を宿泊・観光業界に流入させることが必須でした。では、その数十年に一度の構造的な労働環境改善機会を行政（国、

都道府県、市区町村）の介入を待たずに実現するのが、産業界の小売価格上昇自助努力です。つまり、その機会を最大限利用するには市場需給が需要過多によって崩れた時には小売価格を上昇させて、その増益分で人件費増に起因する運営費用増分を吸収して増収増益を図る経営が求められます。その小売価格上昇は市場が誘発するという他人任せではなく、インバウンド客層と日本人客層の特性・特徴を見てうまく管理するという、ポートフォリオ戦略の実施がここでも必要になります。

10-8 米国人観光客の欧州での散財が 22年に急増

　日本の観光産業関係者にとても示唆のある米国人消費情報がウォール・ストリート・ジャーナル誌に掲載されていました（"Americans Go on Shopping Binge in Europe"2022/12/13）。「100万ドルを超える富を持つ成人」の国別ランクの表を見ていただくと、世界での富裕層分布は圧倒的に米国人のシェアが多い（世界全体の富裕層の40％が米国人）ことがわかりましたが、データ軽視で、自分の経験の範囲内でのみの経験則として見ると、実際に日本に来ている中国人富裕層の姿を誇張させてしまい、世界には存在するが現在の自分には目視できないセグメントを過小評価してしまいます。

　すでにパンデミックとの共存を容認し出した米国人はドル高を背景に、入国規制のない欧州に押し寄せ、11月のデータでは、2019年のパンデミック前と比較して22年は40％も消費額が急増しています。これらのデータは付加価値税還付額から計測されたものです。欧州は米国以上にロシアのウクライナ侵攻の影響を受けてインフレ率が高く、現地経済は不調なのですが、米ドルとユーロがほぼ同じレートになるほどのドル高を受けて、米国人観光客の欧州往訪が急増しています。パリの百貨店プランタングループのマーケティング部長によると、「パンデミック前の19年同月比で米国人観光客の来店数は3倍になり、またパリの平均滞在期間は欧州他国からの来訪者が平均2週間なのに対し、米国人観光客は平均4〜5日にもかかわらず、消費総額は同じ程度になるほど米

国人観光客の一日あたり滞在消費額が高い」とのこと。またBain＆Coの消費行動分析によると、19年に高級品（Luxury Goods）の世界消費における米国人シェアは22％だったのが、22年は32〜34％で推移し、現時点では世界のラグジュアリー消費のトップシェアを米国人観光客が占めている、と分析しています。その分、19年時点でシェアの大きかった中国人消費分は急減して20％を下回っています。

　22年データを見る限り、世界的には米国人と欧州人消費の増加分で中国人シェア急減の穴を埋めている状況です。

　では、同じように対ドルで急激な円安となり、米国人から見てお買い得感が急増した日本が、米国人インバウンド観光客を欧州同様に獲得しているかと言うと、まだまだ欧州経済のような棚ボタの外貨獲得が実現できているとは言えません。22年の時点で、日本は消費単価の高い観光客である米国人観光客の誘致競争に出遅れたと判断すべきでしょう。ただし、世界の観光客、あるいはターゲットを絞った富裕層観光客市場は、国際競争力を増すような一連の事項（入国管理政策、為替状況、デスティネーションマーケティング、ブランド力のある観光地、消費財、行動）などの総合的な組み合わせで国際競争力は変動しますし、また送客国側の状況に関しても、22年の中国人動向のようにパンデミック対策や経済状況によりパンデミック前の勢いがなくなった通り、刻々と変化します。

　22年末時点では好調な米国人観光客も、バブル対策としてのFRB（連邦準備理事会）の利上げ継続の判断次第によって、不動産市場と株式・資本市場が急速に減速するか、停滞なく低失業率のまま経済成長が継続するかもしれません。また、中国市場も国内で増加する不動産市場の不良資産処理やパンデミック対応の関係で、今までのような経済成長率の継続は不透明になってきています。幸いにして、嗜好商品の総消費額が減るなかでも、旅行消費への割当てが底堅いような消費者行動が出てきています。人間にとって旅行消費は必須な活動と見なされている傾向です。

　人口減少社会の日本経済を放置しておくと、少しずつ成長率が低下するような環境にありますが、宿泊・観光業界はそれを打開して、日本の各地方にいな

がらにして世界の経済成長を国内経済に取り込めるユニークな産業セクターです。世界全体、及び世界のどの国の経済状態が好調なのかについては、経済紙をはじめとした情報収集により、世界の最新の動きをよく確認することが重要です。

日本版DMOの開発・運営
デスティネーション・マーケティング キャンペーンの投資収益率を 測定するという課題

Development and Management of Japanese DMOs
The Challenge of Measuring Return on Investment of Destination Marketing Campaigns

デスティネーション・マーケティング組織（DMO）は、予算と活動の戦略的方向性を正当化するために、マーケティング・キャンペーンからの投資収益率（ROI）を実証するというますますプレッシャーに直面しています（Pratt et al.、2010）。ただし、デスティネーション・マーケティングの有効性を評価するには、いくつかの方法論的な課題が生じます。訪問者と潜在的な訪問者は、多くのマーケティング・キャンペーンにさらされます。また、以前の訪問や、ニュースや大衆文化を通じた自然なイメージから、目的地についての態度や認識も形成されます（Gartner、1994）。したがって、どのマーケティング・キャンペーンが効果的で、どれが効果的でないか、またその理由を判断するのは複雑な作業です。

観光マーケティングキャンペーンや広告の有効性を評価するために、数多くの方法論が提案されています。これらのアプローチには、コンバージョン調査、広告追跡調査、疑似実験、横断分析が含まれます。これらの評価方法の中で、Woodside と Reid（1974）によって先駆的に開発された変換研究が特に適していると考えられています。

コンバージョン手法を採用する利点としては、実装と解釈が簡単であること、包括的な情報が取得できること、DMOやその他の観光事業者にとって実用的であることが挙げられます。コンバージョン調査では、ディスティネーションマーケティングの受信者が、詳細情報の要求、予約、及び/または実際の訪問によって証明されるように、広告メッセージによって訪問者に変換されるかどうかを精査するために、多くの場合アンケートを使用した調査の実行が伴いま

す。訪問者は、特定のマーケティング キャンペーンが目的地の訪問または滞在延長の決定にどの程度影響したかを尋ねられるだけです。このような調査では、問い合わせごとのコストと収益、さまざまなメディアや対象市場で生み出される投資収益率など、さまざまな影響指標が得られます。

コンバージョン調査は、訪問者数と支出に対するマーケティング・キャンペーンの影響を定量化するための確立されたアプローチですが、広告効果と反応の偏りを分離するには限界が残っています。さまざまなキャンペーン・タイプにわたる比較分析は、成功の主な決定要因をより深く理解する機会を提供します。Pratt et al.（2010）の調査結果では、予約コンバージョン率、マーケティング資料の影響、訪問者の支出パターン、およびキャンペーンのリーチという、ROIに大きな影響を与える5つの要素が明らかになりました。これは有用な戦略的洞察を提供しますが、方法論の継続的な改良が必要です。

コンバージョン調査に関する永続的な問題は、マーケティング刺激と訪問の間の因果関係を特定することです。問い合わせから訪問へのコンバージョンファネルに焦点を当てることで、より長い時間枠での認知度やイメージに影響を与えるコンテキスト要因が排除されます。調査では広告の影響力についての自己申告による評価が導き出されますが、意識的な処理のレベルは不確かです。訪問者が特定のマーケティング・キャンペーンの影響度を推定することは困難です。

キャンペーン間の比較分析は、これらの制約にもかかわらず、建設的なアプローチを提供します。厳密で最先端の方法論が選択された場合、DMOは、同じものと比較できるように、ROIを評価する同じ方法を一貫して使用して、さまざまなマーケティング・キャンペーンやマーケティング・チャネルの成功またはその他を評価する必要があります。Pratt et al.（2010）の研究の強みは、さまざまなキャンペーン・タイプに統一された手法と指標を適用していることでした。これにより、相対的なパフォーマンス評価が可能になり、主要な変数とROIの間の相関関係が明らかになりました。ただし、サンプルサイズと回答率に関する継続的な問題は、技術を強化する余地があることを示しています。広告にさらされていない対照グループと、広告を受けているグループを対比す

る実験は、広告の効果をより適切に分離するでしょう。より多くのリソースを消費しますが、これによりコンバージョン調査モデルを検証及び調整できます。

　それにもかかわらず、調査結果は、DMOがキャンペーンのデザイン、ターゲティング、目的に関して考慮すべき重要な要素を浮き彫りにしています。Prattらからの重要な洞察（2010年）は、一般的な広範な市場キャンペーンが、特定の関心に合わせたニッチな取り組みよりも高い利益を生み出すというものでした。これは、配信と問い合わせの生成における規模の経済をより効果的に活用することに関連している可能性があります。さらに、マスマーケットのキャンペーンは、専門的なセグメントと比較して、より高い平均支出額で訪問者を引き付ける可能性があります。この分析では、キャンペーンの規模、連絡先のリーチ、ROIの間に強い関連性があることも明らかになりました。これは、鋭くターゲットを絞った小規模なキャンペーンが最も効果を発揮するという概念に反してです（Pratt et al., 2010）。

　訪問者の行動に関しては、情報リクエストから予約および実際の訪問への変換率が高いことが、ROIの計算にロジスティック的に考慮されます。ただし、資料が配布されると、マーケティング担当者の影響力は限られます。

　よりコントロールしやすいのは、滞在期間、1日の支出、旅行の人数など、すべてROIの決定要因です。提案された旅程、パートナーシップを通じた付加価値の提案、包括的なメッセージングは、これらの分野における潜在的な戦略を表しています。それでも、訪問者の支出を有意義に形作る能力には依然として制約がある。高額支出層のあからさまな追求は、持続可能性、信頼性、住民感情を損なう可能性もあります。収益目標、ブランディング、オーバーツーリズムのバランスをめぐるこうした複雑さにより、DMOは微妙な緊張を強いられています。

　方法論的な制約は依然として存在しますが、技術を強化し、戦略計画における発見を活用する機会は存在します。旅行の定量的指標と体験的側面の両方が目的地のブランディングとポジショニングに影響を与えるため、複数の評価アプローチが不可欠です（Xiang & Petrick、2008）。方法論は、リレーションシップ マーケティング、ネットワーク・ベースのアプローチ、及びエクスペリ

エンスの共創を強調するサービス・ドミナント・ロジックへの移行によりさらに進化します（Pratt et al., 2010）。それでも、広告効果を分離するコンバージョン調査と実験は、依然としてDMOにとって重要な分析ストリームです。ROIを最大化するには、最終的には持続可能性を向上させながら、訪問者の多様なタッチポイントに響く統合キャンペーンをデザインすることにかかっています。

参考文献

Gartner, W. C. (1994). Image formation process. Journal of Travel & Tourism Marketing, 2(2-3), 191-216.

Pratt, S., McCabe, S., Cortes-Jimenez, I., & Blake, A. (2010). Measuring the effectiveness of destination marketing campaigns: Comparative analysis of conversion studies. Journal of Travel Research, 49(2), 179-190.

Sirakaya, E., & Woodside, A. G. (2005). Building and testing theories of decision making by travellers. Tourism Management, 26(6), 815-832.

Woodside, A. G., and D. M. Reid (1974). Tourism Profiles versus Audience Profiles: Are Upscale Magazines Really Upscale?, Journal of Travel Research, 12 (4): 17-23.

Xiang, Z., & Petrick, J. F. (2008). Tourism marketing in an era of paradigm shift. Journal of Travel Research, 46(3), 235-244.

Stephen Pratt, Ph. D.
（スティファン・プラット）

オーストラリアのシドニー大学で経済学の学士号と修士号を、英国ノッティンガム大学で博士号を取得。2018年から2022年までセントラルフロリダ大学の観光・ホスピタリティ管理部門の学科長を務め、同年8月にローゼンホスピタリティ経営学部の観光、イベント、アトラクション学科の正教授兼学課長に着任。

第11章

DMO主導の観光地経営
観光需要創出による
季節変動対応案策定

DMO-led tourism destination management: Developing plans to
respond to seasonal fluctuations by creating tourism demand

11-1 観光地と季節性による
観光需要水準の変動問題

　観光地経営（Destination Management）という言葉を筆者は時々使っていますが、この経営する主体は米国ではDMOが作成・実行しています。この観光地を経営するという意識の有無は日本の観光協会モデルと世界的DMOの違いの一つです。日本の観光協会モデルを経験した、あるいは観光協会が母体となり既存観光協会からの看板付け替えでDMOを名乗っているような組織体ですと、主要業務は対外マーケティングという意識が強く、地元自治体の一般財源から年次予算をもらい、それを消化するために域外の観光客向けにパンフレットを作成したり、キャンペーンを実施するというようなイメージでしょう。「観光地の経営、それは地方自治体の長がやればよいので、われわれ宣伝部隊には関係のない話」という意識でしょう。

　本章では観光地経営の実例、そして経営を主導するのもDMOの役割であるという、まさに世界水準のDMOの役割についてわかりやすい例を挙げます。

　通常の観光地には季節による観光需要側の変動があります。日本で一番多いのは、年末年始と夏休み前後が年間観光需要のピークで、その他の季節は花見と紅葉で盛り上がる程度というパターンでしょう。場所によってはスキー場の

ように冬がピークシーズンだったり、別の時期に需要側が盛り上がる場合もあります。一年を通じて需要が一定でなく、年間の季節性によって需要側の変動が想定できるという場合であり、通常はどの観光地も多かれ少なかれ抱える問題です。

　需要の変動を起こす要因について考えてみましょう。

気温・天候・地震・台風・水害・噴火

　ビーチ系の観光地ならば、気温が上がらないと需要側が増えない、つまり気温と需要に正の相関関係が認められます。一方で気温が上がる夏でも台風などの悪天候があれば、需要は急減少します。その他、水害、噴火など、人間のコントロールができない自然要因です。

疾病、伝染病、戦争、テロリズム

　観光地には責任はなくても需要側に大きな影響を受ける要因です。今回のCOVID―19だけでなく、狂牛病、エボラ出血熱、鳥インフルエンザなどの流行と風評被害により観光需要は減少します。またロシアのウクライナ侵攻のように、紛争地域を超えて旅行動向に影響を及ぼす場合や、米国同時多発テロのように国際・国内の航空線路線が緊急停止状態になる場合もあります。人間の行動に起因する部分もありますが、少なくとも観光地の皆さまにはコントロールできない要因です。

祭り、地域イベント（スポーツ、国際会議、学会、展示会）、個人イベント（冠婚葬祭）

　これらは上記と異なり、需要側を押し上げる要因です。また観光地の皆さまとその代表であるDMOがコントロールできる要因です。祭りは地域内需要である場合と、規模が大きく域外から宿泊需要を伴って観光客が来訪してくれる場合があります。後者は域内宿泊産業への需要を押し上げるだけでなく、連泊する宿泊客は食事や地域での体験に対する支出も行ないますので、域内産業へのプラスの経済効果があります。また各種イベント、つまりMICE（Meeting,

Incentives, Conferences and Event/Exhibi-tion：国際会議、インセンティブ、会合、展示会）系の開催は、通常のレジャー客よりも高い消費単価となる連泊客を地域にもたらすので、より大きなプラスの経済効果が発生します。個人レベルのイベントも、通常は域内の地元需要がベースでしょうが、結婚式や写真撮影などを域外客やインバウンド客向けの個人イベントとすることで域外需要を取り込むと、宿泊需要をはじめとして需要側増大の効果をつくり出すことができます。

地域内需要

　パンデミックの最中にマイクロツーリズムという名称で呼ばれたような地域内観光消費需要を自ら開拓していくことで需要を創出することができます。

　上記に挙げた要因グループのうち、祭り・地域イベント・個人イベントと地域内需要については、実は米国ではDMOが積極的に仕掛けて観光需要を自ら創出しています。

　ここでまた基本を復習しますが、われわれがなぜ観光を産業として奨励するかは、「地域住民の生活の質の維持または向上」でしたね。そのための手段として観光を産業として奨励するわけであり、それを地域で提唱・主導・実行していくのが世界水準にあるDMOの主要業務なのです。結果を厳しく定量的に評価されるわけでもなく、年間予算を地域の宣伝に使い切りましたという程度の意識の日本の観光協会モデルでは、地域経済創生のリーダーシップを取るという意識はなかったはずです。

11-2 季節性が観光地経営に及ぼす影響

　季節性そのものをなくすことは不可能です。気温や天候に関しては、むしろ四季の移り変わりとその美しさを抱擁することが日本文化であり、季節とともに生きるという点では、季節の変動とともに生きていくというのが日本人の心意気と言えます。

　ただ、観光地経営の観点からは広い意味での季節性に起因する観光消費需要

変動はいくつかの問題をもたらします。

①固定資産依存体制による需給変動対応への柔軟性の欠如

　理想は、自社が抱える固定資産が高需要期には増えて、低需要期には減ることですが、「固定資産」という名前の通り、自社で固定資産を抱える以上は、その建設に必要だった固定負債の元利金返済や減価償却・改装用資金の積立金は需要の増減にかかわらず一定に存在し続けます。稼働率が低いから金利費用や固定資産税・火災保険料を呼応して低くしてくれというわけにはいきません。つまり高需要期のニーズに合わせて設備投資をしてしまうと、低需要期の諸固定費支払いに充分な資金がなくなる。低需要期の低稼働率だと損益分岐点以下の売上げしか確保できないという問題が発生します。

②非正規労働者一時雇用への高依存度

　年間を通じて損益分岐点を上回る売上げを確保できるならば、一番重要で最大費用項目でもある労働力を正社員雇用で対応できます。正社員雇用は福利厚生分も含めて単純な労働力と見れば割高に見えます。しかし、組織への忠誠度は概して非正規雇用者よりも高く、また宿泊産業を超えた地域経済の観点で見ると、単身赴任でも本人、家族帯同の場合は家族も含めて地域居住者となってくれるので、地域で根を張って生活するための消費支出や住宅などへの設備投資と資金需要も一緒に連れて来てくれます。その意味では、単純な人件費コストを超えて「地域住民の生活の質向上」に正社員雇用は非正規雇用よりも大きな貢献をしてくれることになります。

　ではなぜ、宿泊産業の多くが非正規雇用に高く依存しているのか。それは経営者の観点から見ると、正規社員に関わる給与・賞与プラス福利厚生という割高なコストをカバーできるだけの売上高が通年で確保できない。特に低需要期の低稼働率・売上高が損益分岐点に未達の月に、固定費である営業費用の多くの部分を占める人件費負担をこれ以上負いたくないという理由です。この考え自体は責められるものではなく、破産せずに組織を来年以降も存続させる点に責任を持つ経営者としては理解できることです。

すると季節変動を抱える多くの経営者は、低需要期のレベルに見合った最低限の正社員を確保し、季節変動の高需要期における過剰需要分の労働力対応は非正規雇用で対応するというビジネスモデルに収斂していきます。

③今後短期的に起こり得る現象

宿泊産業経営者が高需要期に非正規雇用に依存するというビジネスモデルに走っていった場合、季節変動を超えて構造的に観光需要が増加していくという経営環境となった場合は、以下の問題と段階的対応が発生します。

まず、「一気に市場全体が労働力不足となり、非正規雇用の奪い合い状態→市場需給原理により人件費高騰→それでも労働力不足が継続→需要側ニーズはあっても人手不足により一部のオペレーションを閉鎖→人件費高騰により中間管理職人材の市場価格も上昇し、退職・転職により既存職員も不足→Salary Compression（新規及び途中採用人材の人件費高騰により、既存社員の給与水準も見直し増額しないと均整が取れない）状態となり、その解消にいち早く取り組んだ企業に人材が集まり、低賃金・長時間労働のイメージだった産業界の待遇が短期間に改善→高待遇の産業に他産業からの転入者が参入することでとりあえずの労働力不足は解消」という展開が想定できます。

これは筆者の夢物語ではなく、実際に米国宿泊産業で発生したことなのです。ただしこの数十年に一度の構造改革的な現象についてはすでに述べていますので、ここではDMOが季節変動に関して何ができるのかについての話に戻します。

11-3 DMO主導による観光地経営が季節性に関してできること

DMOが地方経済の構造を変革・改善する提案をしてそれを実行する主導役となる。これは日本の観光協会の業務範囲内ではなかったはずですが、世界水準のDMOをめざすならば是非とも行なっていただきたい業務です。

まずは季節性に関連する産業界の諸問題について何ができるか？　これはず

ばり季節変動を和らげるために観光低需要期に、自らの能力で地域往訪需要を
つくり上げることです。

①祭り、地域イベント（スポーツ、国際会議、学会、展示会）、個人イベント（冠婚葬祭）

　各地域には伝統的な祭りがあります。ただし、DMOが関与するか否かについては、ある程度の線引きは必要です。それは単純に「その祭りを見るために域外から宿泊客が来訪するか」、別の言い方をすれば「域外・海外から宿泊来訪するほどの集客力のある祭りか」という点です。

　たとえば阿波踊りやねぶた祭り、あるいは祇園祭りなどはすでに海外からインバウンド客を誘致するほどに認知度があります。花火大会でも大規模で日本国内から宿泊客が来るようなイベントは祭り同様の集客力があるわけです。他には各地域で必ずある桜の開花を愛でる「花見」や日本中にスポットがある「紅葉」に絡んだイベントなどはインバウンド個人客の集客力が充分にあります。

　DMOとしては、すでに集客力がある祭りを高需要期に実施しても、オーバーツーリズムに自ら火を点けるような話ですので、「低需要期に観光客を惹き付ける魅力のあるイベントを企画実行できないか」という観点に注力していただきたいというのが重要なポイントです。

　その観点からすると、スポーツイベントは人工的に観光客を誘引する力があります。またMICE系の誘致にDMOが注力すべきという欧米で散々に強調されている点は、MICE参加者は一概に滞在日数が一般レジャー客より長く、また観光消費額もより高いために地域経済への波及効果が大きいが故に皆で取り合いになるわけです。日本の場合は、大規模な国際会議場がある地方都市は限られますが、中小規模の施設は分散して存在し、またユニークベニューとしての魅力がある文化・歴史遺産が豊富なので、インバウンド客誘致には地方の眠った資源を発掘することができます。このあたりはDMOが徹底的に地元の会議場・展示場、地場企業、地域の観光資源や史跡・遺産管理者に普段から観光産業奨励の目的や意義、そしてイベント誘致の経済効果について対話をしておき、イベント開催時には皆がまとまってその地域ブランドとして誘致活動をす

ることが必要です。

　個人イベントレベルでも、たとえばユニークな街並みが存在する地方では、そこで参加者が貸衣裳を着て記念撮影できないか、またそれに協力してもらえる施設や神社仏閣・公共施設などと相談してまずは実行します。参加者のフィードバックやその証言を基にさらなる需要開拓を進めるという仕組みは実現可能です。

　また祭りやイベント開催時にのみ急激に宿泊需要が高まり、宿泊施設不足が想定されるような大規模イベントを持つ地域のDMOならば、地域宿泊施設に増築をお願いするよりは、民間の住宅などを活用した民泊で地域内に宿泊費用と飲食需要を落とすような仕組みを、地域の企業や金融機関、運輸会社と相談して構築しておくこともできます。民泊を実施する際の難関の一つは民泊実施のための簡易宿所の書類作成・提出業務ですが、これもDMOが代行業務を引き受けると、高齢者が所有する歴史的な古民家の空室が需要急増期にのみ宿泊施設として活用できます。たとえば地元宿泊施設と相談して、それら臨時民泊施設を既存宿泊施設のオーバーフロー分として活用し、有料でハウスキーピング作業を民泊に供給するというビジネスモデルも組めるはずです。民泊は敵ではなく、宿泊施設が需要過多で苦しい時に助けてくれる地域の仲間扱いをする。それを取り持つのがDMOという図式になります。

　観光資源ポートフォリオ戦略で季節性の高い施設と季節性のない施設を組み合わせ地域全体の経済と雇用を安定させることもできます。たとえば、スキー・スノーボード場とカジノを組み合わせると、季節性対応だけでなく、短期間の悪天候時の対応にも役立つ結果となります。

②地域内需要（個人イベント、域内観光産業イベント企画実行）

　DMOが地域内の観光消費需要を喚起するというのはあまり聞いたことがないと推察しますが、全米で最高の観光客数を誇るフロリダ州オーランドに興味深い実例がありますのでご紹介します。星野リゾートの星野佳路代表が提唱し、パンデミック時に有益だったマイクロツーリズムと発想の方向性は似ています。

11-4 最閑散期は
地域住民向けイベント企画の好機

　オーランドのDMOは年間を通じて一番来訪客が少ない時期である毎年9月から10月にかけての1ヵ月を「マジカルダイニング月間」（魔法の食事月間）と名付けて、普段は高額な料理を出す高級レストランにDMOが声をかけて、一人＄39の定額でコースメニューを提供するキャンペーンを実施しています。普段ならば観光客が少なく閑古鳥が鳴く時期にお客が入ってもらうだけでもレストラン側はありがたいわけです。

　DMOでは、このキャンペーンをホテル従業員や地元運輸機関（タクシーやバス）の運転手、土産店など、観光産業に従事する地元民に活用してもらいたいとの狙いがあります。なぜならば、普段は行けないような高級レストラン群をこれら観光産業関連の地元民が自ら体験することで、域外から来る観光客に自信を持って推薦できるようになるからです。観光を地域内の重要な産業として奨励するには、その産業内の別個の会社や組織に勤める人たちにもチームとしての一体感を持ってもらうことが重要です。オーランドでは一番暇な時期を利用して、DMOが観光産業従事者の一体感醸成に向けて地域内需要を喚起するためのリーダーシップを執っているという実例です。

　レストラン業界からすると、売上げが出ない時期にDMO主導でこの恩恵をもらうと、「地元の観光関連の人たちに来てもらって助かった。次は観光産業にこちらも貢献してあげよう」という気持ちになります。すると、地域に5万人や10万人が集まるような大規模会議が数日連続で実施されるような時期でも、DMOからの「VIPゲスト向けに10名分の個室を何とか取れませんか」といった照会に前向きに対応してもらえるという業界の一体感が生まれます。日本の観光協会モデルだと、地元の観光を産業として奨励して、地域住民の生活の質を向上させようという使命は持っていないので、ここまでのリーダーシップを発揮する必要は感じないはずですが、世界水準のDMOは観光奨励が目的ではなく、地域住民の生活の質向上という大目的達成のための手段の一つが観光という位置付けです。

11-5 MICEの恩恵を
地域住民に啓蒙するイベント企画

　地元民に機会があるたびに産業としての観光の重要性を啓蒙し、地域の観光産業界に共通の目的を持つ一つのチームであるという一体感を持たせるような仕組みやイベントを企画実行するのも、DMOの業務範囲内となります。

　たとえば、DMOにとってMICEセグメントが重要だと強調しましたが、DMOはそれをもっと草の根レベルで地域住民に啓蒙するイベントを、あまり予算をかけずに自ら企画することができます。

　オーランドは、かつては「亜熱帯の気候で背広やドレスも着られない場所では、MICEは無理だろう」とMICE主要都市から冷やかされてきた歴史もありましたが、今や面積では全米2位の展示場スペース（1位はシカゴのマコーミックセンター）を有し、展示会開催数では全米1位になるほどの成功を収めました。

　実際にMICEに参加されたことのある方々はご理解いただけると思いますが、国際会議も展示会も参加者向けに出展各社がロゴ入りの小物類（キーホルダー、メモ帳、ペン、マグカップ、水筒）やパンフレットなど多くの物を配るのが慣習です。出展者からすると、これらのアイテムが足りなくなると大問題なので若干多めに発注して持参するわけですが、メモ帳やペンなどは会議が終わると必要なく、かといって本社に持ち帰りたくないということで、地元DMOがそれらを引き取ると、出展者からは大いに喜ばれます。

11-6 地域住民に観光産業の重要性を啓蒙

　では、DMOは大量在庫になりそうなペンやメモ帳などをどうするのか？これらは地域内で経済状態が劣後する（貧困家庭の比率が高い）地域にある小中学校に持参します。その活動内容を広報担当が撮影し、それをDMOのニュースレターなどでしっかりと地域社会にPRするのです。

　「国際会議があると、生徒たちに無料の文房具や小物を渡すことができます。

観光は私たちの生活を支え、子どもたちの未来を創造します」といった宣伝文句を付けた写真を地域の観光産業事業者だけでなく、広く地域住民に向かって情報発信するのです。もちろん、通常のオペレーションの邪魔にならない範囲で、地元の高校生・大学生に社会見学として活動の現場を見せてもいいでしょう。人々が域外から当地域に集まってくれることで発生する業務や雇用があるということを、若いうちに体感してくれる人を増やすことが観光地としての住民の熟成度を増します。米国では若い世代（Z世代：20歳代中盤まで、つまり大学生を包括）は「雇用先が社会貢献や持続性ある発展に貢献しているか」について、その前の世代よりも気に掛けます。自分たちの就職活動においてもそれを重視する傾向があります。時差こそあれ、米国で起こっているトレンドは日本で今後何が起こるかを想定するには有益です。

　オーランドのDMOは2023年1月、地元の公立高校に出向いて履歴書の書き方、自己紹介の方法など、就職活動についてのワークショップを実施し、同時に地元のホスピタリティ産業でのキャリア形成についての案内を行ないました。これから労働市場に入っていく直前の高校生たちに無料で観光・ホスピタリティ産業に関する情報提供を行なっています。

　故に、このような一見、観光産業とは無縁の小中学生向けの慈善活動をはじめ、高校生・大学生向けの観光現場見学、就職活動支援、観光産業界でのキャリア形成についての説明や繁忙時の短期有償雇用機会を与えることは、優秀な地元の若者を域外流出させずに、地域の観光産業での雇用促進につながる先行投資と考え、DMOが各関係者と調整をして実現すべきことなのです。

　地元での観光産業奨励による雇用促進、若者の産業参入奨励は、日本のようにDMOの使命が対外マーケティングのみと理解されている場合は、なぜこのような活動にDMOが関与すべきか理解し難いと思います。しかし、米国DMOのように「地域住民の生活の質向上」という地方自治体と一体感のある使命を共有していると、産業としての観光の重要性を啓蒙する活動の一環として、これらの活動がDMOの重要な仕事になるわけです。

11-7 対外マーケティング： 北米大都市が極寒の時期にあえて場所を限定した集中的マーケティングを実施

　米国の冬はとても特徴的な気候になります。米国本土の多くは氷点下となり、昔からの工業地帯である東部と北部を中心に極めて温度が下がります。

　筆者はカナダ国境に近いニューヨーク州イサカに7年間住んでいましたが、北海道中央部や東部のような気候で、夏はそこそこ暑い日が1週間程度ありますが、冬はスノータイヤが3〜4ヵ月間は必須という状況です。その時期、メキシコ湾岸のルイジアナ州やテキサス州も降雪したり氷点下になるのですが、米国本土でフロリダ州だけは降雪がなく温暖なのです。オーランドはフロリダ半島の中間あたりなのでそこそこ暖かいですが、フロリダ半島南端のマイアミやキーウエストはより暖かくなります。すなわち、スキー場以外はオフシーズンになっている米国本土の大都市とカナダの大都市住民に向かって、「フロリダ州オーランドは暖かいですよ」というメッセージを集中発信することを毎年行なっています（表1）。

　20年2月（パンデミック直前）にトロントで仕掛けたキャンペーンは「気候はとにかく暖かいのですよ」キャンペーンで、「冬の憂鬱さを忘れよう」「オーランドに退避しよう」と呼びかけ、トロント市内の地下鉄、電車、地下歩道と街中主要交差点に集中的に宣伝を実施しました。同時に全国のテレビ、デジタルとソーシャルメディアでも宣伝。また旅行専門誌にも集中宣伝。オーランドの写真を真冬のトロントで各所に投影したのです。

　季節を絞り、また集中的宣伝を仕掛ける場所も「北米の極寒の大都会」にターゲットを絞っているわけです。今年のキャンペーンの詳細はまだ聞いていませんが、以前は、トロントの地下鉄駅の階段すべての前面にオーランドの太陽をイメージしたオレンジ色のオーランドロゴを貼り尽くし、個人情報を記入するだけで参加無料のくじ引きを実施して、特賞はオーランド行き往復エコノミー切符2名分というようなキャンペーンを行なっていました。

　DMOは季節変動を薄めるような閑散期の観光需要を自ら生み出すことで、

表1 **オーランドの対外マーケティングのメッセージ**

The campaign is geared towards our out-of-state markets that are experiencing cold weather, with digital and paid social content running nationally and TV and OOH planed for New York, Boston, Philadelphia, Chicago, Detroit, Minneapolis, Washington DC, Atlanta, Dallas and Houston, and internationally in Toronto and Ontario.

Digital spectaculars give Visit Orlando prime billing in New York City at Times Square, Moxy Boston's Theater District, Wicker Park in Chicago, Dilworth Park in Philadelphia, Union Square in Washington DC, Centennial Park in Atlanta and Young-Dundas Square in Toronto.

　このキャンペーンは、寒い天候下にある米国市場を対象としており、デジタル及び有料のソーシャル コンテンツは全国的に配信され、テレビとＯＯＨ（Out of Home Advertizing：自宅を出た環境で目にする宣伝媒体。伝統的なビルボードからバス停や駅でのデジタルスクリーンの宣伝など）はニューヨーク、ボストン、フィラデルフィア、シカゴ、デトロイト、ミネアポリス、ワシントンＤＣ、アトランタ、ダラスとヒューストン、国際的には（カナダの）トロントとオンタリオで集中実施します。

　デジタル スペクタクル（巨大サイズのデジタル宣伝板、巨大街頭モニター）は、タイムズ スクエア、モクシー ボストンのシアター ディストリクト、シカゴのウィッカー パーク、フィラデルフィアのディルワース パーク、ワシントンＤＣのユニオン スクエア、アトランタのセンテニアル パーク、トロントのヤング ダンダス スクエアで、ビジット オーランドは最高額の課金を支払って目立つキャンペーンを仕掛けます。

地域経済と観光産業群に大きな貢献ができます。別の言い方をすれば、世界的水準のDMOは自らが地域観光経済の主導役となって、観光産業の各組織と連絡を取り、産業界の苦しみである季節変動による低需要期に需要を創りあげることで、その存在が感謝されるようになるのです。対外マーケティングの実施は重要です。それに加えて、季節変動を和らげるような各種の需要創出にDMOが知恵を絞る余地があるわけです。

第 12 章

DMO主導の観光地経営
観光需要の変化予測と地域観光経営

DMO-led tourism destination management: Predicting changes in tourism demand and leadership in regional tourism management

　この章ではDMOが地域「経営」を実行するために、観光産業を超えた広い社会や海外の情勢分析を生かせるのではというケースを現状に当てはめて説明していきます。

12-1　米国経済と観光ホテル市場の状況

　DMOという「地域の観光経済活性化により地域住民の生活の質を向上させることが使命の組織」が、なぜに観光産業を超えた視野を持つべきか。今までに観光協会モデルに携わった方々や、日本国内の観光客だけを取り扱ってきた方々にはわかりにくいかもしれません。故に具体的な事例を紹介します。これまでにお伝えしましたが、日本で起こる経済面での事象の多くが米国ですでに起こった事象です。別の言い方をするならば、米国で起こったことが時差を経て、日本でも発生するケースが多いと言えます。

　まずは金融・資本市場の動向がいかに観光需要、そしてホテル企業に影響を及ぼすかについて俯瞰しましょう。

①米国市場金利動向

　米国では20年4月から本格化したパンデミックに対し、21年4月、約1年

後に観光需要が復興し始めました。それによりフロリダ州のようなレジャー客依存度の高い観光地は早い時期から労働力不足となり、それは労働需給関係により人件費の高騰を招いた点はすでにご紹介しました。

　金融市場では、低金利状態は21年12月頃までは継続しましたが、22年初頭から市場金利が少しずつ上昇し始めました。この金利上昇動向に拍車を掛けたのが、22年２月24日に始まったロシアによる一方的なウクライナ侵攻です。この軍事侵攻により原油価格と天然ガス価格は急上昇し、それにより急速なインフレ圧力が発生しました。

②米国民の生活状況

　同時に米国民は連邦政府から３回にわたり個人給付金を受給し、またホテル産業に限らない全般的な人件費高騰の恩恵で収入が上がりました。失業率も低く、「労働力不足」の状況で推移したため、インフレを何とか生き抜くことができたのです。その増収分を使い、パンデミックでできなかったことをするというリベンジ消費を行ない、①外食、②芸術エンターテインメント、③宿泊という産業への需要が順調に継続したわけです。

③米国ホテル企業へのパンデミックの影響：個人観光客依存の観光地

　米国で年間来訪客数が一番高い市区町村（19年7500万人）であるフロリダ州オーランドは、レジャー客のリベンジ消費の好影響を受けた観光地であることは、月間の観光客開発税収（＝宿泊税収）の推移を見れば明らかです。オーランドも含めて米国の場合は、宿泊税収は税率を宿泊代金に掛ける「定率法」方式にて徴税していますので、稼働率と平均客室単価（ADR）が同時に上昇している時やインフレ時には税収が物価上昇率以上に上がります（日本でよく設定されている100円、200円のような「定額制」は、せっかくの観光税収、地域発展機会を逸失します）。

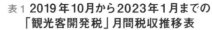

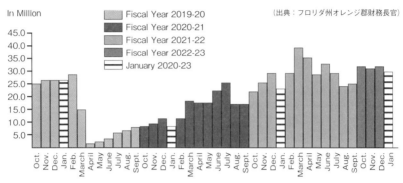

表1 **2019年10月から2023年1月までの**
「観光客開発税」月間税収推移表

In Million

Fiscal Year 2019-20
Fiscal Year 2020-21
Fiscal Year 2021-22
Fiscal Year 2022-23
January 2020-23

（出典：フロリダ州オレンジ郡財務長官）

　表1を見ると20年4月に税収がほぼゼロの最低税収となり、現在はパンデミック前を上回る税収を計上していることがわかります。またオーランドのMICEについても、開催実績はすでにパンデミック前を大きく上回る回復ぶりです。

　ただし、大型観光地であるオーランドを見て、米国全体のホテル産業の動向を推察するのは正しくないかもしれません。次に別の地域を見てみましょう。

④米国ホテル企業へのパンデミックの影響：ビジネス客依存の地域

　ビジネス客への依存度がオーランドよりも高いのは、米国で年間来訪客数が2番目に高い市区町村（19年6600万人）であるニューヨーク市です。全米第1位と第2位の観光地の宿泊産業の現状を比較すると、日本のDMOに重要な示唆のある事象が理解できると思います。

　まず、入込み客数では、19年数値ではレジャー客80％、ビジネス客20％と、ニューヨーク市は全体的にはレジャー客依存が高い地域です。（出典：The Tourism Industry in New York City | Office of the New York State Comptroller）

　もう少し掘り下げていくと、ニューヨーク市はパンデミックの直撃の影響がオーランド以上に大きく、また復興のペースもオーランドほど早くないのがわ

表2 ニューヨーク市への年度別来訪客数の推移表

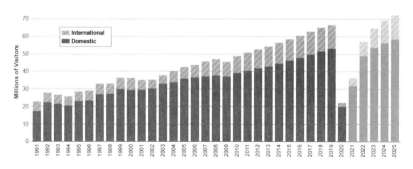

かります。これは米国全体の俯瞰図として、太陽が暖かく照り付ける米国南部の観光業がいち早く復興し、北東部や中西部の冬がとても寒い地域の復興が遅れたという一般的な傾向に合致します。

　表2を見ると、パンデミック前の19年数値まで回復するのは、予想では24年となっています。その復興需要はもともと80％を占めるレジャー客が中心であり、ビジネス客の復興が遅れているのがニューヨーク市の現状です。実際、国内客の戻りが遅く、ビジネス客の未回復に起因することが推測できます。レジャー客需要は23年にはパンデミック前の状況に復興すると予想されている一方で、ビジネス客需要は25年でもまだパンデミック前の水準に復興しないと予想されています。

　ニューヨーク市のホテル客室総数は12万7000室程度、オーランド（行政区域ではオレンジ郡）のホテル客室総数が10万室弱ですが、オーランドではMICE向けの宴会場や会議室の多いホテルも、MICE需要の順調な回復により特段の問題もなく復興需要の恩恵を受けています。唯一気掛かりなのは、全般的な労働力不足の問題です。

　ところが、ニューヨーク市のホテル市場に踏み込んでいくと、一部のホテルでは債務不履行問題（金融債権者への債務が現金不足により実行できずに破綻する）が存在するのがわかります。これは興味深い話題ですので、もう少し踏み込みましょう。

12-2 ニューヨーク市の
ホテル債務不履行問題とその原因

①ホテル不動産融資と一般不動産融資の相違点

　一般にホテルのような大規模な固定資産に投資をする場合には、自分で全額を現金で持っている例外的な場合を除き、多かれ少なかれ投資家や金融機関から借入（借金）をします。借入をすると、他人のお金を自分の目的に使うわけなので、そのペナルティとして金利を支払います。また借入の場合は、当然ながらいつまでに借入金を返済するかも事前合意しています。もっと細かく言うと、建設中は建設ローン、建物竣工・ホテル開業後は建設ローンから長期ローンに借り換えとなります。

　ここで投資家や金融機関の立場から言いますと、同じ金額を融資するにしても、テナントが長期リース契約を結ぶオフィスビルの場合だと、そのテナントの信用力が高ければテナントからの賃借料が安定的に入ってくることが予想されるため、物件オーナーには10年や20年の期限の長期ローンを貸すことができます。

　ところが、長期リース契約のないホテル物件の場合は毎晩違ったゲスト数百名とホテル側が賃貸契約を結ぶように認識されてしまいます。実は10年〜20年の長期ローンは稀で、現状は3年程度の期限付きで全額返済を要求するような中期ローンが多いのです。

　一般に住宅ローンの場合だと、20年なり30年なりのローンは100％元本償還の計算をします。つまり毎月、他人のお金を自分の住宅購入に利用したことへのペナルティ支払いである金利費用分、そして元本の返済分を240ヵ月なり360ヵ月で割った分である元本返済分があります。通常は毎月の元本と利息を足した支払金額を一定にして、初期は多くが利息支払いに行き、ローンの後半になると、元本額が減り利息分が少なくなった分、元本返済分が増えるという内容になります。これですと、たとえば30年ローンの場合は最後の360回目の返済をすると、ちょうど最後の元本がゼロになるような計算になります。

　3年や5年の中期ローンの場合だと、元本返済を一切せずに利息分だけ支払

い、元本額がそのまま期限満期で返済を要求されることになります。通常は同じ金融機関が借り換え（リファイナンス）を許し、また３年なり５年の新たな中期ローンを供与することで切り抜けるのです。

②金利変動がホテル所有者と運営企業に与える影響

ここからがおもしろくなっていきます。なぜ金利変動がホテル所有者と運営企業に影響を及ぼすのか？　結論から申し上げます。ぜひDMOや宿泊施設に勤務する方々が知っておいてほしいファイナンスの知識です。

「金利水準とホテルの担保価値は反比例の関係にある」

不動産鑑定方法としては①取引事例比較、②コスト算出、③収益還元の３つの方法があります。①は日本で伝統的にある「ｘｘホテルはいくらで売れたから、このホテルは客室数や延床面積、立地などを勘案してこんなものだろう」と比較する手法。②は「今この規模のホテルを再建築したらこの程度のコストがかかる。それに現在のホテルの築年度を勘案してこんなものだろう」と計算する手法です。③は「今このホテルを所有したら、この程度の投資利回りが実現できるほどの当期利益が期待できるので、投資家の期待利回り水準を考慮したら、この金額までは買収に支払える」と計算する手法です。

米国や欧州・中東の機関投資家は皆この手法での不動産価値算出に精通していますし、米国の例を挙げるならば、宿泊施設の運営管理職階級の人でも、機関投資家がオーナーである場合が多い米国の大規模ホテルチェーンでの出世を望むならば、機関投資家オーナーのニーズや言語を理解できないとそれは困難でしょう。

　株価の理論値を計算する方法としては、以下の通りです。

d_1＝一年後の予想配当額

ke＝投資家の期待利回り率

g＝成長率

P_0＝現在の理論上株価

$$P_0 = d_1 ／ (ke - g)$$

　ここでは、d_1＝一年後の予想配当額をke＝投資家の期待利回り率からg＝成長率を引いたもので割った結果が、P_0＝現在の理論上株価となります。

　収益不動産の理論値を計算する方法としては、次のようになります。

Value＝不動産価値

NI＝当期利益

Cap Rate＝資本還元率

$$Value = NI ／ Cap\ Rate$$

　ここでは、当期利益を資本還元率で割った結果が、不動産価値となります。つまり、ホテルの場合は当期利益を割引率で割り込んだものが、理論上の不動産価値になります。分子の当期利益水準が同じまま分母が大きくなると、現在の不動産価値は下がります。

　たとえば、NI（当期利益）が15億円だとして、Cap Rate（資本還元率）が10％（＝0.1）だとしましょう。すると15億円を0.1で割れば、当該不動産の価値は150億円となります。担保価値として、その不動産価値の80％だとすると、150×0.8＝120億円となります。

　次に、右記条件中で、Cap Rateだけが10％から15％になったとします。すると、15億円を0.15で割れば、当該不動産価値は100億円になります。担保価値として、その不動産価値の80％だとすると、100×0.8＝80億円となります。たとえば融資残高が100億円だった場合、市場金利上昇で気付かないうちに担

表3 不動産融資30年ローンのレート推移表ー 2018年～2023年

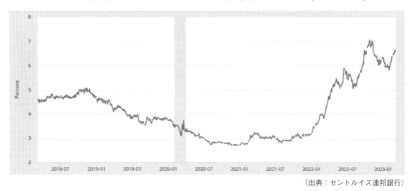

（出典：セントルイス連邦銀行）

保価値が120億円から80億円に下落し債務超過状態となり、現借入満期日に借換を拒否され全額返済を要求されるわけです。返済不能ならばデフォルト（債務不履行）で破綻です。

「金利上昇＝金利費用増大＆ホテル不動産担保価値の下落」

　金利が上昇すると、変動金利の場合はレート見直し日にレートが上がり（表3）、借入者の金利費用額が増大しますが、それだけではなく、むしろ不動産の担保価値が下落してしまうのです。先ほど示した例では、100億円の融資残高を抱える借入者は、銀行から「現在の融資については、期限満了時に当銀行からは全額回収扱いとなり、貸出延長の予定はありません。返済できない場合には債務不履行となります」というレターが送られてくることになります。

「担保価値下落により継続融資が不可能に。返済不可能ならば債務不履行状態に」

　金融機関側の心情は、インフレが進行し、高金利状態で、景気後退が起こる可能性が高くなったため、パンデミック後の消費者行動変化を考慮して、怪しげな担保価値不足の融資先については融資を回収して自社の経営を保全しよう、ということでしょう。WSJ誌（"Business Hotels Face Increased Default Risk", B1, March, 7, 2023, WSJ）によると、証券化されたホテル向け融資総額は101.63ビリオンドル（約15兆2445億円）あり、そのうちの30.9ビリオンドル（約4兆6350億円）が2024年までに期限満了となります。企業破綻専門の

表4 レジャー客とビジネス客の需要復興予想

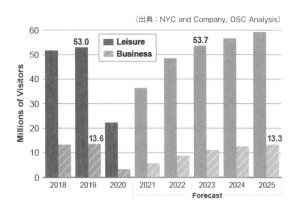

（出典：NYC and Company, OSC Analysis）

データ調査会社によると、23年1月だけでも、ホテルオーナー企業10社が倒産し、そのなかにはニューヨーク市の金融街にある「ホリデイ・イン」とタイムズスクエアにある「クラウンプラザ」が含まれています。

　また不良債権化したホテル融資の40％がイリノイ州、インディアナ州、ミネソタ州、オハイオ州という4つの中西部州に集中しています。フロリダ州のような暖かく観光客がパンデミック前の数値を超えて戻って来ている州は問題ないですが、寒い地域の州のビジネス客向け大型ホテルは厳しい状況にあり、パンデミック発生直後の金融機関の柔軟な援助姿勢はもうなくなっているというのが前述WSJの論調です。

　表4はニューヨーク市のレジャー客とビジネス客の需要復興予想ですが、ビジネス需要の回復が遅いことがデータで明確に示されています。パンデミック後の米国においては、レジャー客需要側は料金高騰にもかかわらずほぼすでに戻っている一方、ビジネス客依存の高かったホテル群は復興需要が遅く、この予想では25年になってもパンデミック前の19年の通年実績にまで戻っていません。客層の部分と北部と南部という地理的な部分の両方が作用しています。ちなみに、南部のリゾート地で、全米最大数の観光客（19年、年間7500万人）が来訪するオーランドでは、以下のように復興しています。

12-3 日本の宿泊市場に起こり得る事象

　ここまで米国ホテル業界で起こっている現状を紹介しました。では、日本の

DMOがこれら米国の最新情報の知識をベースにして、観光地域経営として行なう活動にはどのようなものが考えられるでしょうか。

①季節変動及び復興需要への対応

　米国で起きた事例は、パンデミック後の需要復興はしばらくはレジャー客需要が先行することを示しています。ところが、レジャー客は一般的に季節性が強くなります。ボリュームは大きいが収益性は劣る日本人観光客のセグメントは、週末やゴールデンウィークなどの連休に需要が集中してしまいます。これを分散化させるには、政府や自治体の動きを待っていては遅過ぎます。

　オーランドの場合だと、リーマンショック後には２泊すれば３泊目無料というキャンペーンをDMOの主導で行ない、ホテルの稼働率を下支えしました。観光客が地域に連泊すると、昼間の観光からランチ、夕食まで地元で支出をしてくれますので、１泊で帰宅する層とは経済効果が異なります。閑散が見込まれる時期に２泊すれば３泊目無料、５泊すれば６泊目と７泊目無料というキャンペーンを地元DMO主導で行なうというようなリーダーシップは、予算がなくても政府依存なしに自主的に地域の民間観光業界主導で実現できます。その時期は地元食堂・飲食店での期間限定割引券を発行するという場合には、地元DMOと地元商工会議所が協力して地域経済の活性化を行なうことができます。

　ここでのポイントは、何かと政府や地方自治体の補助金頼み、指示待ちの癖がついている日本の宿泊施設が、連泊時の無料宿泊分の提供をきちんと自社の管理会計上で損益分岐できるのかというシミュレーションをして、DMOのリーダーシップのもと、最後は自社で経営判断を下してもらう必要がある点です。

　たとえば１泊１万5000円ならば、３泊４日で４万5000円の売上げ計上ができるところを、３泊目は無料ですので、（１万5000×２）÷３＝１万円（１泊分）を３泊で３万円の売上げ計上となるわけです。この３泊・３万円で損益分岐できるのか、というシミュレーションは、当然に宿泊施設の運営費用やその他費用分において、固定費用がどの程度あり、１室あたりはいくらか、そしてゲストが泊まった時のみに発生する変動費用のコストがどの程度か、という管理会計上の基礎的なデータが頭に入っていないと合理的な判断ができません。７泊

8日で同条件の最後の2泊を無料にしたとしても、（1万5000×5）÷7＝1万714円（1泊分）を7泊で7万5000円の売上げ計上となります。

　また、単体の宿泊施設には見えない視点ですが、地域観光経済の司令塔としての役割が期待されるDMOに必ず持ってほしい視野は、宿泊施設が仮に損益分岐点の管理会計だったとしても、連泊するゲストの多くは一日3食を食べて全日を地域内で過ごすわけですので、経済効果の観点では、1泊2日で来るゲストと比較して3泊4日のゲストが落とす宿泊施設外の観光支出は3倍程度になるという点です。7泊8日ならば、地元への経済効果は7倍です。

　各都道府県の県庁所在地をイメージしてみてください。幸運な都道府県は新幹線の駅があるかJRの特急停車駅があるか、または空港が近隣に存在するでしょう。今、その地域に来訪するレジャー客は日本人だと1泊2日で去ってしまうケースが多くないでしょうか。これを3泊4日なり、7泊8日してもらうと、その地方に住むという感覚が出てくると思います。今までは、その滞在感覚を奨励するという動きは日本人向けでは多くなかったと思います。今後はそれが単価の高いインバウンド観光客で実現し、パンデミックで疲弊した宿泊産業には恵みの連泊客が増えますが、日本人向けにも、連泊客奨励のためのDMOあるいは宿泊産業自体が主導する形での予算不要、政府依存なしの自助努力を仕掛けてみる価値があります。

②インバウンド層のさらなる取り込み

　季節性回避には連泊してくれて消費額も多い、インバウンド客層の取り込みが重要です。特に、一般論として、滞在日数は自宅からの移動距離に正比例しますので、パンデミック後は自宅からの距離が遠い、欧州・北米・中南米・中東、オセアニアなど、つまり東アジア文化圏以外の客層をできる限り積極的に取りにいく必要があります。そのセグメントは自然と連泊需要が多いはずです。DMOとしては英語での地図、特に「英語メニュー、英語注文可能な飲食店の営業時間や定休日を明記した地図」があるとインバウンド客には大いに感謝されます。滞在中の昼間に往訪できる地域・近隣観光資源と往訪の交通手段などの情報もグーグルマップに提供する活動をDMO主導で商工会議所と仕掛ける

と、地域全体に経済効果が浸透します。

③地元商工会議所、市区町村役所と協力した啓蒙活動

　米国のホテル市場で何が起こっているのかを理解すれば、日本でも同様のことが起こり得るので、むしろビジネス客向け宿泊・宴会施設を積極的にレジャー客向け施設への転換を奨励し、設備投資がなくてもいかにFIT客向けに施設を運営するかなどの啓蒙を進めるような会合を主催する。そして、そこには地元金融機関や商工会議所メンバーを重点的に招致するような事前努力をしておくといいと思います。

　特に、インバウンド観光客が戻って来ている状況で自社施設だけ稼働率が低く、平均客室単価の上昇率も低いというようなビジネス客層主体の宿泊施設は、短中期の対応として、ビジネス・法人・宴会需要が低い場合には、増加する連泊インバウンド個人客向けのニーズに対応するようなサービスとして、地元のツアー会社や観光施設、地元のイベントや公共交通情報の英語発信を強化して、宴会場の一部やロビー脇にそのような情報相談デスクなどを設置。そこに英語対応可能なスタッフを地元商工会議所から臨時配備するなどの努力が、「口コミ情報」で外国語評価ページで高評価を得たりします。これを一つの宿泊施設単体の対応ではなく、地域の賛同する宿泊施設が複数で同時に実施することで、その地域全体の信頼性や評価につながりますので、ここでもDMOが主導して、地元商工会議所と地元政府観光課と相談して地域全体のキャンペーン実施につなげると効果的です。

④インバウンド客急増・客室料金急増を基本給急騰につなげて構造的改革を図る

　日本の場合は、製造業分野があまり新規設備投資をしないために融資機会が少ないのが金融機関全体の特徴なので、その観点では米国ほどには貸し渋りや資金回収の動きは出にくいかもしれません。また日本では、米国と比較して自国民の「リベンジ消費需要」がさほど強くない印象があります。

　一方で、米国ではほぼ存在しなかった、インバウンド観光客の消費急復興の効果が今後大いに認められる点が、日本の観光関連産業セクターの大きな特徴

であり、大きな機会だと思います。これと同時に起こるであろう、労働力不足に起因する人件費高騰を職場の構造的な魅力改善に利用できれば、複数の問題がチャンスへと転換できます。その旗振り役は各地域のDMOです。観光、特に日本人向け国内観光だけの視野ではあまりに狭過ぎますので、世界経済や金融、政治の世界では何が起こっているのかを俯瞰し、日本の各地を観光産業の経済効果で潤して域内居住者の生活水準の質を向上させるという観点で、DMOには大いに活躍していただく必要があります。

　先行する米国事例を理解すると、宿泊施設向け中期与信の借換時の担保不足問題（高金利政策と密接に関連）は、今後、日本でも散発的に発生する可能性があります。その火種が出てきた際に、DMOと地元商工会議所、地元宿泊施設が、地元や国内金融機関への説明準備として、「米国事例にならい、先行して需要復興が予期されるレジャー客向けにマーケティングシフトをした。DMOもまずは急復興するインバウンド客対応のために地元宿泊施設に対応策を提案中。結果として稼働率は〇〇％、ADR（平均客室単価）〇万〇〇〇〇円を確保しており、それら数値は前年22年同月比で〇％、ADRは同比で〇％上昇（下降）し、パンデミック前の19年同月比で〇％、ADRは同比で〇％上昇（下降）という結果になっている」。この程度は資料を見ずとも説明できるように事前に準備しておくといいと思います。

第13章

DMO主導の観光地経営
計画と観光政策との整合性

DMO-led tourism destination management:
Alignment of Planning and tourism policy

　22年春、訪日して東京から西日本を回遊し、観光行政に関して地方自治体、そして宿泊産業界の方々と意見交換する機会がありました。

　そこで感じたことは、日本では観光経営という名目で個別企業や組織の経営については、少しずつ米国の、つまり世界標準のホスピタリティ経営が浸透し始めています。それはその分野で留学したり、あるいはMBAなどの経営学を学んだ人たちや実際に企業にて経営職階にいた人々が試行錯誤しつつ前進しているという感覚です。しかしながら、一般的に言って重要な部分がまだ欠けている印象があります。それは実際の観光地全体を包括的に計画・履行し、運営していく司令塔の部分です。

　たとえば、観光業者単体の経営についてはうまく運営されていたり、観光事業者間の協力については地域でうまく連絡・連携ができていても、観光事業者と地元自治体との関係、あるいは地元自治体と地域住民の関係、そして観光事業者と地域住民の間で多かれ少なかれ軋轢があったり、敵対心を持っていたりすることがあるように見えます。

　観光産業を起爆剤として地域経済を運営していくためには、「民間観光事業者―地元自治体―地域住民の間に共通の目的を共有している感覚の醸成が必要」ですが、それを誰がつくるかの部分で、誰もリーダーシップを取らずに取組みがポテンヒット状態になっているのでは。皆さまがお住まいの地域ではど

うなっているでしょうか。本章ではこの問題について議論します。

13-1 観光奨励目的の共有感覚

第1章で紹介したように、営利企業の目的は「当期利益最大化による株主価値最大化」であり、地方自治体とDMOの目的は「地域住民の生活の質の維持または向上」です。しかしながら、観光産業の場合はインバウンド客を受け入れると、それが企業本来の目的である「当期利益最大化による株主価値最大化」に資するだけでなく、外貨を獲得することで地域及び国家の富が増える、つまり国富増大にも貢献できるという副次的効果があります。

観光産業のユニークな点は、民間の営利企業がその目的に邁進した際に、インバウンド客誘致の場合は同時に国富増大・地域経済創生にも貢献できてしまい、その際は地方自治体とDMOの目的である「地域住民の生活の質の維持または向上」と同じベクトルで目的を共有できることです。

たとえばホテルでもテーマパークでも産業連関表を分析すると、売上げを計上するのに必要な投入財が見えるわけですが、売上げに対して30〜35%程度を占める投入側の最大項目は何と言っても人件費です。その意味では労働集約型産業と言えますが、これは冷静に地域経済への貢献だと考えると、売上高の30〜35%が地方居住者への賃金として還元されるわけです。これは100億円の総売上げを計上するホスピタリティ産業セクターでは、30〜35億円が人件費として従業員に還元されると考えることができます。

人件費はまるで悪のように、この費用が大きいと経営者の資質が問われるかのような一般的なビジネススクールでありがちな視点もありますが、売上げ3分の1が地域経済に賃金という形で回流していくことは、大きな経済効果です。

インバウンド客を獲得していく場合は、さらに同じ営利企業の宿泊産業が外貨を獲得し、国富増大及び地域経済成長に貢献できるわけで、この時点で「地域住民の生活の質の維持または向上」に関しては地元自治体・DMOと民間観光産業事業者、地元民がみな同じ方向に向いて地域発展の目的を共有している状態になります。

　ところが、日本で意見聴取すると、

「地元自治体の支援が足りない。予算を充分に観光産業に割かない」

「地元観光産業は自分だけ儲ければいいという意識で、地域住民としては観光奨励の負の側面である渋滞増加、駐車場不足、ゴミ投棄、大声・奇声や話し声の騒音について不満がある」

「オーバーツーリズム問題を地元自治体は放置し、さらに観光客を増やすべく勝手に走っている」

「観光産業は自分たちの利益増大のために、政府規制を守らず、住民は迷惑だと不満が増大している」

　などの、お互いを非難する意見が目立ち、共通目的を共有している共同体という意識が希薄なことが見えてきました。

13-2　目的共有意識の不足要因と改善策

❶DMOの組織目的不足

　この目的意識が共有されていない点で、実はDMOが絡んでくるのです。日本のDMOは実態として昭和時代から存在する観光協会の看板付け替えという組織が多いようです。すると筆者が何度か引用した表に要約しているように、「観光地奨励とはセールス行為だ」と単純に解釈して、対外的な宣伝をしてゲストが来訪すれば、それは日本人でも外国人でも同じであり、自分の任務は対外マーケティングだ、と理解している場合が多いように見えます。米国の場合はDMOがDestination Marketing Organization（観光地奨励組織）だけでなくDestination Management Organization（観光地経営組織）としての存在感があり、中長期の地域発展を観光産業の育成で実現するという中長期ビジョンを打ち出しています。

　また、これまでも述べたように、住民が地方自治体に対する不信感を持つ米国のような場合に、住民に観光産業の重要性を啓蒙することは自治体の業務ではなく、DMOの主要業務の一つなのです。米国のDMOにはきっちりと業務

として明記されていて、日本版のDMOでは対外マーケティング以外はほぼ軽視されているか、欠如している「観光産業の重要性を啓蒙する」点。これがないと、住民の観光・観光関連産業・地元自治体に対する敵対的なムードは一旦発生すると、どんどん増殖していくこととなります。故に、米国DMOはこれを重視して普段から組織資源を広報活動や住民啓蒙に配分しているわけです。

❷地方政府の勤労目的不足

米国では自治体の存在意義というか、自治体の目標は「地域住民の生活の質の維持または向上」ですが、日本の各レベルでの自治体で役職者がこの目的を共有しているのかは不明です。たとえば役所間での縄張り争いや、入庁何年組という組織意識や先輩・後輩の関係など、もっと細かくて短期的な組織内の文化や慣習が恐らく「地域住民の生活の質の維持または向上」のために働くという大原則の前に存在するのかもしれません。また米国でよく使われるタックスペイヤー（納税者）という言い方は、普段あまり日本では聞かない気がします。

民間産業界との間で共有意識を持つべきところが、代わりに「いかに民間事業者に自分たちの策定した規則や条例を順守させるか。いかに陳情や要請を断ることで自組織の資源を守るか」という類の発想になっている可能性もあります。そういう雰囲気があると当然のごとく、民間事業者は「役所・地元自治体は利害不一致が多く、自分の活動を妨げる敵である」という意識が生まれてくると思います。

観光産業、特にインバウンド客獲得に関しては、経済効果面で官民は運命共同体として利害が一致するという稀な分野であり、このような地元自治体と民間観光関連事業者の仲介役・調整役として大いに活躍できているのが米国DMOの事例です。

❸地元住民の理解不足（DMO啓蒙活動の欠如）

厄介なのが、地元住民の、観光産業や来訪した観光客への敵対的な態度です。パンデミック前は「オーバーツーリズム問題」として知られていました。ただし、この背景を俯瞰するに、以前述べたようにそのオーバーツーリズム問題の

発生都市を思い出すと、その多くが欧州の観光地だったことを思い出します。筆者は、世界で一番来訪外国人観光客から外貨を稼いだ米国にオーバーツーリズム問題が多くなかった点と、DMOの財源問題が相関しているのではと以前から推測していますが、その件は前にも述べましたのでここでは割愛します。

もう一つ、米国でのオーバーツーリズム問題が少ない理由はDMOの啓蒙活動にあると思います。日本のようにDMOは対外マーケティングだけ行なえばいいという発想は、米国型DMO、すなわち世界水準のDMOモデルになるには不足です。地域住民が観光産業の重要性を広く深く理解していることがオーバーツーリズム問題の発生を防ぎます。

たとえば、地元自治体と観光事業者が一致団結して観光産業を盛り上げようと思っても、観光客の来訪を快く思わない地元住民が、「あれは役所と一部業者が勝手にやっていることで自分たちには関係ない」と思い込んだら、反証できるような明確な証拠を提示しない限りは、そのような住民の認識を変えていくことは地元自治体では困難でしょう。

本来はDMOが地元住民に対し、普段から観光産業の重要性について啓蒙活動を行なっていれば、そのような思い込みは少しずつ、一人ずつ減っていくことになります。DMOは対外マーケティングだけしていればいいという意識でこれを怠ると、オーバーツーリズム問題が増殖していくことになります。

観光の経済効果計算は筆者の博士研究のテーマですが、逆行列計算などの数値を、地域住民にわかりやすく説明するには、雇用効果や税収効果、間接効果と波及効果を数値を多用せずに文書やイラストで示すことが大切です。フロリダ州の場合は「観光客の観光消費のお陰で州の所得税がゼロ」、当地オーランドの地元自治体は「大口固定資産税納入者トップ10のうち、観光関連企業が9社。その税収があるので、地元居住者の固定資産税は低めに設定されている」「総就業者数のうち、25％程度の雇用が観光客来訪のお陰で存在する観光立地である」などのメッセージを地元DMOが発信しています。

また、一部地元住民はもっと目に見えるインパクトのほうが理解しやすいかもと想定し、たとえば地元で国際会議や国際展示会があった場合に発生する参加者向けバッグやペン・ノートパッド、各種小口の土産品（キーホルダーやマ

グカップ）の余剰品などをDMOがまとめて寄付を受け付け、それらを地元の比較的に所得水準が低い地域の小中学校に寄付したり、地元の工業高校の材料代などに小口寄付をしたりします。それぞれの寄付行為をしっかり写真に撮り、それを地元住民向けニュースレターや地元新聞紙に掲載される際にしっかりとアピールできるように背景にDMOのロゴを入れて、それが各種メディアを通じて地元住民の目に入るように広報活動をしています。

　つまり、現地DMOはマーケティング機関としての業務だけでなく、観光地全体の利害関係者間の潤滑剤のような立ち位置で、各関係者間の意思疎通を促進し、地域住民に対しては観光産業の重要性を啓蒙する地域のリーダーシップを取っています。現状の対外マーケティングだけの意識が強すぎて他の業務を行なっていない日本型DMOとの大きな差異です。

　第5章では、オーランドでのレストラン閑散期に地元住民に向けて通常時よりもリーズナブルに飲食ができるイベント「Magical Dining」の話をしました。観光産業の重要な要素である飲食産業をその他の観光産業セクター、タクシー、バス運転手、ホテルやテーマパーク従業員に声を掛けて、最閑散期を利用して、手頃な価格で現地の高級レストラン群の利用をサポート。同時に観光産業の多様な業種間での「同業他社」（観光業の各種産業セクター）を超越して観光産業としての一体感を持たせる試みでもあります。このイベントのリーダーシップを取って企画・実行しているのは現地DMOです。

13-3　DMOの業務内容再構築の必要性

　世界水準のDMOと言うと、資金調達方法及び実際の年間インバウンド総消費額の観点でやはり米国型DMOが世界を牽引する立場にあります。

　観光協会からDMOに転換しようとする組織（日本国内では250以上存在するうちの過半数ではないかと推察しますが）、観光協会の日本人団体相手の業務からDMOのインバウンド個人客相手のマーケティング業務転換に気を取られ過ぎて、DMOの重要な業務である、各観光地の観光産業育成・発展のための司令塔としての役割まで俯瞰している組織は少ないと思います。

　ただし、今後「世界水準のDMO」という名目で、真に観光地の経営・計画・戦略策定を行なうことが期待されてくるはずですので、観光関連の各当事者間の潤滑剤としての機能と、地元住民向けの観光産業の重要性を啓蒙する活動については、ほぼ必ず重要業務として期待されることになります。

　今後、インバウンド層がこれまで以上に世界的な「リベンジ消費」モードの中で急拡大していくことが想定されます。そのような成長環境が予期される時期に、オーバーツーリズムに対する地域観光産業の経営司令塔が無策では問題が顕在化します。

　さらにインバウンド層内のセグメントが細分化し、たとえば訪問者数では1％程度ながらも消費総額では11％超を数える「富裕層」を狙っていく場合には、「そんな金持ちに媚びてどうするのか、自分には何も関係ない」と思っているような住民に、観光消費の経済効果がいかに少子高齢化による人口減の直撃を受けている地方都市の経済創生につながるのかという説明をする役割をDMOが担っていくことが要求されます。

13-4 富裕層向け観光

　富裕層についての定義は第9章でも紹介しました。観光を奨励する目的が「地域住民の生活の質の維持または向上」であるならば、一人あたりの消費額が一般の旅行客よりも10倍は多い富裕層観光客が来訪することは、地域経済にとっては良いことです。日本でも多くの地方自治体が富裕層誘客のためにラグジュアリーホテルを誘致しようという動きになっています。

　これも誤解されやすいのですが、富裕層を狙う場合、富裕層向けに地域全体を高級化する必要はありません。むしろラグジュアリー層向け宿泊施設を設け、既存の宿泊施設の業態の幅を広げるイメージ、つまり地域における宿泊施設の選択肢を増やす方向で良いのです。この観点は、全米で一番平均客室単価（ADR）の高いホテルが観光地オーランドにあることで証明されます。世界の富裕層が来日する際、全インバウンド観光客の1％程度に過ぎないこの層が、全観光消費の11％を超える消費をしているため、ここを狙う価値があります。

富裕層向け旅行ニーズについて説明した項を覚えているならば、最新のトレンドとして「排他的」かつ「本物」の体験には多くの金額を払ってくれるという事例がイメージされると思いますが、一日あるいは来日中の総消費額で一番多い内容の一つは「宿泊費」であり、その他が「飲食費」「交通費」「体験料金」になります。

当然、民間事業者はこれら富裕層の支出から直接の恩恵（当期利益の最大化）を受けます。では地方自治体、DMOと地元住民はどのような恩恵・影響を受けるのか、一度考えてみましょう。

13-5 日本型定額制の宿泊税の問題 　　　－富裕層を誘致しても税収が増えない

観光産業の発展の恩恵を地方自治体、DMOそして地域住民に落とすためには、しっかりとしたファンディング手法のビジネスモデルが必須です。復習になりますが、米国最大の観光地フロリダ州オーランドの場合は、地方自治体とDMOが直接観光客の支出から財源を確保するモデルが46年間成功裏に機能しています。日本でも東京都を皮切りに、大阪市、京都市、福岡県で宿泊税が導入されていますが、「地域住民の生活の質の向上」に貢献するようなファンディング手法になっているかをこの機会に議論しましょう。それは現状の批判というよりは、急速に復興しつつあるインバウンド観光客がもっと増える前に、根本的・構造的な問題を改善・解決する必要がある点を理解していただくためです。当然、それらは今後同様の宿泊税の導入を検討する日本国内の自治体、特に市区町村にはしっかり把握して、より効果のある観光計画とファンディング手法を構築していただきたいからです。

まずはいくつかの既存宿泊税のケースを見てみましょう。

❶東京都宿泊税の概要

東京都のケースでは、一番ボリュームのある１泊１万円未満のホテルはすべて無税です。１泊１万5000円のホテルからの税収はというと、１泊200円。つ

まり宿泊代金に対して1.33％です。次に、東京駅前に開業した富裕層向けスーパーラグジュアリーホテルの１泊59万円のデラックススイートルームを想定して税収を計算してみましょう。１泊200円、宿泊代金に対して0.03％です。つまり、今後富裕層の消費単価が劇的に増えても宿泊税収が増えない税収構造になっています。

❷京都市宿泊税の概要

京都市のケースでは、一番ボリュームのある１泊２万円未満のホテルは東京都のケースとは異なり、無税ではなく一律200円です。１泊8000円ならば2.5％相当。そして１泊2000円の安価なゲストハウスの場合でも一律200円なので、なんと宿泊代金の10％相当が課税額となります。１泊１万5000円のホテルからの税収はというと、１泊200円、宿泊代金に対して1.33％です。

そして、１泊59万円のスーパーラグジュアリーホテルからの税収は、１泊1000円、宿泊代金に対して0.17％です。つまり、今後富裕層の消費単価が劇的に増えるようなスーパーラグジュアリーホテルを誘致しても、宿泊税収が増えない税収構造になっています。

❸大阪市宿泊税の概要

ボリュームのある１泊7000円未満のホテルは東京都のケースに類似して、無税です。１泊8000円ならば税収は100円で1.25％。次に１泊１万5000円のホテルからの税収はというと、１泊200円、宿泊代金に対して1.33％です。

そして、１泊59万円のスーパーラグジュアリーホテルからの税収はというと、１泊300円、宿泊代金に対して0.005％です。つまり、今後富裕層消費単価が劇的に増えるようなスーパーラグジュアリーホテルを誘致しても、宿泊税収が増えない税収構造になっています。

東京

宿泊税は、都内のホテルまたは旅館に宿泊する方に課税される法定外目的税で、2002年10月1日から実施されています。宿泊税の税収は、国際都市東京の魅力を高めるとともに、観光の振興を図る施策に要する費用に充てられます。

納める方（納税義務者）	都内のホテルまたは旅館に宿泊する方

納める額	宿泊数 × 税率

	宿泊料金（一人1泊）	税額
税率	1万円以上1万5500円未満	100円
	1万5500円以上	200円

（注）宿泊料金が一人1泊1万円未満の宿泊には課税されません。

宿泊料金に含まれるもの	・素泊まりの料金 ・素泊まりの料金にかかるサービス料

宿泊料金に含まれないもの	・消費税などに相当する金額 ・宿泊以外のサービスに相当する料金 　（例）食事、会議室の利用、電話代など

※宿泊料金とは、食事料金などを含まない、いわゆる素泊まりの料金を言います。

https://www.tax.metro.tokyo.lg.jp/kazei/shuk.html#gaiyo_01参照

京都

課税対象について

Q1. どのような宿泊施設に泊まったとき、宿泊税がかかるのですか？

A1. 京都市内のすべての宿泊施設への宿泊が対象となります。

Q2. 宿泊税は、宿泊料金が少額でも課税されるのですか？

A2. 宿泊料金（※）が発生する場合は、その料金が少額であっても宿泊税が課税されます。

※宿泊料金とは、食事代や消費税などを除き、サービス料を含んだ金額を言います。

	宿泊料金（税抜き）	税額（一人1泊）
税率	2万円未満	200円
	2万円以上5万円未満	500円
	5万円以上	1000円

宿泊料金に含まれるもの	・清掃代　・寝具使用料　・入浴代 ・寝衣代　・サービス料、奉仕料　など

宿泊料金に含まれないもの	・食事代　・消費税　など

Q3. 幼児や子どもにも宿泊税はかかりますか？

A3. 宿泊者の年齢にかかわらず、宿泊料金が発生する場合は、課税されます。

https://www.city.kyoto.lg.jp/gyozai/page/0000249302.html参照

大阪

納める額

	宿泊料金（一人1泊）	税額
税率	7000円未満	課税なし
	7000円以上1万5500円未満	100円
	1万5500円以上2万円未満	200円
	2万円以上	300円

※宿泊税の税率は、一人1泊あたりの宿泊料金に応じて3区分です。

宿泊料金に含まれるもの

名称にかかわらず、宿泊の利用行為に係る対価又は負担として宿泊者の意思に関わりなく請求される寝具代、入浴料、寝衣代、いわゆる「民泊」施設における清掃料などを含みます。また、これらに係るサービス料、奉仕料などについても含まれます。

宿泊料金に含まれないもの	・宿泊に伴い提供される飲食、遊興に係る金額 ・会議室の利用、休憩及びこれに類する利用行為に係る金額 ・消費税、地方消費税、入湯税、宿泊税などの税 ・自動車代、煙草代、電話代、クリーニング代、土産代などの立替金など ・宿泊者が任意で支払った心付け、チップ、祝儀などの金額

https://www.pref.osaka.lg.jp/zei/alacarte/shukuhaku.html参照

❹宿泊税定額制制度の問題まとめ

　宿泊税を最初に導入した東京都の功績は高く評価され続けるべきです。ただし、その後も単価上昇時に税収が増えない当初の定額制による税額計算をベースにしている限りは、せっかくインバウンド富裕層を誘致しても地域に流入する外貨に応じて税収が増えるという構造になっていないため、観光地経営において整合性が取れない状況が放置され続けることになります。「富裕層を誘致して地域内に流入する外貨は増えましたが、地方自治体とDMOはしっかり恩恵を与えられるビジネスモデルができていますか？」という質問にきちんと答えることができないモデルになっているのがわかります。この税額計算だと、3都市ともに年間40～50億円程度の税収しか出てこないのではというのが筆者の推測です。そこからDMOの年間運転資金に回せるのが20～30％とすると8～15億円程度で、世界水準のDMOを運営するための持続性が充分だとは言えません。

　では100円、200円ではなく定率制、つまり宿泊代金に％を掛ける方式で宿泊税額を計算するとどうなるでしょうか。オーランド（行政区域はフロリダ州オレンジ郡）の場合、宿泊税率は1室あたり宿泊代金の6％です。

　富裕層誘致のためにラグジュアリーホテルを誘致した場合、目に見えて税収が上昇するのが一目瞭然ですね（表1）。オーランドの人口は140万人と京都市や沖縄県全体と同じ規模です。東京都と比較すれば10分の1程度ですが、9万8000室のホテル客室数があり、そこからの宿泊税収は2023年で年間3億5900万ドル（＄1＝150円で約538億円）です。日本の3大観光都市の宿泊税と比較して約10倍超、観光客の観光消費からしっかりと税収を確保するビジネスモデルを確立しています。

　日本でも唯一富裕層が増えると税収が増える定率制を導入する自治体が存在します。北海道・倶知安町です。世界を俯瞰して世界水準の観光地を地域住民の負担なしに開発・育成する点では、国

表1 **6％定率の場合**

1室あたり宿泊税

2000円	➡ 120円
8000円	➡ 480円
1万5000円	➡ 900円
10万円	➡ 6000円
59万円	➡ 3万5400円

内では唯一の好例と言えます。知安にはニセコという世界的な高級リゾート地があり、観光地経営と富裕層誘致、税収確保の手法に整合性があることがわかります（表2）。

表2 倶知安町宿泊税の概要

一人1泊、1棟1泊、1室1泊 の宿泊料金の2%
※各宿泊施設の宿泊料金の算定方法によって選択します

宿泊料金に含まれるもの
・素泊まりの料金　・素泊まりの料金に係るサービス料

宿泊料金に含まれないもの
・消費税等に相当する金額
　（消費税、地方消費税、入湯税などの租税一般）
・宿泊以外のサービスに相当する料金
　（食事、会議室の利用、電話利用などに係る料金）

https://www.town.kutchan.hokkaido.jp/file/contents/3108/
34495/syukuhakuzeisiryou20190701.pdf参照

13-6 宿泊税収は使途限定勘定管理か 一般財源に流用か

　1978年に宿泊税を導入したオーランドから見た日本の大きな問題は、その宿泊税収を観光産業育成の目的に限定するのか、あるいは地方自治体の一般財源に入れて、その使途を明示しないのかの選択肢でどちらを選ぶかです。

　筆者の理解では、東京都、京都市、大阪市ともにすべて自治体の一般財源に入れられているように見えます。それが正しいかどうかは、常に観光事業者、地方自治体、地域住民にとっての北極星である「なぜ観光を奨励するのか」の命題に帰結するのです。

　「地域住民の生活の質の向上」のために観光を奨励するという共通の目的が北極星のように常に同じ位置で輝いていれば、ここで迷うことはないはずです。

　日米でも世界でも、地方自治体の地方税における主要な財源は、地域住民や企業が納める固定資産税です。これをベースに地域住民の各種生活ニーズに対してサービスを行なうのが地方自治体の業務であり、究極の目的は「地域住民の生活の質の向上」です。ところが、地域に外部から観光客を誘致することによる直接の恩恵はまず観光産業に落ちるわけで、地域住民には直接の恩恵がすぐに行き届きません。行かないどころか「遊びに来る観光客を誘致するのに、なぜ自分たちが納めた税金を財源とする一般財源を使うのか。もっとわれわれの生活ニーズである待機児童の解消、高齢者福祉の充足、交通インフラの改善に使ってくれ」という意見が出る可能性が容易に想定できます。

13-7 オーバーツーリズム問題

インバウンド観光客の復興に伴い「観光公害」とも言われる、オーバーツーリズムの問題が遅かれ早かれ日本の一部市区町村で再燃すると思います。よく言われる原因としては観光客密度のようなCarrying Capacityの観点からのアプローチです。1平方キロあたりに何人の来訪客が殺到しているのかという見方です。この場合は、その地域への入場人数を制限するような方法で対処しようという議論になるでしょう。ただし、入場制限により来訪者数を減らすと観光奨励の最終目的である「居住者の生活の質の向上」に直結する観光消費額も減ることになります。

来訪者数を減らしつつ観光消費額を増加させるには、一人あたりの総消費額を増加させれば理論上は可能なわけですが、これはまさに、最近よく聞く言葉である高付加価値客層、富裕層を増加させることで実現が可能です。これはもちろん、民間だけでなく地方自治体も観光産業で稼ぐビジネスモデルが確立されている米国のような制度があればの話で、100円、200円のような宿泊税を徴収する旧態然とした宿泊税制度では、富裕層が来ても直接に地方自治体が儲かるようになっていない点は前に説明しました。

しかし、その場合はその地方自治体でDMOや観光奨励に使われる財源はどこから支払われているのかを確認してください。オーバーツーリズム問題の起こっている世界の市区町村は、その多くが欧州諸国であることに気が付きましたでしょうか。実は欧州では概してこのDMOや観光系ファンディング手法が弱く、日本の自治体と同じように、一般財源からDMOや観光系イベントに資金を付けているので、地域住民から反対が出やすいのです。

米国は試行錯誤しながら、その圧倒的な観光立地のポジション（2019年は1億2500万人来訪）で米国内観光ファンディング手法で最先端となるフロリダ州の各自治体では、政府の一般財源には宿泊税収を入れず、すべて使途限定の管理口座（エスクロー口座）に入れて、観光奨励目的以外に使わせない制度が確立しています。すると、地元住民の固定資産税を一切使わずにすべての観

表3 福岡県の宿泊税額（定額制）

宿泊施設の所在地			税率		
			県税率	市税率	合計(納める額)
福岡県（北九州市・福岡市以外）			200円	—	200円
北九州市			50円	150円	200円
福岡市	宿泊料金	2万円以上	50円	450円	500円
		2万円未満	50円	150円	200円

※市町村が宿泊税を新たに課す場合、県税の税率は、宿泊者一人1泊につき100円。

https://www.pref.fukuoka.lg.jp/contents/syukuhakuzei.html参照

表4 東京都とフロリダ州オーランドの宿泊税収比較

都市名	東京都	オーランド（行政区域はフロリダ州オレンジ郡）
人口	1400万人	140万人
ホテル客室数（推定）	10万5000室	9万7000室
税収使途・開示	一般財源・使途開示なし	一般財源流入禁止・観光目的限定・使途開示あり
税額計算	定額制 ・1万円未満無税、 ・1万円〜1万5000円未満は100円 ・1万5000円以上は200円	定率制 ・宿泊料に対し6%
2015年税収	21億円	2億2600万ドル（339億円）※
2019年税収	29億円	2億8400万ドル（426億円）※

東京都HP、オレンジ郡HPを参照し筆者作成　　　　※ US$ 1＝150円で計算

光奨励資金とDMO年間運転資金が確保できているため、オーバーツーリズム問題の火種を構造的に断っているビジネスモデルになっています。

あくまで筆者が聞いた噂にはなりますが、福岡県では日本で初めて使途限定エスクロー勘定方式による宿泊税の徴収が検討されているようです。もし実現できれば日本初の「地域住民の生活の質の向上」のために地域住民が納付した一般財源を使わない例となりますので、期待したいところです。税額計算は残念ながら50円、200円という国内の前例を踏襲した定額制ですが、一方で福岡市と北九州市は独自の宿泊税制度があり、市と県で共存する体制となりますので、興味深い事例です（表3）。

ただし、これも先程紹介した東京都、大阪市、京都市のケース同様に定額制です。今後、富裕層市場の拡大をめざす観光政策を立てる場合には、富裕層が来訪し地域内で高額消費をしてもそれに比例して宿泊税額が増えないという構造的な問題を抱えての出発となります。いずれは、米国事例でその妥当性が証明されている、倶知安町の定率制宿泊税のような「富裕層誘致が成功すると宿泊税収がその分増える」ことができる方式に構造変換する必要があります。

13-8 最新データに基づく
定額制宿泊税収への問題提起

ここまで紹介した宿泊税の定額制による問題点を強調するデータを入手しましたので表にしてみます。

定額制で税額徴税を実施する東京都と定率制（宿泊代金に対して％で計算）のオーランドの15年と19年、パンデミック直前のデータです（表４）。

これを見ると、人口も客室数も多い日本の首都・東京が、オーランドとの比較により宿泊税収を効率的に徴収できていない点が顕著になります。オーランドの人口は東京都の10％程度で、客室数も若干少ないですが、宿泊税収に関しては19年で約15倍も計上しています。

では日本でよく散見する「宿泊税を導入すると価格に敏感な消費者離れを誘発する」という価格弾力性の議論はどうなっているのでしょう。オーランドは６％の地方目的税とフロリダ州の売上（消費）税が6.5％で計12.5％が課税されますが、宿泊税の全米平均値である14〜15％よりは低くなっています。何といっても22年のパンデミック収束後に来訪観光客数が7400万人という全米最大の数を計上したほどに問題なく観光客が戻って来ている点を見ても、価格弾力性議論は実際にはほぼ影響がないのです。

ホテルに対する課税の高い市区町村としては、ニューヨーク市（18.25％）やシアトル市（17.6％）、アトランタ市（21.00％）がありますが、観光や商用で往訪を予定している市区町村、たとえば「ニューヨーク市の宿泊関連税率が高いから、対岸のニュージャージー州ニューアーク市（15.38％）に泊まる」という消費者行動はほとんど見かけません。

13-9 日本の常識は世界の非常識：
世界水準に合わせる勇気で改革を

ここまで富裕層誘致と宿泊税制度に乖離があり政策上矛盾をしている点、一

部のご意見を踏まえて再度
わかりやすい表にして計算
してみましょう。

この部分がわかると、な
ぜに人口10倍の東京都が
人口１割のオーランドのホ
テル税収の10分の１も税

表5 例示宿泊代金に対する課税額シミュレーション

都市名	東京都	オーランド (行政区域はフロリダ州 オレンジ郡)
1泊2000円	0円	120円
1泊8000円	0円	480円
1泊1万4000円	100円	840円
1泊10万円	200円	6000円
1泊59万円	200円	3万5400円

東京都HP、オレンジ郡HPを参照し筆者作成

収が出ていないのか、構造的な問題がより明確に見えます。東京都が先鞭をつ
けた宿泊税制度の意義は高いですが、その後の経済や需給動向変動による価格
設定水準、そして人口増から人口減体制に変貌してしまった日本社会を考慮す
ると、ホテル税収の構造変革を仕掛ける時期はまちがいなく到来しています。
ましてや富裕層誘致を政策に打ち出す場合は、現在の定額制制度では、富裕層
誘致政策が国家戦略に沿って成功裏に進展しても自治体にはその恩恵が落ちず、
人口減の時流に対し脆弱な一般財源依存体制を引きずることになります。表5
では安価なゲストハウス宿泊客を想定した１泊2000円、日本固有の宿泊特化
型ビジネスホテル宿泊を想定した１泊8000円と１万4000円、やや高級なホテ
ルの１泊10万円、そして最高級クラスホテルの売れ筋客室であるデラックスス
イートの１泊59万円を想定し、現在の東京都の定額税収制度とオーランドの定
率税収制度で一室あたりの徴税額がどうなるかを簡単に計算してみます。

人口規模10％のオーランドが東京都の税収の15倍を稼いでいる理由が明確
に理解できます。１泊１万円未満のもっともボリュームが多いピラミッドの最
底辺部分を無税にしている東京都と、そこでも着実に課税し徴税できているオ
ーランドとは大きな差が出ます。そして１泊10万円クラスの客室では、東京都
が30室から徴収する宿泊税額がオーランドでは１室で徴収できます。富裕層誘
致をめざした超ラグジュアリークラスのホテルを招聘し、１泊59万円のデラッ
クススイートルームの売上げを計上しても、東京都の税制だと徴税額は200円
とまったく招聘努力に見合った税収が生まれません。一方オーランドでは１泊
59万円の客室の徴税額は３万5400円と、東京都の177倍の税収が徴税できます。

富裕層の誘致でホテル運営会社、ホテル所有会社には直接の恩恵が落ちます

が、その誘致に努力を払った地方政府には通常のホテル売上げ同様の200円の税収では、ビジネスモデルとしては問題があります。定額制という宿泊税収計算方法は日本の常識に見えるが故に、大阪市や京都市などでも稟議書決済時に前例踏襲したのでしょうが、実は世界水準の観光政策の観点から見ると世界の非常識であり、将来の世代への負担を減らす観点でも、はっきりと指摘するべきでしょう。

また、せっかく改革を仕掛ける勇気があるならば、もう一つ提案しておくべき点があります。

13-10 宿泊税徴税の徴税者の問題

地方特別税は税収が上がった現地にできる限りその税収を残し、地域内でその資金を回遊させるような使い道がより正しいのです。その意味では都道府県レベルよりも、市区町村レベルで宿泊税を課税徴収するほうがその目的には合致します。たとえば東京都内で多くのインバウンド観光客が訪れる浅草は台東区ですので、浅草で発生した宿泊税収は台東区が徴税して台東区内でその税金を観光政策に利用するほうが、新宿区にある東京都庁にすべて吸い上げられてその再配分を待つよりは効果的です。

ただし、以前に述べたように売上税収が各州政府（日本で言う都道府県庁）に入る米国と異なり、国税に入ってしまうため、具体的に検討すべきは各市区町村レベルで宿泊施設が代理徴税をし、それを市区町村レベルに納税し、恐らくその一部を都道府県レベルとシェアするような方式が考えられます。そうすることで、米国でいう州レベル、日本の都道府県レベルのDMOの運転資金がそれで確保できますし、市区町村は自分の地域レベルでのDMOの持続性あるファンディング手法を確保することができます。

13-11 最後に

宿泊税収制度は、観光地経営をする際に地域住民に税収上の負担を強いずに

観光産業を育成できるとても有益な手段です。そして、今後まちがいなく急復興し急成長が続くインバウンド客のなかでも富裕層向けの観光資源や宿泊施設を開発したい、という流れも正しい方向性です。しかしながら、日本国内の前例踏襲をせずに目の前の税制制度に疑問を抱き、観光奨励の目的を比べて何が本当により良い方法なのかを今の時点で立ち止まって考えることが、まさにインバウンドが劇的に増える兆候がある今こそ、必要だと思います。

　オーランドのホテル宿泊税収は毎月ベースで徴税額を発表しています。人口140万人で、その50倍以上の年間7400万人をパンデミック後の昨年22年に受け入れても目立った過剰観光問題が発生していないのは、観光地経営・計画の時点で観光地経営と観光計画・税収制度の整合性に注意し、地域住民の負担なしに将来の継続拡大を財政面で支えられる構造ができているからです。富裕層を誘致できれば宿泊税収も増えるビジネスモデルにしているが故に、観光産業の成長のための財源が確保できるというわけです。

　日本では価格弾力性問題（宿泊税制度を導入して消費者に負担増を強いると、その分需要が落ち込むという根拠なき憶測）に過敏な推察をする方が多いように見えますが、域外から来訪してくれる訪問客からしかるべき宿泊税を徴税していないと、結局その分、地域住民に観光奨励の負担を強いる、過剰観光問題の火種を残す形になってしまいます。観光を産業として地域経済をけん引させる政策や富裕層誘致で地域総消費額を増加させる政策がある地方自治体は、着実に持続性のある自主財源を充分に確保し、地域住民に負担を強いず、その使途も丁寧に説明して、実際の支出もできる限り徹底的に開示するという米国型の観光立地政策が有益だと思います。

　一方で日本の観光産業育成に望みが持てるような先見性を持った動きが出てきています。2024年3月1日には経済同友会（観光再生戦略委員会委員長・伊達・美和子〈森トラスト取締役社長〉委員長、村瀬龍馬〈MIXI取締役 上級執行役員〉委員長、山野智久〈アソビュー代表執行役員CEO 代表取締役〉委員長）が世界標準を見越して定率制での宿泊税を正式に提言していますし（参考：自立した地域の観光経営の実現に向けた宿泊税の拡大と活用｜経済同友会(doyukai.or.jp))、沖縄県でも沖縄CVBとホテル産業界が一体となり、世界標

準の定率制での宿泊税導入に向けた提案を行なっています。この沖縄県のケースは50年前の米国フロリダ州オーランド（行政単位はオレンジ郡）のケース同様に、ついに日本でもホテル産業界が当事者意識を持って提案に参加している点、日本で初めて世界の潮流に乗ったモデルであり、今後の日本のモデルケースになる可能性が高いです（参考：県が検討の「宿泊税」定額でなく定率に観光業界が申し入れ｜NHK沖縄県のニュース）。沖縄では市区町村でも世界の潮流を見据えて定率制での宿泊税導入が提言されており、観光先進地域として世界標準の課税方法が導入される気運が盛り上がっています（沖縄・北谷町の宿泊税は1人1泊当たり2％の「定率制」 検討委が提言 配分額は町75％・県25％｜沖縄タイムス＋プラス (okinawatimes.co.jp) （座長・山田雄一日本交通公社理事））。

　更に、日本国内で唯一、定率制での宿泊税課税を実施している倶知安町では、税収が宿泊単価増・富裕層誘致成功に比例して増えている点が報道されています（倶知安町、宿泊税収が倍増 過去最高4億円強に 23年度見通し：北海道新聞デジタル (hokkaido-np.co.jp)）。このような税収増は定額制では構造的にほぼ取り損ねる訳で、世界標準の宿泊税課税額計算手法である定率制の成功事例が日本国内で生まれています。

　宿泊税制度で先行した東京都、大阪市、京都市等で今後富裕層誘致や過剰観光対応策実行等を行なう予定があるならば、ここは勇気をもって定額制から定率制に宿泊税課税計算方法を変更すべき時期だと思います。今後、現在の倍、3倍のインバウンド観光消費が発生する前のパンデミック後の今がそのタイミングです。

　すると、その際には繰り返しの強調になりますが、（1）税収の一般財源化厳禁、（2）観光産業育成用と使途限定化、（3）支出内容の徹底的開示は必須であり、更にこの制度を過去46年成功裏に運営しているオーランド（行政単位はフロリダ州オレンジ郡）の成功の秘訣から学び、（4）観光産業界の理事メンバーによる宿泊税使途を議論する理事会公開開催＆議事録開示、（5）地域DMOも同様の産業界理事メンバーによる理事会公開開催＆議事録開示、という観光地経営インフラを整備すれば、現在の宿泊税収がいきなり10倍程度にな

っても、不正や不祥事・疑惑を生まずに観光地経営が出来る体制は整います。

　2023年のオーランド宿泊税収が530億円程度だという点は言及しましたが、まさに東京、大阪、京都でも現在の数十億円程度の宿泊税収の5〜10倍程度、楽に100億円単位で宿泊税収が出てくることになり、それが慣れ合いの不明朗な一般財源化を継続したら不透明な会計の源泉となる可能性があります。上記点はまさに既に実際に現場で46年間鍛え上げられた経営の知恵なので、ぜひとも模倣するなりして、利権やしがらみに捕らえられないきちんとした管理インフラ制度を構築すべきなのです。

第 14 章

インバウンド客層を意識した DMOと宿泊業界にとっての SDGs推進のすすめ

Promoting SDGs for DMOs and the hospitality industry with an awareness of inbound tourists

　SDGsというと「持続性のことですね、当社でもプラスチックのストローを紙製に変更しています」「すでに使い捨てのプラスチック歯ブラシを木製に変えて持続性に対応しています」と話し、スーツに円形の虹色のバッジを付けて「当社ではSDGsに取り組んでいます」とアリバイづくりをすれば、これで社会的義務は果たしたと考えている方が日本の宿泊業界には多い印象です。

　本章は、役所や役場に言われて仕方なく対応するという日本の現状をはるかに超えて、SDGs対応が実は世界に向けてのマーケティングにおける差別化につながるという前向きな提言をしてみます。

　「SDGsをまじめにやると当期利益が減りそうだ」というように、運営コスト増大要因と見なされている世間一般のイメージと逆に、大多数の項目対応はすでに実行していたり、単に会計処理上の発想を変える程度で大きな設備投資や借入金を必要とせず、世界に向けてのマーケティングにもなり、またZ世代と言われる社会性や倫理観の強い若者たちを採用する際にも魅力的な企業文化の構築に役立ちます。

14-1 SDGs（持続可能な開発目標）とは？

　国連では2000年にUNMDGs（United Nations Millennium Development

Goals）を提案し、大きく8項目で世界の貧困・飢餓・疾病・識字率・環境破壊や女性の地位向上、教育についての提言を行ない、その後15年間でこれらの項目について世界各国の状況を改善しようとしました。

　結果としては規模の大きな中国が経済発展とともにこれらの問題を改善した影響が大きく、UNMDGsが想像以上にうまくいった経緯があり、そこで15年からSDGs（Sustainable Development Goals）という名前で項目数を17に拡張し、新たな目標が定められたのです。

　この17項目をしっかり読み込んで、「自社ではｘｘ番の項目については、このように関与しています」という発信ができると、世界に対しての情報発信となります。

　まずは17項目を見てみましょう。

「SDGsの17の目標」

❶あらゆる場所で、あらゆる形態の貧困に終止符を打つ

❷飢餓をゼロ に

❸あらゆる年齢のすべての人々の健康的な生活を確保し、福祉を推進する

❹すべての人々に包摂的かつ公平で質の高い教育を提供し、生涯学習の機会を促進する

❺ジェンダーの平等を達成し、すべての女性と女児のエンパワーメントを図る

❻すべての人々に水と衛生へのアクセスを確保する

❼手頃で信頼でき、持続可能かつ近代的なエネルギーへのアクセスを確保する

❽すべての人々のための包摂的かつ持続可能な経済成長、雇用及びディーセント・ワークを推進する

❾レジリエントなインフラを整備し、持続可能な産業化を推進するとともに、イノベーションの拡大を図る

❿国内及び国家間の不平等を是正する

⓫都市を包摂的、安全、レジリエントかつ持続可能にする

⓬持続可能な消費と生産のパターンを確保する

⓭気候変動とその影響に立ち向かうため、緊急対策を取る

⑭海洋と海洋資源を保全し、
　持続可能な形で利用する

⑮森林の持続可能な管理、
　砂漠化への対処、土地劣

表1 SDGs 情報開示例

SDGs目標1: 従業員貧困状況	該当従業員数 (a)	貧困層以下の年収者数 (b)	貧困ライン以下比率 (b)/(a)
正規職員	130	0	0%
非正規職員	70	25	35.7%

化の阻止及び逆転、ならびに生物多様性損失の阻止を図る

⑯公正、平和かつ包摂的な社会を推進する

⑰持続可能な開発に向けてグローバル・パートナーシップを活性化する

14-2 DMO・宿泊産業が関与可能な SDGs項目別の検討開示

　それでは順番に議論していきましょう。DMOと宿泊産業に特化して具体的に議論をし、いかに開示していくかの例示もしていきます。

❶目標1：貧困解消

　貧困と言うと、アフリカなどの最貧国のイメージであり、先進国G7の一員である日本は関係なく、まして自分の勤務先のDMOや宿泊施設は関係ない、と思われているかもしれません。

　しかしながら、厚生労働省『2022年 国民生活基礎調査の概況』によると、日本における貧困ラインは年収127万円。 1ヵ月で10万5000円程度です。一方、国税庁の「民間給与実態統計調査」（令和元年分）によると、年間を通じて勤務した非正規雇用者の平均年収は175万円、うち男性は226万円、女性は152万円ですので、非正規女性はもっとも貧困ラインに近い年収水準です。

　表1に例示したケースのように、DMOなり宿泊企業に勤務している場合は「当社全従業員200名のうち、正規職員は130名であり、全員が日本の貧困ラインを超える年収を受け取っており、貧困率は0％ながら、70名の非正規職員については、当社の経理データでは税引前の年収で合計125万円を支払っていないケースが25件ありました。この背景には日本国独自の税制である扶養控除（納税者に所得税法上の控除対象扶養親族となる人がいる場合には、一定の金

額の所得控除が受けられる制度）に関しての税制で被扶養者の年収が103万円以下の場合には税制上の特典を得られるために、年収をその額以下に抑える意図があったと推察される」と説明した上で、現状をきちんと開示するといいです。

このようにSDGs目標1に関しては、当社（当DMO）は現状こうです、という説明をそのまま日本語・英語で開示すればいいのです。SDGs対応を意識しているのかというだけでも貴社の印象は向上します。

ここでぜひ述べたいのは、日本文化と欧米文化の相違点です。日本の場合だと完璧をめざす意識が強いので、貧困ライン以下の職員がいるという現状があるとそれを隠したい、開示するのは恥ずかしいという発想になります。しかし当地米国ならば、まずは現状を開示します。現状を数値で捉えることで、今後その数値が改善するのか、悪化するのかが測定できることになりますので、そこに恩恵があると考えて堂々と開示するのです。

❷目標2：飢餓をゼロに

この項目だけを読むと、「当社にはまったく関係ないので該当なし」と反応しがちですね。しかしDMOの立場ならば、「当地の宿泊施設総数100軒、うち地域（市区町村や県ベース）内からの農産物食材調達を優先して実行している施設数45軒、地域内からの農産物食材調達が50％を超える施設は28軒」という状況が開示できるように、各施設にアンケート調査を実施するという方法があります。

各宿泊施設の場合は実際に地域（市区町村や県ベース）内からの農産物食材調達率を年間平均で開示していただいてもいいですが、また別の情報開示方法もあります。

たとえば直接域内農家から定期的に農産物を購入している場合には、その農家・農地現場に従業員が往訪する際に広報担当も連れて行き、気の利いた写真を複数撮って「当社は域内の農家から積極的に食材調達をして、域内農業セクターの飢餓撲滅、持続性に貢献しています」というような情報開示をするのが米国企業の発想です。

　つまりSDGsは実際に17項目を読んで、何か関係がないかとじっくりと考えることで逆に多くのインバウンド向けマーケティングを仕掛けるきっかけになるのです。

❸目標3：健康的な生活・福祉充足

　この項目も一見すると「当社にはまったく関係ないので該当なし」と反応しがちですが、今回の練習はしっかりと読み込んで当DMO・当社で取り組める、またはすでに取り組んでいることがあるならばそれを世界に向けて開示しよう、という発想をするための頭の体操です。

　目標3については、組織内の従業員の有給休暇全数と実際の取得日数を比較した有給休暇取得率という各社の人事部・総務部が把握しているデータを使い、「当社（当DMO）の目標3への取り組み状況」という表をつくって開示する方法があるかと思います。

　あるいは、福祉充実の観点ならば、組織内人員が利用できる福利厚生内容（健康保険、医療補助、利用可能なレクリエーション施設内容など）を開示して、それが扶養家族も利用可能だという点を説明するのもいいでしょう。一部の企業で行なっている保育園や幼稚園、あるいは老人福祉施設への補助も、日本の方々は当たり前に開示するような内容ではないと思われているかもしれませんが、世界に向かってSDGs目標を意識して順守内容を開示していくことが今後のインバウンド対応に向かってのゲームなのだ、という発想で情報開示していく気構えが重要です。

❹目標4：教育と生涯学習

　この目標も一見DMOや宿泊業界には関係なさそうに見えます。一般的な義務教育と高等教育に関しては確かに政府が主導する分野ですが、生涯教育については実は皆さまに関係があります。職業訓練や社内研修があれば、その情報は積極的に開示すべきなのです。たとえば「当社は総従業員数ｘｘ名で、過去一年間には総計何日間にわたり企業内研修を実施し、ｘｘ名がそれに参加した。当社は従業員の生涯教育（＝社会人教育）には組織内資源を投入して組織的に

表2 **情報開示例・雇用別女性比率**

SDGs目標5: 従業員貧困状況	該当 従業員数 (a)	女性 従業員数 (b)	女性比率 (b)/(a)
正規職員	130	70	53.8%
非正規職員	70	58	82.8%

実施し、従業員の知識向上・生産性向上への継続的投資をしている」というような言い方ができます。つまり今まで行なってきたが、世界に向けて発信するという発想がなかったということです。これも広報を利用して研修の様子を写真で開示すると効果があります。

❺目標5:ジェンダー平等と女性の能力強化

これについては日本の宿泊業界もDMOも実はすでに有利な数値が多い分野だと思います。単にそれを積極的に世界に開示するという意識が希薄だっただけでしょう（表2）。

本当に自信がある企業ならば、同様の表を「管理職女性比率」に関しても作成して開示してみる方法があります。おそらく多くのDMOや宿泊業界は、目標5については現状でもすばらしい数値だと思いますので、そこは積極的に開示する方向性にするといいでしょう。

❻目標6:水と衛生

この目標も一見DMOや宿泊業界には関係なさそうに見えます。それは日本の皆さまが世界でも稀な衛生面に恵まれた国に住んでいて、それを感じる機会があまりないが故に、当たり前に思っていることがあるからです。それは水道水がそのまま飲めるかということであり、実は世界の圧倒的過半数の国では公共の水道水は飲めません。北米、西欧、豪州・ニュージーランド、アジア地区ではサウジアラビア、韓国、日本と限られています。筆者は米国在住で欧州出張が多いのですが、欧米に住む人たちの発想は「あなたの国は欧米のように水道水は飲めるのか」という感じです。日本人にとっては水道水が飲めるというのはあまりに当たり前ですが、その当たり前の事実も、あえて言ってあげると理解してもらえる（つまり言わないと理解してもらえない層が存在する）ということがあるのです（図1）。

目標6に関してはDMOならば「当地域の水道水は100%そのまま飲めます」、

図1 安全に管理された飲み水を利用できる人の割合（2022年）

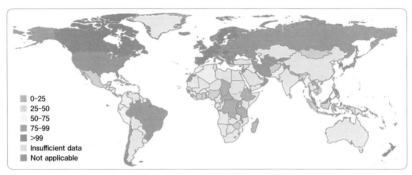

- 0-25
- 25-50
- 50-75
- 75-99
- >99
- Insufficient data
- Not applicable

出典：ユニセフ・WHO 報告書「家庭の水と衛生の前進2000～2022年：ジェンダーに焦点を当てて
（Progress on household drinking water, sanitation and hygiene (WASH) 2000-2022: Special focus on gender）

宿泊施設ならば「当施設内の水道水は、各客室及びすべての施設内でそのまま飲める水質を確保しています。また当ホテルの従業員の自宅すべてで水道水は100％そのまま飲めます」という日本人にとっては当たり前で発想にも浮かばない事実をあえて英語で世界に発信する必要があるのです。

　また、水資源が貴重であるという国が世界では過半数で、それらの国々からも来訪するインバウンドに対しては、中山間地や山岳地帯のホテルやDMOにとっては「当地域の水は日本国内でも評判になるほどの名水であり、飲んでいただくとその味を理解していただけますし、その水を使って調理した食材や飲料の味をお楽しみください」という宣伝は、国によっては想像以上に前向きに評価してもらえるという広い世界の状況を考慮したコミュニケーションの機会があります。

❼目標7：持続可能かつ近代的なエネルギーへのアクセス

　これはすべての地域や施設にて実施済みというような進んだ状況ではないと思いますが、たとえば電力を供給する電力会社に照会して、当地域・当宿泊施設にて使用する電力の発電構成比（火力発電、水力発電、風力発電、太陽光発電、原子力発電などの発電比率）を教えてもらい、それをそのまま引用記載することは即可能だと思います。また、自社内で太陽光や水力・風力発電を利用している場合には、それは堂々と大きく記載することが重要です。

❽目標8：持続可能な経済成長、生産的及び人間らしい雇用（ディーセント・ワーク）の推進

　持続可能な経済成長ですが、少子高齢化により人口が減少している日本人相手のビジネスモデルでは、その実現が困難なことは明確なはずです。ではなぜ日本人相手の業務に固執する人が多いかというと、市場規模はまだ日本人相手の市場のほうが大きく、何といっても外国語を使わなくて業務ができる快適さや、昭和時代からのビジネスモデルでキャリアを積んできた人たちにとっては、昭和時代からのやり方を変えたくないという内部事情があるからです。

　日本の経済成長は2018年度で言うと、G7の中でもビリの年率1.3%、G7平均の2.2%よりも劣ります。故に、成長をめざすならば、日本にいながらにして世界の高い経済成長率の勢いを取り込める輸出産業、特に他産業セクターへの総合的な経済刺激効果の高いインバウンド層の取り込みをしていくことが重要なのです。

　生産的で人間らしい雇用（ディーセント・ワーク）については、実は観光・宿泊産業はすでに他産業よりも構造的に優位な内容が多くなっています。簡単にご説明しましょう。

　原材料に付加価値を追加して商品やサービスをつくり、それを消費者の最終需要に対して販売することで企業には売上げが立ちます。観光ホスピタリティ産業においては、原材料に労働力を加えて最終需要向けの商品（例：客室利用権、あるいは客室プラス１食か２食の提供を含む）が完成します。つまり最終需要対象である客室利用権（１泊３万円としましょう）を「産出」するのに、どのような物品サービス群（中間材）が「投入」されたかが焦点となります。客室の例ならば、通常、投入側は清潔なリネン（シーツやタオル類）、シャンプーやリンス、石鹸、あるいは無料コーヒーやペットボトルなどの消耗備品、そして目に見えにくいですが、電気・水道・お湯、そして微量の資産消耗への資本準備金（減価償却と同様の水準）があります。何といっても項目別に一番大きな投入要因は労働力であり、その対価として支払われる賃金部分が圧倒的に最大項目である点が、この産業セクターの特徴です。投入要因の中で、30〜

35％は労働力（＝賃金で測定される）が占めます。

　通常のビジネススクールや商学部で学ぶ定番の経営学カリキュラムでは、人件費は当期利益を減らす「悪」だという感覚で語られますが、SDGsの発想だと、むしろ地域住民である従業員に会社運営によって生まれた営業粗利益を分け与えることは「善」であり、地域経済の発展には地域住民である従業員は有益な分配先であるという発想にな

表3　　　　　　　　　単位：1000ボツワナプラ（BWP／1BWPは約10円）

総売上げ	1,107,467
物品サービス原価	555,844
運営から生まれた富	551,623
受取金利	1,901
その他雑収入	16,182
年間に創造された富の総額	**569,706 (100%)**

富の総額の分配先内容		
項目内容		割 合
従業員		
福利厚生費と賃金	349,616	61.4%
政府		
当期税金支払い	38,623	6.8%
資本の供給者たち	45,878	8.1%
支払い利息	11,096	1.9%
株主への配当	34,782	6.1%
組織成長のための内部留保		
減価償却	76,927	13.5%
減損	3,165	0.6%
内部留保	55,497	9.7%
富の総額の総分配額	**569,706**	**100.0%**

参照：ウィルダネスサファリ社2017年年次報告書

るのです。既存の常識の逆ですし、日本の管理会計制度でもホテル管理会計では世界標準となりつつあるUSALI（米国ホテル統一会計基準：Uniform System of Accounting for Lodging Industry）でも制度的にまだそこまで発展していません。しかし今後10年単位で世界を俯瞰すると、この方向の情報開示に進んでいく可能性が高いです。

　具体例を挙げましょう。表3は米国でも欧州でもなく、アフリカ某国で一部上場企業が挙げている年次報告書です。ここでは、ロッジ運営によって世界から富を集めて、その富が従業員、地元政府、資本の供給者たち（金融機関と株主）及び内部留保に向けていかに分配されていくかという発想で財務諸表がつくられています。見ていただくと、創出した富の61％が現地従業員に分配されることで地域の貧困が解消されるというビジネスモデルがよく見えます。人件費は悪だという今までの常識を捨てて、自社の社会での存在意義を考える良い機会です。また政府（地方自治体）に税金を払うのも、当期利益＝配当原資が減る分、今までの企業経営の常識だと「悪」だと思われている可能性が高いで

すが、この運営をして世界からの観光客を招致し満足してもらうことで、政府（地方自治体）にも富の一部を分け与えることができるという観点だと、まさに地元社会への貢献です。

❾目標9：強靭（レジリエント）なインフラ整備、持続可能な産業化の促進及びイノベーションの拡大

これも宿泊・観光産業には一見関係なさそうな項目ですし、少し考えても関係を見つけるのが難しいかもしれません。しかし、DMOや宿泊施設でリモート業務をできる体制を整えて、たとえば妊娠した女性職員や産後間もないが職場復帰したい女性職員、また乳幼児及び介護が必要な人との同居・補助をしている職員がいかに生産活動を継続できるかを考える部分は、まさに包摂的かつ持続可能な産業化の促進であり、そこでの工夫を積み重ねていくとイノベーションの拡大に直結していきます。

レジリエントなインフラ構築に関しては、たとえば天変地異・自然災害が発生した時に、宿泊施設を避難民の避難施設として低額かつ定額の対価を得る取り決めや契約を事前に地元自治体と締結しておく。DMOであれば、地域内に存在する宿泊施設の客室数及び収容人数を把握し、うち何軒が地元自治体と災害発生時の施設供与に関する協定を結んでいるかを把握していると、その宿泊施設への移動手段や食材備品の搬入方法などについても地元自治体の災害・防災担当者とあらかじめ相談しておくことができます。

また、たまたま来訪していた観光客をいかに施設に収容し、その後、安全に避難させるか、どの職員が徒歩圏内に居住しているかなど、各宿泊施設とDMOが避難計画を作成しておくと、非常事態発生時に役立ちます。もちろん、そうした非常時対策について地域と各施設で準備しているという点をSDGsの目標9への対応内容として、普段から世界に対して発信しておく姿勢がマーケティングの観点でも役立ちます。

あとは、職場でボランティア活動の一環として年に一度でも中山間地域での植林や伐採、剪定などに参加していると、「当社では地域のレジリエントな山間地育成にボランティアを派遣し、SDGs目標9の重要性を従業員に体感して

もらっている」というような発信が可能となります。

⑩目標10：不平等是正

ここまで来ると、17項目内で若干重複する内容があることに気付かれるでしょう。「世界各国間の不平等是正」については、日本政府やJICAの範疇にありますが、われわれDMOや宿泊業界が検討すべきは「日本国内の不平等是正」です。これは経済的な指標である貧困問題とすると目標1でふれましたし、目標3、4、5はそれぞれに不平等是正という観点で対応案を考えました。あえて大きな像を俯瞰するならば、観光産業は現時点ではもっとも平均年収が低い産業セクター群であり、かつ非正規職員の比率と女性比率が比較的に高い産業セクターである点です（表4参照）。

それは別の見方をすれば、この産業セクターで非正規職員、特に女性の年収を上げることの波及的効果は大きいということで、観光・宿泊産業セクターが日本国内の多くの不平等を是正する引き金の役割があるということです。

⑪目標11：安全で持続可能な都市と居住空間

これはある程度の都市に存在するDMOや宿泊施設には関連する話です。幸いにして安全・安心について日本は世界トップクラスのスコアですので、治安関係では個別のDMOや宿泊施設が急ぎ何かを行なう理由は見当たりません。しかし、インバウンド客が来訪した際に、個別に医療や警察サービスを利用したい場合、どこの機関の誰に連絡をすればいいのか、英語以外の言語に対応できる担当者はいるのか、それらの住所や連絡先などを一元管理しているDMOや宿泊施設は多くないでしょう。これらの情報を一覧表にして英語で表記しておくだけでも、インバウンド客の不安は減少します。

安全と娯楽どちらにも少し関係しますが、都市空間内の手書きの地図で①英語＆その他言語対応のレストラン・バーの位置（住所）、②連絡先、③営業時間、④おおよその平均客単価がわかると、インバウンド観光客は安心してナイトライフを楽しめるようになります。人口数十万人規模の地方都市に行くと、日本人でも日没後にどの店が開いていて、どの程度の金額が目安なのかの情報を得

にくい現状があります。特にインバウンド観光客にはそれらの情報が欠乏しています。

⓬目標12：持続可能な生産消費形態

これはまず、われわれの産業における生産と消費について少し考える必要があります。DMOにとっては観光産業というと、その消費は観光客が来訪して観光資源を見たり経験したりることです。

表4 産業セクター別平均年収表
（2019年国税庁データ）

業　種	男	女	計
電気・ガス・熱供給・水道業	7,667	5,299	7,147
金融業、保険業	8,139	4,165	6,297
情報通信業	6,804	4,420	6,111
建設業	5,584	2,959	5,090
学術研究、専門・技術サービス業、教育、学習支援業	6,171	3,703	5,029
製造業	5,773	3,023	5,014
複合サービス業	5,287	3,421	4,518
運輸業、郵便業	4,830	2,682	4,443
不動産業、物品賃貸業	5,210	3,031	4,234
医療、福祉	5,448	3,393	3,968
卸売業、小売業	4,958	2,394	3,722
サービス業	4,328	2,495	3,525
農林水産・鉱業	3,644	2,232	2,999
宿泊業、飲食サービス業	3,431	1,718	2,513
合計	5,322	2,926	4,331

参照：All Aboutより2020年国税庁データ引用。民間企業で一年を通じて勤務した給与所得者（パートタイマー、アルバイト、派遣社員、契約社員、嘱託などの非正規を含む）の平均給与を業種別、男女別に集計したもの。単位は千円。

観光資源には景観のような天然資源もあれば、登山やハイキングコースのような自分で体験する自然観光資源、神社仏閣のような人工物でも時代の流れとともに遺跡・文化の領域にまで広がる魅力を持った観光資源もあります。世界的に見てもトップクラスの文化的意義がある景観や建物はユネスコ世界遺産のような普遍的なお墨付きを得たり、それに準じた観光資源は日本遺産のような認定を受けることがあります。博物館や美術館の類も文化的な価値がある観光資源です。また東京ディズニーリゾートやユニバーサル・スタジオ・ジャパンのようなテーマパークも人工的に造られた観光資源ですし、その観点ではIR（Integrated Resort）も観光資源です。整備に人手のかかるスキー場や海岸も観光資源ですし、施設そのものが観光の目的になることがあるホテルや旅館も、ほとんどの観光客が毎晩どこかに泊まらざるを得ないという意味では立派な観光資源です。

それら観光資源の最大公約数は何でしょうか。どの観光資源でもその維持には手間がかかる、すなわちその資産価値の維持には人間による労働力の投入が

必須です。労働力の投入には対価として賃金が発生します。その投入した賃金で労働力を金銭価値で測定することができます。もちろん実際には、維持に物品サービスの資本支出も必要です。自然や山岳に恵まれた日本では入場料は払わなくても、通路や柵、案内看板の設置・維持・補修は登山やハイキングコースでは必須です。ではそのような物品サービス投入の資本支出と人件費はどこから捻出されているのでしょうか。

観光資源の受益者は観光客ですね。特に地域外から来る人たちは、その地域の市区町村に税金を払っているわけではないのに、その市区町村が整備した登山やハイキングコースの恩恵を得ています。では資本支出や人件費の負担者は誰かというと、多くの場合は市区町村レベルの地方自治体であり、場合によっては都道府県や国レベルで整備されることになります。地方自治体の場合は、本当に地方自治体が負担者なのかと考えると、実は地方自治体に税収を払っているのは地域に住む住民です。世界的に市区町村レベルの税収の大きな源は固定資産税です。すると、以前に宿泊税の議論をした際に言及した問題がまた発生します。

⑬目標13：気候変動及びその影響を軽減

これは具体的に何をしたらいいのか漠然とした項目かもしれませんが、そのような場合には、気候変動との相関関係が強いと言われている二酸化炭素の排出を抑えるために、DMOや宿泊施設で何をしているかという点に置き換えるといいと思います。

観光客が移動すると、確実にどこかで二酸化炭素が排出されます。飛行機も自動車もこれを排出しますので、それを止めるには不要不急の人の動きを止めるべきだという観光産業を否定する議論に結びついてしまいます。その意味では、ある距離を移動するのに、より少ない二酸化炭素排出量で移動できる輸送手段のほうが優れているという議論は可能ですし、有益です。実は、日本は世界でも鉄道ネットワークの密度と効率性がとても高い国であり、鉄道の効率性と二酸化炭素の排出量の少なさは他の交通手段と比較しても卓越しているため、「日本での国内移動は鉄道という時間に正確で環境に優しい移動手段を使うこ

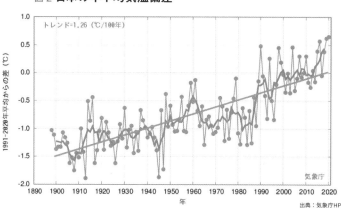

図2 **日本の年平均気温偏差**

出典：気象庁HP

とで、世界でも稀な気候変動負担の少ない観光移動ができる」という観点は世界に向けて強く発信する価値があります。

　これと絡めて「山林・山間地で x x 本の植樹をすると二酸化炭素排出分を二酸化炭素吸収分と合わせてプラスマイナスゼロとなるカーボンニュートラルの旅ができ、SDGs目標13を遵守している」というような観光商品をぜひ中山間地を職域として持つDMOに開発してもらい、世界に対して発信していただきたいところです。

⓮目標14：海洋資源を保全

　海沿いのリゾート地や観光地の場合は、その食材調達において、地元の漁業組合と協力して海洋資源の保全に貢献するような調達方法を実施することができます。持続可能な調達方法として季節の旬の食材を適正な価格で調達する、というような購買方法を実施し、それを目標14を遵守する運営戦略としていることを世界に発信すればいいでしょう。

　または地元の漁業組合と協力して、食材購入そのものを有料の観光資源ツアーとして地元漁業組合の保全活動を紹介。その代金を漁業組合と折半して、漁業組合と漁師の方々にも海洋保全の重要性を直接観光客に啓蒙できる報酬機会を提供するというような観光商品を造成することは、宿泊施設とDMOが協力して開発できることだと思います。そうなると目標14への具体的な貢献として

発信ができます。

⓯ 目標15：森林の持続可能な管理、
砂漠化への対処、土地劣化の阻止・回復

　本目標の砂漠化への対処などは、構造的に水不足の国家にとっては深刻な問題ですが、日本の場合は幸いにして高温多湿な夏だけでなく、一年間を通じて水資源は比較的に恵まれた国土故に、ここでは森林の持続可能な管理が主眼になります。目標9に述べたような森林資源との関係を持つか、あるいはある程度高単価の宿泊施設であれば、国内の林業や木工業で生産された国産の伝統的な木材加工品を利用して、施設内の内装に生かすなどの直接の購入で施設の差別化を図るような方法が可能です。また、目標13に述べたようなカーボンニュートラルな観光商品を構築する際には、森林との共存を観光資源として商品化するのも日本固有の特性だと思います。米国や欧州、中南米を見ても、日本のような緑の密度が高い山脈や中山間地を有する類似の国は多くありません。もっと地肌が出た岩山のようなところが多いため、日本の山間地や山林は観光資源として商品整備していける可能性が充分にあります。

⓰ 目標16：平和で包摂的な社会促進、
司法へのアクセス提供、効果的で説明責任ある制度

　さすがに平和構築となると、観光の副次的な効果、すなわち他国文化の理解促進はあるものの、直接には観光商品として組みにくい点はあります。もちろん例外はあり、広島、長崎については、2023年に世界で封切りされた米国映画『オッペンハイマー』に触発されて外国人往訪客（主に欧米在住者）が増える可能性がありますし、今後その2都市への往訪客は高止まりすることが想定されます。

　司法へのアクセス提供ですが、実はこの問題は今までほぼ議論されていなかったのではと思います。少子高齢化による人口減の環境下、宿泊施設内のハウスキーパーなどに外国籍の従業員が増えていると思いますが、日本国籍を取得していない限り、日本人と同様の司法・法律の保護は受けられない状況です。

その意味では、大多数が一生に一度も弁護士を使うことのない日本人と異なり、在留資格やその他の法律絡みの問題は外国籍従業員にはより多く発生するわけです。その際に、地域なり宿泊施設なりで、自組織の外国籍従業員や少数派の方々に法律相談を組織のコストで提供する顧問弁護士のようなインフラを整備してあげることがこの目標に合致すると思います。

　効果的で説明責任ある制度については、比較的に多民族国家の経験が多くない日本が今後、少子高齢化による人口減で外国人労働者や管理職を受け入れざるを得ない状況に着実に移行している現状に鑑み、すべての商行為や企業内部統制、意思決定手法において、より高度な過程の透明化が求められるようになるのは確実です。

　たとえば、米国では常識的な制度であるジョブ・ディスクリプション（職務記述書）を挙げましょう。ある業務ポジションにおいて、何の仕事をするのか、何があなたの責任なのかを明確に記した表です。これがあれば、たとえば30項目があった場合にはそれぞれについて一つずつ上司や周囲から見た達成具合（通常５段階評価）と本人から見た達成具合を比較考量していくことで、組織体から見た評価と本人から見た自己評価の乖離を減らしていく、あるいは乖離の原因について具体的に理由を議論することができます。その過程で本人にとって30項目のうち一番の課題は何か、２番目の課題は何かという改善の機会に気付くことができます。そして一年後にまた同じプロセスを経た時に、昨年の課題は一年間経過して改善したか、変化はなかったか、あるいは悪化したのかが上司や周囲の意見をベースに本人に明確に示されるのです。

　日本人は、ほとんど同一民族国家（もちろん日本にはアイヌ民族がいましたが、一時期厳しい同化政策が取られた経緯あり。現在ではむしろ多民族国家としての歴史の証拠として、貴重な観光・歴史文化資産としての位置付け）として、年齢・入社年次、そして性別で昇進が決まっていくような環境で農耕民族として多くの年月を生きてきました。今まではジョブ・ディスクリプションがなくても、中高年男性が主導する組織文化内で無難に大過なく過ごせば年度とともに昇進できたのです。今後はそうした価値観が通用しない社会環境になりますし、外国人だからと差別的な扱いをすることは許されない環境になる点で、

この目標16が日本に示唆する内容は、実は重要な要素です。

⓱目標17：グローバル・パートナーシップ

これは、発展途上国がSDGsを遵守するためには先進国が技術・貿易政策・市場アクセスの点で積極的に援助をするように、というのが主眼な目標です。その意味ではこの目標はDMOや宿泊組織にとっては一番関係性が薄いものかもしれません。

ただし、もし発展途上国のDMOやホテル、観光業に選択的な支援をしたいという場合には、以下の国連Webでのメモが参考になります。「先進国は、途上国に対する政府開発援助（ODA／GNI）を自国国民総所得の0.7％分を開発援助に使うべきであり、また政府開発援助提供者は、ODA／GNIの少なくとも0.2％相当分を後発開発途上国に提供するという目標を設定することを検討することが奨励されます」（参照：Goal 17: Partnerships for the goals - The Global Goals）。

たとえばの話ですが、今後DMOや宿泊施設内で後発開発途上国出身者が増えてきた場合、毎年売上げの0.7％を従業員の出身国である開発途上国の観光産業や宿泊施設、ホテル教育機関への寄付金として利用し、うち売上げの0.2％分は従業員の出身国である後発開発途上国向けに寄付するとします。このような運営をすると、大変に感謝されると思いますし、その国出身の従業員が誇りに思ってくれて、将来もその国から優秀な人材を確保できる可能性が高くなります。

14-3 最後に

ここまで読んでいただいた方々は、「SDGsはプラスチック製ストローや使い捨て歯ブラシを紙製や木製で代替して、あとはSDGsのバッジをスーツに着ければ免罪符になる」という対応法がいかに浅く、世界に向けた貴重なマーケティング機会を逸失していることに気付かれたと思います。

日本を訪れるインバウンド観光客は今後順調に増え続けていき、日本国内に

おける消費額シェアも順調に拡大していきます。その増収増益環境でより世界に正しくアピールするには、SDGsの17項目とそれらの遵守状況を年次報告書とホームページで日本語と英語で発信していく、攻めのマーケティングの機会があることがわかったのではないでしょうか。

第15章

DMOビジネスモデル
持続性の確認と今後10年間の
方向性について

Confirming the sustainability of the DMO business model
and the direction of the DMO business model for the next 10 years

　これまでに米国型、現状では世界最先端水準のDMO運営の骨子について多岐にわたって議論してきました。その使命としては、既存の日本版DMO、あるいはその前段階の観光協会モデルからの看板付け替え状況にある組織に、今後組織変革していく方向性を明示して、その方向への自己改革を促すという点にあります。最後に強調したい点や確認する点をチェックしてみます。

　昭和時代に発展した各市区町村や都道府県レベルの観光協会モデルでは、令和時代のインバウンド客を誘致してその観光消費の経済効果で地方経済創生を図るという国家戦略に対応できません。観光協会モデルの看板を替えただけでは、今後継続して増加するかが不確実な各地方自治体の一般財源に依存した資金源では、中長期にわたって組織が持続できるかは疑問です。ましてや、既存観光協会モデルで自己変革を仕掛けずに補助金などを確保して延命しているような組織は、内閣府からの補助金がなくなる時点で組織の持続性が確保できなくなり、過半数以上が破綻してしまうことが想定されます。

　しかしながら、すでに労働力不足の状態にある現状の観光ホスピタリティ産業では、日本版DMOや観光協会が破綻・倒産してしまっても、同じ組織や人材を転用・再利用して地方創生の要となるべきDMOを再構築しないと、地方創生の核となるインバウンド観光のリーダーが不在となってしまいます。それならば、破綻・倒産という無駄を省いて世界水準のDMOに組織を自己変革し、

地域でインバウンド観光を奨励して地方創生に貢献していくほうが効率が良いというわけで、本書では世界最先端レベルのDMO構築の方向性を明示してきました。

　現在はウクライナ紛争による原油・天然ガス価格の高騰により貿易収支が構造的赤字状態となり、国富を減らしながらも国民生活水準の確保のためにそれらエネルギーを継続購入せざるを得ない環境下です。少しでも貿易赤字を減少、あるいは貿易黒字に転換するためには、インバウンド観光産業は外貨獲得による国富増大の切り札であり、国内の富を移転させているだけに過ぎない日本人国内観光需要への対応とは戦略的重要性が比較できないほど高いものです。

　それでは現在の観光地奨励組織が日本の伝統的な観光協会に近いのか、あるいは世界水準のDMO形態に近いのか、単純なテストをしてみましょう。

15-1 簡易チェックリスト：
世界水準DMOモデルに向けた自己変革の進捗状況確認表の利用方法

　現在、日本国内に存在する日本版DMOや観光協会の方々が世界水準のDMOモデルへ自己変革していく上での進捗状況確認をするために、現時点で23項目ある質問事項（P282別掲表）を一つずつ確認していただきます。なお、結果のスコアについては記述式ではなく、すべて指定された数字を選んでいく形式です。紙とペンの場合は、該当する数値に丸を付けて次の質問に進んでいただいても構いません。パソコンやタブレット、スマートフォンの場合は質問1：ｘｘ点、質問2：ｘｘ点とエクセル表に入力していただくと最終的な合計点の計算もできます。

　現状の質問事項は23項目で、最大可能獲得点数は50点です。すべて回答していただいた後、それら点数を合計していただきます。その合計点が出た時点で、その獲得点数により以下の５段階のどのレベルに合致するかが一目瞭然となります。

レベル1（50〜40点）

　まずレベル1の40点以上を計上した日本版DMOと日本型観光協会は、堂々とDMOを名乗れる内容であり、世界水準のDMOという現時点で世界最先端を行く米国型DMOとも互角に対話や相談・意見交換ができるレベルと言えます。日本でインバウンド客を地方各地に往訪させて、その観光支出により地方経済の創生を図るという日本政府が描いた国家戦略を遂行するためには、このレベルの、いわば世界に通用する水準のDMOをできる限り多く育成することが必須です。また、このレベルのDMOは日本国内の下位のスコアを獲得した日本版DMOと日本型観光協会にとっては良き手本、模倣対象となり、日本国内にこのレベルのDMOの数が増えれば増えるほど、全体の変革の速度は増すことになります。

　具体的な質問を見ると、本書で14章にわたって詳しく解説してきた内容をいかに実現しているかの確認期末テストのような内容であることが理解していただけるかと思います。

レベル2（39〜30点）

　レベル2をいきなり獲得できる日本版DMOと日本型観光協会は、世界のDMOや世界水準の米国型DMOとの接点があり、今後どの方向に自己変革を継続していけば良いのかが把握できているレベルと言えます。このレベルだと、真の世界水準DMOになるためには今後何をしていくべきなのかについて、方向性がブレる心配は少なく、あとは自己変革に必要な要因を一つずつ解決していくという作業が必要なレベルです。

　過去に何度か申し上げていますが、女性活用・組織長・社長を含めた女性管理職登用は、女性に下駄を履かせるアファーマティブアクションの結果ではなく、他者のニーズを注意深く聞くことから始まるマーケティングという組織活動を主とするDMOにとっては、女性の特性がむしろ男性よりも有効に機能する点に着目した結果として女性登用が進んでいるのです。女性活用の問題は重要であり、世界水準をめざすならば意識してこれを実現すべきです。加えて前章でSDGsについて議論したように、日本では単なるプラスチックストローや

プラスチック歯ブラシの廃止、SDGsのピンバッジを着けて終わりというやや浅はかな誤解が広まっています。SDGsの17項目原文をしっかり読み込んで、それら各項目への適合率を自ら世界に向かって開示するという姿勢を示すと、レベル2からレベル1への移行への点数が効率的に積み上がります。

レベル3（29〜20点）

このレベルに属する日本版DMOと日本型観光協会はおそらくそう多くないが、そこそこの数がここに入ってくるかと推察します。インバウンド客の観光支出で地方経済創生をめざす国家戦略への貢献という意味では、ほぼ期待通りの自己変革を仕掛けているというレベルだと言えます。特に現在、47都道府県に250超が存在する日本版DMOの看板を掲げた日本型観光協会が大半を占める観光地奨励組織にとっては、まずはこのレベルまで達成していれば、他の日本版DMOと日本型観光協会との相対比較ではそう劣等感や劣後感は感じなくてすむのだと推察します。

ただし、日本国内組織全般に対して言えることですが、ベンチマークは日本国内の同業他組織にするべきではなく、あくまでも世界水準・最先端のビジネスモデルにいかに近づくかという観点で自己変革を継続する意識を持っていただくのが、国家戦略実現への貢献につながります。

このレベルで一番大きな課題は、ビジネスの持続性（サステナビリティ）という観点での自主財源確保であり、筆者が数度にわたり強調した「一般財源に入れずに使途限定引出制限勘定に入れる、定率制での宿泊税制度確立」を地方自治体と一緒に実現していく部分の配点が大きくなります。東京都や大阪市、京都市などが国内事例のみを参照して軒並み誤った「定額制・一般財源化」という世界水準で俯瞰して極めて残念なモデルを採用しています。世界の状況を俯瞰して世界水準の「定率制・地方目的税化」でがっちりと徴税して、地元住民に一切負担を掛けずに観光産業育成と問題解決の財源を確保するという部分がきちんと組めると、このレベルを超えて一気に世界水準の持続性あるビジネスモデルが確立できると思います。

レベル4（19〜10点）

このレベルの日本版DMOと日本型観光協会は、前述のインバウンド客招聘による地方での観光支出で少子化・高齢化による人口減に悩む地方経済創生に貢献してほしいという国家戦略への理解度があまり高くありません。むしろ昭和型の日本観光協会モデルを温存して観光庁や内閣府の各種補助金獲得で延命策を図っているのではないかとの嫌疑を持たれても仕方ないほどにDMOのビジネスモデルへの理解が不足しており、その方向性への移行についても、どちらの方向に何を改革すれば良いのかわからないという状況かと推察します。

ただし、逆説的に言えば、このレベルの日本版DMOと日本型観光協会、おそらく看板付け替えで延命できると思っている日本型観光協会は日本版DMO300超の中で一番ボリュームが多いのではと推察します。このレベルの日本型観光協会が正しい方向性で世界水準のDMOモデル構築に自己変革を進めることができれば、国家戦略実現には影響力が大きなグループだと思います。若干心配なのは、このグループは何をどう自己変革したら良いのかがより俯瞰できていないグループであり、「今のままで組織大変革しなくても、小手先対応だけしていれば補助金申請で何とか生き延びれますよ」という類の世界水準DMOが見えていない自称コンサルタントたちの短期的アドバイスに目が眩んでしまう可能性が高いグループでもあります。

レベル5（9〜0点）

ここのレベルだとまちがいなく破綻可能性が一番高い、看板付け替えで延命できると思っている昭和時代の日本型観光協会モデルということが判明します。おそらく経営陣には昭和時代から、日本人団体客を相手に仕事をしてきた観光協会や市区町村観光課出身者、その相手方だった、外国人個人旅行客からはほど遠い旅行代理店卒業生の日本人男性が管理職階を独占しているようなイメージの組織でしょう。このレベルにいる看板付け替えで延命できると思っている日本型観光協会は、世界動向を自分で英語情報を読み込むという活動を行なう能力も可能性も高くなく、その分、有象無象のコンサルタント系のアドバイスを鵜呑みにしてしまう可能性が高いです。自分で組織変革を仕掛けるには①現

状把握、②理想像設定：これは世界水準DMO、③何年間で現状から理想像に移行するかの期間設定、の３ステップで戦略案が描けますが、多くの場合まず①の現状把握をする意思も能力もないので、目の前の課題群に対してどのように対処してよいのかがわからない状況となります。

　カーナビが次の道をどちらに曲がり、どの程度の距離の後にまた曲がるという説明ができるのは、目的地が設定されていて、現在の位置が正確に把握できるからです。観光に限らず、日本の組織が現状把握を拒む確率が高いのは、現状把握をすると当然、現在の問題点が炙り出されてしまうので、それを嫌がる心理があるのです。「人間ドックに行くと、医者から問題点を列挙されるから嫌だ」と逃げ回る心理と同じです。問題点を把握するから改善ができるのに、そこを拒否していてはまったく改善ができませんね。ただし簡易テストを行なっていただいた勇気は高く評価します。

15-2　日本版DMOを世界水準のDMOに自己変革する道標と方向性

　現状が把握できれば、その後はこれまで精査してきた米国型・世界最先端水準のDMOの方向性に進んでいけばいくほど日本の国家戦略に貢献でき、また自分たちの報酬も地域住民の生活の質（地域の一人あたりGDPで測定可能）も同時に上げることができます。

　もっとわかりやすく手っ取り早い世界水準DMOへの自己変革方法を教えてくれというせっかちな方々には、単純な方法があります。

　さきほど実施した簡易チェックリスト（日本版DMO・観光協会の世界水準DMOモデルへの自己変革進捗状況確認表）の各項目で点数を上げる改革を一つずつ実現すればいいのです。そうすると、自然と現状から世界水準DMOへの自己変革が進行していくことになります。

　少子化・高齢化による人口減少が加速する現状、インバウンド客誘致により彼らの観光支出で地方経済を創生する国家戦略に、できるだけ早く各地方が貢献し、その恩恵により自分たちで地域の活性化を図る必要があります。

　全米の市区町村郡でもっとも年間観光客が来訪する都市はフロリダ州オーランド（行政地域はフロリダ州オレンジ郡）ですが、2019年の総来訪客数7400万人のうちインバウンド客は500万人程度であり、7％ほどに過ぎません。特筆すべきはその7％のインバウンド客層へのマーケティング費用に年間予算の54％を投入している事実です。平均滞在期間が長く、結果として観光支出額も高く、相手国の経済成長の勢いをそのまま取り込める輸出産業として、ここまで戦略的な予算配分をしているのが世界最先端のDMOの予算内容なのです。

　外国語ができないからと、昭和時代からの継続で日本人だけを相手に観光誘致活動をしておけばいいという発想は、国家戦略としての外貨獲得・国富増大をまったく理解していない残念な状況です。そのあたりの古いメンタリティはこの簡易テストで浮き彫りになると思います。簡易テストの成績が悪くても、現状把握を行なった勇気は称賛されるべきであり、一番大切なのは、そこからどう自己変革を仕掛けるか（理想像は世界水準DMOで不動）の戦略案策定と実行です。

15-3 日本版DMOの理想像設定と現状把握

　チェックリスト作成に際して、筆者の頭の中には世界水準DMOの理想像があり、そこに近づくにはどのような方向に進んでいけばよいのかというイメージが存在しました。そのイメージをきちんと要約して明示しておきましょう。

●DMOの使命が明確に定義され、定款・Web・年次報告書などに明示されている。
→観光を産業として利用し、地域住民の生活の質の維持または向上。
●活動内容に対外的マーケティングだけでなく、地域住民に対する観光産業の重要性啓蒙、地域の民間・役所を含めたコミュニケーション能力が必須な観光地経営主導がすべて明記されている。
→地方の観光関連民間企業や地方自治体をも巻き込んでリーダーシップを発揮するには、普段からの対話や情報収集による信頼感の確保が必須。

●市区町村からの一般財源交付依存ではなく、持続性ある運転資金確保の方法が確立されている。

→使途限定目的税としての充分な宿泊税収の確保。

→一般財源からの資金交付を一切排除。観光奨励への地域住民の負担を回避。

●主要ターゲット客層（個人客、場合によってはMICE客）が把握されており、年次の数値目標と管理体制が存在する。外貨獲得・国富増大に貢献するインバウンド客層へのマーケティングに対応できる人材が組織内に存在する。

→ボリュームが多いのは日本人観光客でも、成長率はインバウンド客のほうが高いことを理解。

●マーケティング業務に有益な女性、及びターゲットインバウンド市場の出身者を、職員だけでなく管理職階でも確保している。

→後述。

●ホテル・宿泊業管理職出身者を管理職階で確保している。

→宿泊産業が代理徴税する、かつ観光客最大支出項目は宿泊であるが故に宿泊産業界にリーダーシップ意識を持ってもらう。

●一般職員及び管理職階は英語で対外業務処理をできる能力があり、地域にかかわらず大都市圏の人材同様、能力に見合った基本給及び手当を給付している。

→地方公務員年収を上回る待遇確保のためには、一般財源からの給付では不可。

→外国語や関連学位取得者には地方市場基準ではなく、大都市圏の水準かそれ以上の待遇で雇用。

●SDGsの17項目を把握し、それぞれについて自分の地域で対応済み、または対応可能な内容を把握・発信している。

→マーケティングと地方戦略の一環として項目別に対応・事実発信。

　以上が理想像ですが、おそらく現状であり得る状況は以下のようなものかと推察します。

◆日本型観光協会から看板を付け替えただけなので、マーケティング業務とセ

ールス業務の違いがわからない。

◆母体が観光協会なので、営業（セールス）は旅行代理店にお願いして団体送客してもらうビジネスモデルが基本で、インバウンド客はどう対応したらよいのか不明。

◆組織は地元自治体（市区町村）の一般財源から運営費交付を受けている観光協会のままで、当然組織のトップは運営費を出す自治体からの派遣者のポジション。

◆自治体と旅行＆広告代理店からの派遣者はほぼ全員男性で、インバウンド客に英語で業務処理できる人材はいない。

◆旅行代理店や広告代理店から派遣・出向を受け入れているような観光協会時代のモデルを継承しているので、営業（セールス）活動に関しても彼らの言いなりに予算を使っている。

◆地元ホテル・旅館は交渉先であり、運命共同体との意識はない。

◆観光地としての営業（セールス）活動が業務であり、地域住民への観光産業の重要性の啓蒙は役所業務なので関与しない。

◆観光庁などの補助金や助成金獲得のために首都圏の外部コンサルタントを活用し、資金獲得後は外部コンサルタントの言う通りに資金を使っている。

◆外貨獲得・国富増大という国家目標に貢献する意識はなく、日本語だけで業務できる日本人観光客獲得を主要な業務と理解している。

これら現状を把握した上で前に述べたチェックリストのスコアを毎年確認していき、数字が少しずつでも積み上がっているならば、理想像に向かって着実に全うしていることがわかります。

15-4 世界水準のDMO実現への 困難想定と対応策提言

現状を把握し、あとは理想像に向かってそれを実現する期間を設定すれば、

それが戦略案となります。

たとえばその期間を10年間と設定した場合、現状のスコアが10点以下だとすると、理想像のスコア（50〜40点）に達するには万遍なく各項目で数値を確保していく必要があります。その移行過程を10で割れば、一年目終了時にはどの程度進捗したのか、移行期間目標の10分の1は実現しているかという進捗状況が定量的に測定できます。

ただし、途中でさまざまな困難が発生すると思います。その困難をあらかじめ想定し、対応策も考えておきましょう。

❶労働力不足

日本経済全体として労働力不足の環境下、年収200万円弱でビジネスレベルの英語ができる人材を希望しても、ほぼ応募者がないと思います。それを「人手不足」と呼ぶのは正しくありません。「職場の魅力不足」がより正しい状況説明です。

連泊して滞在してくれるインバウンド客は、1泊で移動する日本人観光客と経済効果のレベルが異なります。皆さまの市区町村で1週間連泊してくれる欧米などからの遠距離客は一日の宿泊代金だけでも200ドル程度は使ってくれます。つまり、1週間で一人1400ドル消費してくれるインバウンド客が年間20万人来訪したとすると、2億8000万ドルと420億円の宿泊産業への観光消費となります。そこできちんと世界標準の定率制で、たとえば宿泊代金に5％課税とすると1400万ドル、21億円の宿泊税収が発生します。オーランドのケースで学んだ数値を適用すると、宿泊税収総額の20％がDMOの運転資金になりますので、約4億円が地域住民の負担なしにDMOの運転資金として確保できます。

周囲の市場価格に迎合するのではなく、英語で観光地マーケティング業務ができる職員ならば年収400万円を条件に公募すれば、応募者数は2倍どころか数倍になります。職場に魅力があれば応募者は確保できるのです。

❷管理職階の人材不足

これもすでに拝聴している事例ですが、（1）とまったく同様に実態は「職場の魅力不足」がより正しい状況説明です。DMOの現場管理職トップ、事務局長なり社長なりというポジションに年収500万円〜600万円という条件では、優秀な人材が他産業から流れ込むようなことは起こりません。地元の市区町村幹部の年収との釣り合いを考慮すると上限が生じるというケースもあると思います。しかし、それはあくまで地元自治体の一般財源から交付をもらうという日本の観光協会モデルを継承しているが故の制約であり、ここでも定率制の宿泊税制度構築による自主財源確保ができると、その制約が消滅して世界レベルの人材を確保できる条件提示ができます。

オーランドの場合は以前にもご紹介したように、地元DMOの女性社長の年収が約40万ドル（約6000万円）、執行役員・部長クラス（女性が過半数）の年収が20万ドル前後（3000万円前後）です。いきなりそのレベルの条件提示は困難かもしれませんが、別の見方をしてみましょう。日本で一部上場企業の部長クラスだと年収は2000万円程度でしょうか？　そこで海外との取り引きが多い輸出企業や商社・金融だと、英語で業務処理できる人材が多いと思います。おそらく男性が過半数でしょうか。日本国内にもそういった世界水準DMOで必要な人材はいるということの理解が重要です。

では、一部上場企業の部長クラスを年収2000万円レベルの待遇を用意してヘッドハントするべきなのかは、また別の問題の議論が必要になってきます。

❸日本社会の男尊女卑の状況：DMOではそれを有効活用する

昨年、以下のニュースを聞かれた方がおられると思います。

「世界各国の男女間の平等について調べた調査で、日本は政治参加の分野で格差が大きく、調査対象となった146ヵ国中125位となり、22年の116位から後退しました。　政財界のリーダーが集まるダボス会議の主催者・世界経済フォーラムは06年から『経済』『教育』『医療へのアクセス』、それに『政治参加』の４つの分野で、各国の男女間の格差を調べ、発表しています。最新の報告書が６月21日発表され、調査対象の146ヵ国のうち、男女間の平等がもっとも進んでいるのは、14年連続でアイスランドとなり、続いて２位がノルウェー、３位

がフィンランドと北欧の
国々が上位を占めた他、4
位はニュージーランドとな
りました」（出典：2023年
6月21日NHKニュース）

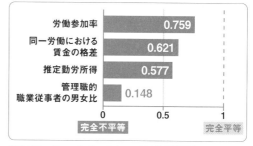

図1 **日本のジェンダーギャップ 主な指数（経済分野）**

労働参加率　0.759
同一労働における
賃金の格差　0.621
推定勤労所得　0.577
管理職的
職業従事者の男女比　0.148

完全不平等　　　　　　完全平等

出展：https://www3.nhk.or.jp/news/html/20230621/
k10014105051000.html

世界的に見て日本の男尊
女卑の状況は劣悪であると
お墨付きを得てしまったわ
けです。経済分野における日本のジェンダーギャップ指数（図1）のなかでも
「管理職的職業従事者の男女比」に関しては、すでに欧州諸国比で劣悪な日本
をさらに引き下げている最大要因です。

　それに抗議するのか、悲しむのか、いえ、むしろ世界水準のDMO構築に際
しては、われわれはこの酷い現実を戦略的に最大限活用しましょう。

　たとえば男女共学の4年制大学の外国語学部の各学科（英語、フランス語、
イタリア語、ドイツ語、スペイン語、ポルトガル語、ロシア語など）でクラス
トップの成績を収めるのは女子学生というケースが過半数です。つまり18歳〜
22歳前後の時点では女子学生のほうが優秀なのです。ところが、昭和時代から
平成、令和ときても、卒業後30年経過した時点で追跡調査をすると、クラスト
ップではなかった男子学生は大企業の部長職で年収2000万円、クラストップ
だった女子学生は結婚退職し、子育て後に出身地でパートや非正規職として年
収100万円〜200万円程度で生活しているというパターンが多くあります。男
性より優秀だったのに男尊女卑の社会環境下、扶養控除枠の場合もあるでしょ
うが、低い年収を甘受しているわけです。

　世界水準のDMO組織の構築においては、かつて優秀だった女性陣をひたす
ら発掘し、標準化された社会人教育（継続教育）で、最低限のマーケティング
やDMO業務を訓練する必要があります。平均年収150万円という日本社会で
の扱いを甘受している非正規女性をまずは試用期間3〜6ヵ月、年収500万円
（現状の3倍強）の条件で試験採用し、その後DMO職員の業務内容（Job
Description）通りに業務処理できる能力を発揮できそうだと確認した時点で、

年収800万円で正規管理職職員として採用すれば、それまでの年収の５倍の報酬となるので、輝いていた学生時代の潜在能力がフルに開発・発揮できるようになると思います。

15-5 日本版DMOを自己変革する鍵： 女性職員・管理職育成と登用

「外国語業務能力があり、インバウンド客から直接彼らのニーズを聞ける優秀な人材」が現在日本のどこで活躍しているかというと、ホテル企業の他には、女性が過半数を占めるフリーランスや通訳・ガイド分野にいます。

おそらく年収800万円で応募してくる男性と女性を比べると、女性のほうが優秀な人材が多いと感じると思います。それは、その女性陣と同じレベルで業務処理できる男性人材は、年収2000万円程度の企業ポジションに就いている可能性がより高いからです。

ただし、これは優秀な女性を800万円で雇用してコストを削減しろという意図ではありません。その優秀な女性中間管理職の人材のなかから、女性でDMOのトップ（社長）を任せられる人材を年収1500万円〜2000万円で抜擢すれば、他国のDMOとまったく互角に勝負できる世界水準のDMOを率いてもらうための重要な最初のステップとなるのです。

もちろん、男性応募者を差別する意図はありませんが、1500万円〜2000万円の年収に惹かれる男性候補者と女性候補者を比較すると、おそらく女性候補者のほうにより光り輝く人材が多くなると推察します。また、他人の意見をまずは予見なく聞くというマーケティングの基礎は女性のほうが得意であるという米国で証明されてきた知見を考慮しても、実はDMOは日本的な男尊女卑状況を創造的に破壊できる数少ない業務分野だと言えます。

比較的に平均給与水準が低い地域（沖縄、東北、四国など）で年収300万円の職員、年収800万の中間管理職階、年収1500万円〜2000万円の社長職階という待遇情報が地域内に流布されると、地域でもっとも優秀な人材が応募してくるでしょう。さらに、現地の高校生や大学生の希望の星となり、地域内観光関

連業務の年収水準に上昇圧力を生み出し、過去30年間放置されてきた異様な低賃金状態を正常化する呼び水の役割を果たすことにも貢献できます。

15-6 副次的効果：21世紀・令和時代の新たな日本社会への変革を先導する

　世界から見て客観的に男尊女卑状況が劣悪化し、首都圏・大都市圏と地方の賃金水準格差や少子高齢化による急速な人口減少が同時進行しているのが現在の日本です。男尊女卑レベルの酷さは、いかに昭和的な秩序の継続に恩恵を被っている日本人中高年男性から反論が来ようとも、世界に発表されたジェンダーギャップ指数に正面から反論できる証拠は不足しています。

　米国内で2021年の市区町村郡レベル（全米で3150程度存在）での人口増加率第1位の2.2％を計上したフロリダ州オレンジ郡に居住している筆者の観点からすると、少子高齢化のような個人や現在の施政者ベースで簡単に介入できない長期傾向を食い止めるには中長期的な視点での政策が必須です。その環境下で日本経済、特に地方経済に衰退の歯止めを掛けることができる数少ない政策が、インバウンド客の観光消費を地方に落としてもらう（同時に日本の国富を増大させる）ように仕組むことです。

　その切り札は、まちがいなく都道府県及び市区町村など各地のDMOです。それを強調するために15章にわたって説明させていただいたのですが、このDMOを従来の観光協会モデルと決別し、世界水準の本当に効果のある運営形態にして育成すると、実は過去30〜40年間のバブル崩壊後に停滞した日本経済と日本社会全体に少なからず変革をもたらす副次効果が出てきます。

　同じ業務内容に対して同じ処理能力があるならば、給与水準を地方でも首都圏や大都市圏と同一の水準として大幅に上昇させるきっかけとなるべく先導します。そして、当然ながら男尊女卑状況に対して構造的に過小評価されてきた女性の職員・中間管理職階への育成と登用を推進し、自ら日本の悪しき慣習に創造的破壊を仕掛けます。

　また非正規職員やパートの地位を甘受している女性で、学生時代に優秀だっ

た方々ややる気のある方々に、中高年になっても自己教育投資をして自己実現してもらうような構造的な機会を与えて、そこから立ち上がる人材には地方の他の業種（地方公務員・金融機関）に遜色のない管理職階待遇を与えるなど、人生における第2の機会を提供します。

　以前に紹介した産業セクター別年収一覧表で、最下位に位置した観光ホスピタリティ産業を産業界平均水準からセクターの最上部を狙う産業へとランクアップさせるには、DMOのような地方の観光ホスピタリティ産業の核となり、リーダーシップを取るべき組織には意図的にトップクラスの年収水準を与えることで、地域経済や地域社会に対して重要なメッセージを発信できます。

15-7 女性進出・登用の 地域社会インフラを提案・構築・先導

❶組織文化・構造変革の必要性

　女性が社会進出をする際には、妊娠・子育て世代でも遜色なく勤務が継続できるように、物理的にはデイケア・アフタースクール制度の充足、業務形態としてはリモートやオンラインでの勤務環境で貢献できるような体制の構築が重要となってきます。また子育てや介護など家庭での作業から開放されている方には、BtoB国際会議に出席してもらうなど海外出張やワーケーションの機会の提供や管理職階内での昇格を啓蒙しましょう。先進諸国・北欧のモデルを研究、模倣などをすることで、働く女性が快適に人生設計とキャリアパスを両立できるような職場環境の構築ができます。

　そうして、今後数年間で日本のDMOにおける女性管理職割合が50％を超え、職員も女性が過半数という米国型の状況になると、実は欧州・北米でも遜色のない世界水準のDMOに急速に近づくことができますし、それは労働力不足に悩む日本社会で女性の活躍による生産性向上を先導する好例になっていきます。日本社会が構造改革・賃金待遇改善の必要性を感じながらどの産業セクターもできなかったことを、世界水準のDMO構築という切り口を利用して、最低賃

金水準である観光ホスピタリティ産業が先導して改革していくというのは、ある意味で痛快ではあります。しかしながら消去法で検討すると、2020年代の日本にとっては、インバウンド観光産業という日本の各地方にいながらにして世界経済の急成長の勢いを取り込める輸出産業を鋭敏に最大活用することが、地域住民だけでなく日本国民全体にとって必要なのです。

　米国モデルや米国の人材管理手法をよく知る立場から指摘しておきたいことがあります。それは昭和型の「暗黙の了解で業務内容や業務範囲を明示しておかない日本型経営慣習」は、女性進出と同時に業務内容を明示化し、その内容に沿って年次評価を行なっていくという世界標準に移行せざるを得ないと思います。すると、その組織内インフラ整備は、そのまま外国人採用と管理時のインフラとして活用でき、これは以前に指摘した「異文化経営」の知見の必然性につながっていきます。別の言い方をすれば、男尊女卑の昭和型、日本人中高年男性の価値観が暗黙の組織文化・規範となってきた組織を、より明文化された透明性ある世界水準の組織形態と文化に昇華させていかなくてはならない構造的組織変革の必要性があります。

❷地方での高度人材雇用創出

　生まれ故郷で良い仕事があればそれに越したことはないわけですが、現状は高等教育を受けに首都圏や大都市圏に進学すると、故郷に戻って来られないという状況が存在します。高卒・短大卒・専門学校卒・大卒の若者が、なぜ生まれ故郷を出て帰って来ないのかに着目すると、その原因は待遇面の不満です。ならば首都圏や大都市圏の業務と遜色ない水準の待遇をDMOで提供すれば、優秀な人材を各地方で確保できます。

　何度も言いますが、その財源は自分で稼ぐという色彩の強い宿泊税です。しかも定率制でしっかり税収を確保することで、世界水準を見越したDMO業務への適切な待遇、そして今後増加していくであろうオーバーツーリズム問題などへの対応を図る充分な財源が確保できます。これを税収絶対額が増えない定額制で宿泊税制度を組んでしまうと、より大きな地方経済や地方産業構造の構造変化を観光産業の力を利用して先導するDMO運営にも、DMOがリーダー

シップを発揮すべき過剰観光問題対応にも支障をきたします。

　筆者は中欧・東欧・旧ソ連諸国や中米諸国に往訪する機会が多いのですが、おそらく多くの発展途上国の経済がそうであったように、国民の待遇改善がいかに各国で進んでいくのかを観察する機会が多いのです。

　理想はすべての勤労者の賃金・年収が同時に上がることですが、そうした状況はあまり観察できません。英語を使う能力がある人材が外資系企業や外国貿易関係企業に雇用され、現地水準よりも高い世界水準の給与体系や待遇を受けると、それと同等な能力を持つ人材を欲する現地企業もその水準で人材確保を狙います。やがてその高い待遇に釣られて、他の業種でもじわっと年収が上がっていくというのが実際によくある状況です。日本でも首都圏や大都市圏以外での類似のケースとして、広島県・東広島市や熊本県・菊陽町では外資系の半導体工場が進出し、地域の日本人を高給・好待遇で採用しているケースがあります。

　インバウンド観光産業は外資系ではなく、日本の組織でも同様に地方で平均水準以上の高給好待遇を供与することで、地域経済全体の賃金・年収水準に上昇圧力を掛けることを副次的な効果として狙っていくべきなのです。地方の教育機関を卒業する若者たちが首都圏や大都市圏に出て行かずとも、同様の賃金・年収水準で個人のキャリアパスと人生設計が両立できるような業務が観光ホスピタリティ産業にあるというメッセージ、それが地方経済創生につながっていきます。

15-8 DMO管理職の人材開発 ：Job Description

　最後になりましたが、次頁に世界水準、世界トップのDMOの社長になるための要件として、フロリダ州オーランドDMO「Visit Orlando」が開示していた Job Description（業務詳細：必要能力一覧表）を示しておきます。

　これらの内容の業務ができるならば、DMOの社長ポジションが取れます。オーランドの場合は年収6000万円ですが、背伸びしてポジションが取れたと

しても、実際に活躍できないと３ヵ月程度でクビになるリスクがあります。結果として、現在の女性社長が就任したのですが、このリストは世界共通で「世界水準のDMOを率いるにはこういう能力を開発してください」という指針になると思います。

日本版DMOでは、現時点ではその多くで適切な Job Descriptionがないでしょうし、DMOにはどういう人材が理想的なのか、どういう能力が必要なのかについての明確なマニュアルも存在しないと思います。ぜひ、この指針を改定して自由にお使いください。米国の市区町村郡で年間最高数の来訪客（19年7500万人、22年7400万人）と、22年度史上最高値の宿泊税収３億5900万ドル（１ドル150円換算で538億円）を計上したフロリダ州オレンジ郡のDMOの社長公募に使われた文章ですので、ベースにするには役立つと思います。

オーランドの場合は、この公募でみごとに社長の座を獲得したのは女性でした。明示された業務ができれば、性別・国籍・年齢は関係ないのです。筆者は女性の管理職進出をかなり強調しましたが、次頁の業務内容ができる人材ならば男性でも外国人でも構わないわけです。

日本のユニークな文化歴史、景観、遺産が世界の人々を魅了していますが、それらの多くが地方・中山間地等の「人口が急減する地域」に存在します。

2000年に日本での出向先役所と出向元銀行を退職した際は、元小泉首相の観光立国宣言の３年前、観光庁発足８年前であり、退職者の多くが外資系金融機関や起業等に進路を決めた中で米国自費留学、しかも観光・ホテル経営分野だったので多くの同僚に苦笑されましたが、エジプトで観光が産業として機能しているのを若い時に２年間体感した身としては、いずれ観光がまともな産業と認識されて日本を救う時期が来るだろうという根拠なき確信がありました。DMOはインバウンド客誘致という観光を産業として活用した地方経済創生戦略に必須の組織であり、世界水準の組織になれば世界水準の待遇が地方でも実現できるわけです。世界の経済成長を各地方に居ながらにして取込めるインバウンド観光産業は地方経済創生実現と、次世代の若者たちに地方生活の誇りと世界水準の待遇をもたらす、日本経済・社会の構造変革を仕掛けられる可能性を持っています。

表　Visit Orlando の社長公募における求人条件

立場の概要

役職名：社長兼CEO
部　　門：執行
報告先：取締役会

マーケティング、販売、エンゲージメント戦略の開発と実行、また、組織の戦略的リーダーシップと監督を提供することにより、レジャー観光、会議、会員制ビジネスセグメントの成長に責任を負う。その文化、活動、使命のあらゆる側面。

業務責任の主な分野

1 Visit Orlando の使命とビジョンが確実に実行され、維持されるように、すべてのチームメンバーにリーダーシップ、指揮、指導を提供。組織の文化を確立し、その雰囲気を設定する。

2 専門能力の開発、個人及びチームの成果を提供する環境で、上級管理チームの有能なメンバーを引きつけ、採用し、訓練し、指導し、維持する。

3 適切なパフォーマンス基準を確立、伝達、実施、管理することにより、組織内に成功指向で責任ある環境を醸成する。

4 執行委員会がパフォーマンスと文化的健全性を測定できるように、年次従業員エンゲージメント調査が確実に実施されるようにする。

5 経営管理チームと協力して、システムの運用インフラストラクチャー、効果的な組織プロセス／ポリシー、組織の戦略的及び運用上の目標をサポートする適切な人的資源に関する計画を開発、実装する。

6 取締役会の執行委員を務める。必要かつ適切に応じて、取締役会、執行委員会、及びその他すべての委員会のすべての会議に出席。Visit Orlando の活動を取締役会に定期的に報告する。

7 すべての Visit Orlando 活動が、確立されたポリシー、ガイドライン、州法及び連邦法、及び最高の倫理基準に従って実施されることを保証する。

8 オーランド・オレンジ郡を地元、州、地域、国内及び国際的な視聴者に宣伝するための年間運営、マーケティング計画の実施を開発、監督する。確立された目標と目的に関連して、組織内のすべての機能領域のパフォーマンスと結果を定期的に分析。不満足な状況を修正し、適時に取締役会に報告するために適切な措置を確実に講じる。

9 Visit Orlando の活動をサポートし、チームメンバーに適切かつ競争力のある報酬と福利厚生を提供する年間予算の準備を指示する。かつ競争力のある補償と福利厚生を提供する。

10 マーケティング戦略、チーム開発、組織の健全性、及び財務コンプライアンスを定義する。その後 18 ヵ月間にわたる年次計画を9月に執行委員会に提出する。

11 組織の財務構造の適切性と健全性を確保するために、すべての財務報告を毎月レビューする。取締役会が四半期ベースで、または要求に応じてより頻繁に包括的な財務報告を受け取るようにする。各部門が財務実績に関するタイムリーかつ効果的なコミュニケーションを確実に受けられるように、部門長と月次の財務レビューを開催。

12 Visit Orlando の主な広報担当者として機能。会員、政府指導者、ビジネス及び文化機関の指導者、会議やイベントのプランナー、地元及び国内の観光産業との継続的で効果的なコミュニケーションを確立し、維持する。戦略的に重要とみなされる委員会や理事会の委員を、要請または要求に応じて務める。

13 取締役会の承認を得て、選択された地方、州、地域、国内、国際会議、及び Visit Orlando の使命の成功を促進するその他のビジネス会議において Visit Orlando を代表する。

14 取締役会の承認を得て、戦略的に定義されたさまざまな業界、コミュニティの委員会及び取締役会の委員を務める。

15 Destinations International Association の会員資格を良好な状態に維持する。必要に応じて協会に参加する。

16 執行委員会による社長兼CEOの事業及び個人の業績の評価を支援するために、会長に目標、個別の主要業績評価指標の年次リストを提供する。

17 オレンジ郡市長、オレンジ郡会計監査官、オレンジ郡コンベンションセンター事務局長、及びその他の選出された職員との緊密かつ効果的なコミュニケーションを維持する。

18 取締役会によって割り当てられたその他の義務及び責任を遂行する。

監督対象：報告を上げてくる役職者

- 最高財務責任者
- 最高販売責任者
- 最高マーケティング責任者
- メンバーシップ及びサポート サービス担当上級副社長
- 人事担当副社長
- コミュニケーション担当副社長
- 執行補佐

資格要件

教育

認定された4年制大学で文学士号または理学士号を取得していること。MBAまたはその他の大学院学位を取得していることが強く推奨される。

資格

Visit Orlando の社長兼CEOの役割の合格者は、次の能力や専門資格を有すること。

- すべての参加者グループに対して Visit Orlando をうまく代表するリーダーとして認められる。

- シニアレベル／エグゼクティブレベルの豊富な経験。

- 強力な組織文化を構築し、主導する能力。

- 効果的な戦略的事業計画、マーケティングプログラム、政府の公共政策の取り組み、調査研究と活動、コミュニケーションと広報キャンペーン、財務プログラムの開発と実行を成功裏に主導した実証済みの経験。

- 機会を視覚化し、既存のビジネスを継続的に改善する能力を含む、優れた戦略的スキルと全体的なビジネス判断。

- クリエイティブなチームを率い、ビジネス、政府、地域社会の幅広い関係者と交流できる能力に加え、優れた管理スキルと対人スキル。連携を構築し、合意に達する経験。

- 業界の同僚、クライアント、メンバー、政府関係者からの尊敬を獲得し維持できる、強力な対人スキルと感受性。

- チームのリーダーであり、チームの環境でうまく働くプレイヤーにもなれる。

- 常に最高レベルの誠実さと倫理を示す。

- 人前で話すなど、さまざまな環境で効果的かつ自信を持ってコミュニケーションできる能力。

- 決意、目的の堅実さ、熱意、そして模範的な行動をもって、目標と目的の達成を一貫して追求する。

応募者の理想的な背景

- 旅行、観光、ホスピタリティ業界での経験が望ましい。

- 4年制大学の学士号が必要だが、修士号保有者 が望ましい。または 10 〜 15 年の関連する経験及び訓練。または教育と経験の同等の組み合わせ。

- 営利または非営利部門における同規模以上の組織の現職CEO、社長、COO、ゼネラルマネジャー。

- 目標を設定して成功を測定し、各人に業務上の責任を負わせた経験。

- 取締役会または地方政治当局者を含む複数の利害関係者グループと協力した経験。

特徴 （本人の理想的な人物像）

合意形成者、好感度が高い、カリスマ性がある、サーバントリーダー、親しみやすい、先見的、共感的、戦略的、透明性、起業家精神、信頼性、積極性、包括的、政治的に洞察力がある、インスピレーションに富む、チームビルダー

- 上方向だけでなく下報告にも権限移譲できて、管理ができる。
- ストリートスマート（現場経験豊富）で空気を読む（忖度する）ことができる。
- 謙虚だが自信がある。

本人業務における優先事項

1. 顧客、理事会、市及び郡の役人、ホスピタリティリーダー、パートナー、ベンダーとの強力で有意義な関係の構築。
2. 社内チームを結集し、信頼と信用の文化の構築。
3. 現在の販売及びマーケティング計画と戦略を見直して理解し、Visit Orlando を新型コロナウイルス禍から導くための新しい取り組みを開発する。
4. 地元の人がオーランド内で観光客になる機会をつくる（例：マジカル ダイニング）。
5. メディアとの強い関係を築く。
6. 多様性、公平性、包括性が組織と戦略計画の構造に織り込まれていることを確認する。

日本版 DMO・観光協会の世界水準 DMO モデルへの自己変革進捗状況確認表　[2024年1月版]

スコア記載 ▼

項目	配点	スコア記載
組織の使命は年次報告書とホームページに明確に提示されている。	はい：1　いいえ：0	
組織のホームページは日本語と英語が同じ情報量で記載されている。	はい：2　いいえ：0	
組織の使命に「地域住民へのマーケティング」または「観光産業の重要性啓蒙」が入っている。	はい：2　いいえ：0	
組織の使命に「観光地経営を主導する」が入っている。	はい：2　いいえ：0	
組織の年間運営費の過半数は地方自治体（都道府県または市区町村）の一般財源から交付されている。	はい：0　いいえ：2	
地方自治体（都道府県または市区町村）で、宿泊税が導入済みかまたは宿泊税導入の議論がある。	実行済み：2　議論あり：1　なし：0	
構成員の中に、地方自治体（都道府県または市区町村）から出向または退任した職員が管理職にいる。	はい：0　いいえ：2	
過半数の構成員はセールスとマーケティングの違いがわかっている。	はい：2　いいえ：0	
組織では地域来訪客個々人の属性情報（どういう人か、年齢、性別、国籍など）を収集している。	はい：2　いいえ：0	
組織の年間運営費は地域の特別目的地方税（例：宿泊税）を財源としている。	はい：2　いいえ：0	
MICE系の客層を誘致するための年間予算が編成されている。	はい：2　いいえ：0	
組織の長を含めた管理職階の過半数は、英語の通訳なしで自ら観光招聘業務ができる。	はい：2　いいえ：0	
組織では、インバウンド（外国人個人旅行者）誘致に予算を計上している。	年間予算の40%以上：2　20%以上：1　20%未満：0	
海外での観光産業 BtoB 会議に出席している。	年2回以上：2　年1回：1　なし：0	
組織内に主要海外マーケットの出身者または対象国に10年以上居住していた日本人を雇用している。	正職員：2　非正規職員：1　いいえ：0	
組織内で英語、またはその他の外国語を使用して日常業務が遂行できる。	はい：2　いいえ：0	
組織の年次目標として具体的な数値目標（例：年間入込客数、総消費額）が設定されている。	はい：1　いいえ：0	
組織の目標として、年間の観光支出額が設定されている。	はい：2　いいえ：0	
地域への観光客来訪数と総消費額、観光関連雇用総数などの経済効果が年次報告書とホームページで発信されている。	はい：2　いいえ：0	
組織の戦略案（現状把握、理想像設定、実現期間）が年次報告書とホームページに明示されている。	はい：2　いいえ：0	
女性＋外国籍職員数の全職員数に占める比率（全職員は年度末日の執行役員＋正規職員＋非正規職員）。	80%以上：4　60%以上：3　40%以上：2　20%以上：1　それ以下：0	
管理職階（課長職以上）での女性職員比率。	60%以上：3　40%以上：2　20%以上：1　20%未満：0	
国連SDGs17項目に関して個別の対応状況を年次報告書とホームページで日本語・英語で発信している（例：目標1：貧困解消、目標3：健康的な生活、目標4：生涯学習、目標5：女性雇用・登用、目標8：雇用、目標16：包括的社会）	目標5つ以上の達成状況発信：5　4つ：4　1つ：1　0	

Source：Made by Tadayuki Hara, PhD, December 2023, Orlando, FL, USA

合計点（50点～0点）

【合計点による評価内容】

50～40点	39～30点	29～20点	19～10点	9～0点
卓越した世界水準DMO並みの内容に近い	世界水準DMOに向かって着実に進化中	世界水準DMOへの方向性は認められるが継続的な自己変革が必要	世界水準DMOへの方向性は若干認められるが、日本型観光協会モデルに近い	自己変革の結果がほぼ認められない昭和型観光協会モデル。破綻の可能性が高い
Exemplary	Beyond Expectations	At Expectations	Below Expectations	Unacceptable

デスティネーション・マーケティングにおける DMOの戦略的役割と責任

The Strategic Roles and Responsibilities of DMOs in Destination Marketing

　観光産業の競争力がますます高まっているため、観光地は現在、地域、国内、国際レベルで他の観光地と直接競争しなければならない状況に陥っています。その結果、観光地マーケティング組織（DMO）は、観光地における観光マーケティングと開発の主催者及び促進者として重要な役割を果たしています。DMOは、さまざまな観光関係者のニーズに敏感な方法で観光地を開発、管理、宣伝することで、観光地内のすべてのグループの期待を反映する必要があります。観光地の観光産業の利益にさらに貢献するには、DMOは一般的な役割と機能、特に地元の観光産業との協力関係を明確に理解する必要があります。業界リーダーへの数多くのインタビューと、過去20年間の観光地マーケティングと経営調査の裏付けに基づいて、筆者はその役割と責任を次のように要約しました。

情報提供者

　観光地レベルでは、DMOは調査を行ない、ターゲット市場を特定し、訪問者の期待に応え、地元の関係者と情報を共有する責任を負っています。自社の取り組みを強化したいと考えている企業にとって、これらは「情報源」です。彼らの役割は、何が起こっているのか、どのような機会が利用可能なのかを企業が認識できるように、企業に情報を提供することです。DMOは、観光客の視点から見ると、その地域を訪れたい人の「窓口」であり、Webサイトやソーシャルメディアでの情報発信、訪問希望者への情報発信、人々が訪れる施設での情報提供。地域住民への情報提供機能も充実しました。

地域ブランド創生者

　一般に、DMOは、観光地全体を１つの事業体としてマーケティングする責任を負う目的地マーケティング組織です。DMOは地方及び地域レベルでパートナーシップを結んでいるため、個々の企業が対応できるよりも大きな地理的範囲およびより大きなビジネス規模で観光地をマーケティングすることができます。DMOの役割は、地元企業と協力して観光地をさまざまな市場にマーケティング及び宣伝し、企業ビジネスの誘致、会議や会議、グループツアー、レジャー旅行者の誘致を行ない、地域の「マーケティング担当者」として行動することです。DMOは、観光地を一つの存在として捉え、人々が訪れる一つの場所として位置づけ、観光地全体のマーケティングを担う主体です。個々の企業は自らの個人的な事業利益のみに投資しているため、この役割はコミュニティ内の他の組織によって簡単に置き換えることはできません。

コミュニティ観光活動の司会者、ファシリテーター、連絡役

　DMOは、さらなるコミュニティ活動につながるかどうかわからない重要な問題について、コミュニティの招集者の役割を果たすことがよくあります。招集の役割には、通常、コミュニティの問題についての注目度の高い公開討論が含まれます。これらの議論は、多くの場合、当面の問題についての共通理解を強調することを目的とした情報を提供するデータ収集または研究に関連しています。このような議論は、共同してコミュニティの問題を解決するための重要な前提条件です。マーケティングの観点から見ると、DMOは、さまざまな市場でさまざまなマーケティングプログラムを提供することで、現地の目的地向けのマーケティングプログラムの「推進者」です。この役割において、DMOは、非営利団体、政府、企業、その他の組織間で協力して観光地の問題解決の取り組みを可能かつ効果的に行なえるよう支援しようとします。それがうまく機能すると、招集や促進は、公平性の源、励まし、共同作業のプロセスでそれを必要とするすべての人々へのリソースとして評価されます。DMOは、訪問者と地域社会、地元の観光産業と政府の間の連絡役でもあります。訪問者を満足さ

せるために、訪問者とコミュニティの間で情報をやり取りします。彼らはまた、観光客と観光客の業界と政府の間の連絡役でもあり、両者の間のコミュニケーションを促進します。

共同イニシアチブの触媒役

DMOは、長期的な戦略を念頭に置いて議論を促進するために会議の役割を利用します。組織が触媒的である場合、問題についての最初の議論から始まる長期的なコミュニティの問題解決に参加するという早期かつ明確な約束をします。このようにして、その影響力とリソースベースを利用して、行動アジェンダにコミットする前にリーダーシップを待っている可能性のある他のさまざまな潜在的なパートナーの心の中で協力的イニシアチブを「現実」にします。彼らはアイデアを考え出し、人々を集め、プログラムを実現させます。DMOは観光産業と比べて「経済発展の触媒」でもあります。

観光産業の擁護者

DMOは、観光の重要性、観光が地域や地域経済に与える影響、地域経済に対する観光の利点などのメッセージを伝えるという点で、観光業界の代弁者です。DMOは、コラボレーション活動の主な焦点である個人またはグループの擁護者としても見なされます。パートナーは、協力している他のパートナーから問題があるとみなされる可能性があるため、DMOは、できるだけ多くのパートナーの支援を得て擁護活動を展開できるフレームワークと内部プロセスを開発することが重要です。一般に、パートナーからのコミットメントを求めるマーケティング活動のほとんどでは、DMOが擁護的な役割を果たすことが求められていると言えます。このような支持がなければ、協力はデータ収集、情報共有、国民教育のみに限定され、いかなる提案も実行に移すことができなくなります。

デスティネーション・マーケティング・キャンペーンの主催者

DMOの主な関心は、現地の観光地でどのようなマーケティング活動が実行

可能であるか、関係者がマーケティング活動をどのように進めるか、意思決定のテーブルに就くべきであること、特にできるだけ多くのパートナーを参加させる方法を理解することにあります。このマーケティングの役割には、多くの場合、優れたマーケティングおよびプロモーションのアイデアを継続的に探し、コミュニティベース、観光地ベース、及び選挙区ベースの組織や個人の参加を歓迎し、維持することが含まれます。DMOはさまざまなマーケティング活動の主催者であり、旅行者を呼び込むために大規模なグループのいくつかと協力して、専門知識を持っています。

集団的なマーケティング活動の資金提供エージェント

DMOは、特に地元の観光地を単独で、または他の資金源と共同して大規模にマーケティングおよびプロモーションするための支援及びマッチング資金を提供することで、さまざまな共同マーケティング活動を奨励しています。これはここ数年でますます一般的な慣行となり、地元の観光業界、特に中小企業に受け入れられています。たとえば、アート及びイベントプログラムの場合、DMOは、地元企業がイベントを宣伝するためにDMOから「ドルからドル」のマッチング・ファンド・サポートを受けることができる助成金マッチングプログラムを持つことができます。この種のプログラムは通常、地元の観光業界によく受け入れられており、観光業界がDMOと協力するインセンティブの1つとなります。マッチング・ファンド・プログラムにより、企業はマーケティング資金を拡大できます。

パートナー兼チームビルダー

これは、デスティネーションにおけるDMOのもっとも明白な役割であると思われ、この役割がどのように果たされるかは、マーケティング活動の質とそのような活動の予想される成果に大きく影響します。DMOの役割は、力を与えるパートナーが共同マーケティング活動においてリスク、責任、リソース、報酬を確実に共有し、相互に敬意と信頼関係を確立し、時間をかけて互いの動機と期待を理解し、問題を次のような方法で表明できるようにすることです。

プロセスに関与する他のすべての人に機会を提供します。DMOは、さまざまなレベル（地方、地域、州レベルなど）でチームを編成するための中心的な役割も担っています。

ネットワーク管理組織

　デスティネーション・マーケティングの領域では、意識的に相互に協力し協力する個々の企業がコミュニティベースの複雑なサービスを提供するマーケティングネットワークは、同じ組織が独自に自分の道を行く場合よりも効果的であるという点で広く合意されています。言い換えれば、このようなマーケティングネットワークは、細分化された自律的な企業による無秩序なサービスの提供では達成できなかった方法で、地域コミュニティに価値を提供する手段です。制作の観点から見ると、マーケティング活動の共同制作は、複数のニーズを持つ利害関係者を満たす可能性がありますが、リソースの割り当て、利益の共有、目標の合意、期待される成果などに関して重大な問題を引き起こす可能性もあります。DMOは地元の観光業界からネットワーク管理組織とみなされており、コミュニティの代理人として、またネットワークの主体者としての役割を果たしています。

Youcheng Wang, Ph. D.
（ヨウチェン　ワン/王有成）

セントラル フロリダ大学ローゼン ホスピタリティ 経営学部の観光地マーケティング分野のウィリアム・C. ピーパー記念教授。4 冊の本と 150 冊を超える出版物の著者で、「Journal of Destination Marketing & Management」の共同編集者であり、専門分野は接客マネジメント、観光地のマーケティングと経営、テクノロジーとイノベーションの経営。 コラボレーション戦略。

DMOの本来機能の
発揮に向けて

DMOの位置づけの問題など
運輸総合研究所の提言も踏まえ

Towards realizing the original functions of DMOs
- Based on the proposals of the Japan Transport and Tourism Research Institute,
including issues regarding the positioning of DMOs

1-1 DMOが本来機能を
発揮するために必要な基本的事項

❶ 観光分野におけるDMOの重要性と必要性

　観光は、2006（平成18）年に、それまでの観光基本法を全面改正した観光立国推進基本法の前文に、「地域経済の活性化、雇用の機会の増大等国民経済のあらゆる領域にわたりその発展に寄与するとともに、健康の増進、潤いある豊かな生活環境の創造等を通じて国民生活の安定向上に貢献するものであることに加え、国際相互理解を増進するものである。」と明定されている通り、我が国にとって、観光に関わる経済・社会面、行政面等の観光分野は、国、地域社会をはじめとする多様な領域において重要な分野であることは明確です。

　観光の振興による国や地域の経済・社会の活性化を牽引する観光産業は、世界的にも経済成長を牽引する重要産業であり、既に各国においても成長産業とするために、国や自治体、民間においても、様々な取組みが展開されています。

　我が国についてみれば、従来、基幹産業とされてきた製造業は資源の海外依存や技術の進捗により大きく影響を受けるものですが、観光産業は、世界に比類ない、我が国独自の文化・生活、歴史、四季などの自然環境等、我が国固有

のソフトの既存資源を活用し、大きな雇用を吸収しつつ、国内需要のみならず、海外の需要をも取り込むことで国内経済に裨益する循環が可能であることから、長期的成長を見込める、日本経済を支えるリーディング産業であり、我が国の基幹産業たりうる産業です。

さらに、高度成長期以降、観光が大衆化・一般化する過程においての旧来型の観光は名所旧跡や景勝・リゾート地等での物見遊山型の旅行等を中核としていましたが、現代の成熟した消費社会においての観光は、上述の幅広い既存資源がもたらす価値も活用しつつ、豊かな人生に資する特別な体験や活動、知的満足度の充足要求などに対応するための付加価値の創出が求められるものであることから、観光の対象となる、あるいは関連する産業分野は幅広く、観光産業は、裾野の広い産業でもあります。

一方で、観光産業は労働集約型産業であるため、担い手である人手、経営・管理等を適切に行なう人材の確保が、その長期的成長には必須ですが、我が国の観光産業を含むサービス関連産業全般の問題として、他産業分野と比較しても労働生産性が低く、観光産業の賃金水準も低い状況にあり、一貫して人手不足の状況です。

このような状況を踏まえれば、国民、地域住民をはじめあらゆる人々が、将来に向けて豊かさを実感できる社会を実現し、そのような社会を持続可能なものとするためには、国、地域社会にとって重要で基幹産業たりうる観光産業を成長産業とすること、そして、その観光産業を含む観光に関する活動が生み出す経済的・社会的利益を、確実に国、地域に還元し、経済・社会面での好循環を創出することが急務です。

このためには、まずは、地域（※）においては、地域の将来像を踏まえた中長期的な視点をもって、地域全体の経済・社会構造を俯瞰した上で、限られた国や自治体の公的資金や民間資金など制約ある予算と、少子高齢化における限られた人手・人材などの資源について、地域の観光産業の労働生産性の向上などのための事業革新や基盤強化のための取組み、そしてその成果の確実な地域の経済・社会への還元、さらなる投資の循環の創出が実現するよう、予算等経済面及び人手・人材面の最適な配分を行なうことが必要不可欠です。

　これにより、将来にわたり豊かさを実感できる地域社会が実現することは、ひいては、国の持続ある経済・社会の発展に寄与することとなります。

　このような、いわゆる地域経営的視点に立った取組みは、国の観光行政の動向も踏まえ整合を図りつつ、地域の行政分野、観光産業等サービス産業のみならず農業、製造業、不動産、金融業等を含む地域の産業・経済分野、教育・医療分野、そして地域住民など、あらゆる分野の地域の主体の理解と協働により、初めて可能となるものであり、この理解と協働を主導し、促進する役割を期待される組織がDMOであり、本来、地域社会そして国にとっても、極めて重要かつ必要な組織であることは論を俟ちません。

※地域：その行政区域内に観光地域を有する単一、あるいは複数で連携する自治体、当該地域にDMOが設けられている場合には、地域の司令塔であるDMO。

❷DMOの観光行政における位置づけの経緯

　我が国の観光行政においては、高度経済成長期を通じ、長らく、国はインバウンドやアウトバウンドのプロモーションなどの国際関係面で交流促進の取組みや、インバウンド受け入れのための一定の基準を満たす国際観光ホテルの登録、消費者の保護等の観点からの旅行業の登録など、観光に関する国際関係や基本的な事業基盤等の関係制度に関する施策を観光行政の中心施策としていました。

　このように、国の観光行政は、国際関係や基本的な制度面でサポートはしつつも、地域における観光振興等に関しては、市区町村や都道府県の自治体による観光行政と、観光協会をはじめ旅館等地域の民間事業ベース主導の取組みなど、地域に委ねられることが基本でした。

　また、民間の観光分野においては、国民の余暇活動としての旅行の一般化・普及に大きな役割を担った旅行業では、長らく主要なビジネスは旅行の着地の既存の観光資源等を前提とした、地域から着地への送客ビジネスが中心で、いわゆる着地型商品開発などの地域における取組みは送客ビジネスに付随するものでした。

　一方、その間、我が国の経済・社会においては、経済のバブル崩壊と低迷に

加え、地方部では、雇用にも重要な従来の基幹産業であった製造業が厳しい状況となるとともに、少子高齢化の急速な進展、大都市圏への人口集中等により、地域の経済・社会の疲弊が急速に進み、地域社会の維持自体が厳しい状況となっています。

このような地方部における地域の経済・社会の疲弊等の進展への対応のため、観光は地域の多様な文化、歴史や自然環境等のソフトの地域資源を活用し、国外の需要も取り込むことで、地域経済・社会の活性化に貢献するものであることから、国においては、観光立国宣言、ビジット・ジャパン・キャンペーン、冒頭の観光立国推進基本法の制定、観光庁の設置、そして法制度においても地域全体での観光振興等の取組みの重要性等を明確にした観光圏の整備による観光旅客の来訪及び滞在の促進に関する法律（以下「観光圏整備法」）の制定などにより、従来、自治体や観光協会等地域に委ねることが基本であった地域の観光振興などの取組みを、地域活性化、地方創生の観点から、国として積極的に促進する施策へと転換し、その強化を図ってきたところです。

特に、予算面においても、2016（平成28）年度には地方創生戦略の開始により、インバウンド促進のプロモーション、地域におけるインバウンドの受け入れ環境の整備、人材育成等に対し、観光庁の予算を従来予算の約倍額となる200億円規模で計上するなど、国も補助金等公的支援についても強化し、地域における取組みの充実・強化を図りました。

このような国の観光行政における、地域の観光振興による地域の経済・社会の活性化のための予算規模の拡充をはじめとする施策の重要性の急速な拡大に対応するためには、それまでの自治体や観光協会の体制等での従来型施策では必ずしも明確ではなかった、観光庁のいわゆる観光地域づくり、という、新たな地域経営的視点にたった取組みに対応するための体制の整備など、従来型施策とは異なる施策の展開が急務となりました。

このため、欧米において既に定着しているDMOが着目され、DMOを我が国の観光行政等観光分野の地域における新たな主要プレイヤーとして導入することになり、2014（平成24）年以降の地方創生に関する政府の閣議決定ベースの方針や計画・戦略において、DMOの必要性、その育成、政策資源の集中

等が、盛り込まれました。

　これらにより、我が国の観光行政等の公的な場面において初めてDMOの組織自体や、その意義などが呈示されたことで、観光庁においても、DMOの形成を促すことが急務であることから、2015（平成25）年には、DMOの登録制度を創設するとともに、国が地域の観光振興等に関する取組みを支援する際には、主要な補助対象主体とするなど、国の施策として制度上もDMOが位置付けられることとなった、という経緯があります。

　このような経緯を経て、2023（令和5）年9月時点では、全国で広域連携DMO、地域連携DMO、地域DMOの合計で282件が登録され、各地域でDMOが主体となる取組みが展開されています。

❸DMOの本来機能と必要な制度整備

⑴DMOの本来機能と認識の現状

　DMOの地域の経済・社会において担うべき役割は、あらゆる分野の地域の主体の理解と協働を主導し、促進することで、観光を活用して地域への裨益を実現し、地域の持続的発展が可能となるよう、地域の経済・社会全体を俯瞰し、把握した上で、地域が企図する将来像からのバックキャストで、経営的視点から地域の多様な個別の取組みなどを、地域全体の経営方針と整合を図るようコーディネートし統括する地域経営の司令塔です。

　従って、DMOが本来求められる機能は、地域の将来を見据えた観光による地域振興の中長期的な観点から、公的部門そして民間部門の予算等経済面と人手・人材面の資源の最適な配分を行なうとともに、地域にお金が落ちる仕組みづくりなどを、客観的なデータの統計整備、それに基づく戦略的な取組みの企画や計画的実行、その実行確認によるPDCAサイクルの実施等を通じて実現するなど、地域への裨益のための基盤づくりを第一義とするいわば公的な機能です。

　DMOが行なうべき最低限の具体的な取組みは、概ね以下のようなものですが、これらの取組みは、地域の基盤づくりであり、長期的に安定して取り組むことが必要です。

- 地域ブランディング・マーケティングや地域内経済循環の仕組みづくり等をはじめとする地域全体での、DXも含めた経営戦略的取組み。
- 地域観光の拠点で、地域観光産業の中核でもある旅館等宿泊産業の生産性向上を目的とする、その立地・集積に関する取組み、管理会計・科学的アプローチの導入の徹底等経営管理高度化に関する取組み、経営の新陳代謝・経営能力の向上とともに必要となる事業の円滑・円満な退出、実務人材の育成に関する取組み、高付加価値化の取組み。
- 旅館等宿泊産業以外の地域観光産業について、観光需要に対応する交通サービスの確保等に関する取組み、地域交通サービスを含む地域観光産業等のシームレス化、実務人材の育成等に関する取組み、ガイド人材の育成等に関する取組み、高付加価値化の取組み。

　DMOが、このような具体的取組みを確実に行ない、地域への裨益のための基盤づくりの本来機能を発揮するためには、後述の(2)や(3)のような経営・管理能力やリーダーシップを備えた人材や、長期的に安定した財源が必要であるとともに、DMOに地域観光の司令塔機能を委ね、協働することについての地域の行政分野、観光産業界は当然のこととして地元経済界を含め多様な分野のトップ間における合意と、地域住民の理解と合意が必要です。

　このように、DMOの本来機能は、地域への裨益のための基盤づくりという公的な機能であることから、公的な目的を実現する本来機能の発揮のための上述のような取組みが、金銭的収益をDMOに直接的にもたらすことは不可能です。

　DMOが本来機能を発揮するためには、長期的に安定した組織・業務運営であることが前提であるため、長期的に安定した財源が必要ですが、その機能は公的なものであり、さらに、地域の経済・社会全体に裨益するものであることから、その取組みの財源は、本来的には、地域の総意を背景とする自治体等の公的財源であること、かつ、長期的に安定した財源であることが、基本となるものです。

　一方で、国の登録制度の開始や補助対象主体化など、国の施策において

DMOが制度上も位置づけられる以前から、地域によっては、従来のように旅行代理店等の送客に依存するだけではなく、地域において、自らが地域の文化・自然等のソフト資源を開発することなどを含め、着地型旅行商品を造成し販売する等により、自らが収益事業を行ない、稼ぐことにより、地元雇用、地元サービスの購入などを実現するとともに、地域への集客を実現することで、地域に裨益する、いわゆるDMCの取組みも展開されていました。

　DMOが地域のニーズや創意、試行錯誤により形成され、地域に根付いた組織として定着し、社会的な認知も一定程度醸成されていると考えられる欧米の状況に対し、我が国においては、このようなDMCの取組みも既に地域において展開されている中で、❷の通り、地域活性化、地方創生等の国の政策課題の重要性の拡大のため、その喫緊の対応が必要であることから、欧米の事例を踏まえつつも、主にはその意義を呈示するため「日本版」と冠し、国の施策の新たな主要な主体としてDMOを制度上も位置づけ、取組みを開始したという経緯もあり、自治体など地域の現場においては、DMOは収益事業等で自ら稼ぎ活動する法人、いわゆるDMCであると認識されていることも多く、DMOが公的な本来機能を発揮するためには、長期的に安定した公的支援や公的財源が必要であることが理解されないことも散見される現状にあります。

　これは、DMOの本来機能の発揮のための障害となっており、また、必ずしも従来の観光協会との相違や、「日本版」ではない欧米のDMOとの相違などについても十分に理解されていない状況が散見されることも同様に障害となっています。

⑵DMOとDMCの相違などDMOの法律等制度上の明確化
　我が国の観光行政にDMOが位置づけられた経緯、そして、そのような経緯を背景とするため、DMOについての的確な理解醸成が必ずしも充分ではない現状を踏まえれば、国の観光行政においては、国や自治体の補助をはじめとする制約ある経済的資源と、少子高齢化等で貴重で限りある人手・人材面の人的資源の適正配分のためにも、公的な本来機能を発揮するDMOと、いわゆるDMCとの組織カテゴリーを制度において明確に区分し、DMOが行なうべき

最低限の取組みを明確に提示するとともに、DMOとDMCの施策における位置付けを明確に区分することが必要です。

また、地域経営の司令塔として、公的な本来機能を発揮し、地域の経済・社会の活性化のため、地域への裨益のための基盤づくりの取組みをDMOが確実に行なうためには、DMOの組織のあり方についても、代表者は、地元自治体長や、地元経済・産業界等地域の各界のトップレベルと対等に合意形成が可能な地元地域の人材であること、その下に、地元地域各界の代表等をメンバーとする理事会等合議執行機関を設け、さらに、実務責任者として、地域経営のマネジメント能力やリーダーシップを備えるCEO、財務・会計等の専門性の高いCFO、マーケティング等の専門性の高いCMOを配置することが必須です。

このDMOの組織に必須の実務責任者の要件について、国の観光行政において明確化し、提示することが必要であるとともに、併せて、これらの実務責任者の成果達成評価による明確な処遇等基準の導入も当然に必要です。

さらに、現在、DMOを補助対象主体とする観光庁の補助をはじめ、国の公的支援については、毎年度新規メニューの追加など拡充が図られているところですが、従来の観光協会をもって、急ぎ登録したものも多い個別のDMOにおいては、未だ安定財源もない中で、人材・要員などの体制が充分ではない状況にあります。

この状況に、毎年度、新しい公的支援の申請書類作成、業務発注手続き、報告書作成等が加わり、これらが日常業務の大きな比重を占めることとなるため、DMOとしての本来機能の発揮が困難となっている状況も散見されます。

このため、国や自治体の公的支援の実施に当たっては、DMOの本来機能の発揮のため業務の実施状況を踏まえ、例えば、申請書類やフォローアップの報告書作成の一部のリモートヒアリングでの代替実施など、公的支援のための手続き等の業務負担の軽減を図ることが必要であるとともに、DMOの本来機能発揮である地域への裨益のための基盤づくりは、中長期の取組みであることを的確に認識し、公的支援に当たっても中長期的に安定した支援制度とすることが必要です。

このように、DMOとDMCの相違なども含め、DMOの本来機能の明確化

などDMOが地域経営の司令塔であることを、広く共通認識とし、本来機能を確実かつ長期的・安定的に発揮するため、さらに、予算・人材など国の限りある資源の有効投入のためには、地域の合意形成や調整等が今後、一層重要となります。

以上を踏まえれば、国の観光行政において、DMOを制度上安定的・永続的なものとするとともに、国民の誰もが明快に理解できるよう、DMOに関する施策の基本的事項については、法律においてその根拠・権限を規定することで明確化し、法律に基づく明確かつ明瞭な制度とすることが必要不可欠であるとともに、有効です。

具体的には、地域全体での観光振興等の取組みの重要性等を明確にした観光圏整備法は、法定協議会の枠組みや、ステークホルダー等の提案制度、協議会参加メンバー等の協議結果尊重義務も規定されていますので、同法に、新たに、DMCとの相違を明確にしたDMOの組織自体の設置根拠を規定するとともに、地域リーダーとしての役割及び地域全体としての合意形成などに当たって必要な総合調整の権限を規定する、さらに、地域観光産業の事業革新・基盤強化等をはじめ地域の経済・社会の活性化を目的として、地域全体で計画的かつ経営戦略的に取り組むことを促すとともに円滑化するために、固定資産税の減免措置、地域交通の特例措置、地域再生エリアマネジメント負担金制度の要件緩和など、関係法律の特例を規定することで、同法の枠組みの活用を可能とすることが、有効であると考えます。

❹DMOの本来機能発揮のための人材の確保

⑴高度・専門的人材確保の必要性と確保方策

①相応の高い給与水準の実現

DMOが地域経営の司令塔としての本来機能を発揮するためには、❸⑵「DMOとDMCの相違などDMOの法律等制度上の明確化」の組織のあり方で述べました通り、CEO等のトップレベルにおいては、地域経営のマネジメント能力やリーダーシップが求められ、CFOやCMOの業務責任者のみならず担当レベルにおいても、マーケティングや統計処理、DX、自らの組織のみ

ならず旅館等宿泊産業の生産性向上などをサポートするためにも管理会計、財務等に関する知見が求められます。

このような相応のマネジメント力あるいは専門的知見のある人材を、地域において確保するためには、欧米での事例の通り、相応の高い給与水準等（※）の待遇が必要です。

しかしながら、現在の多くのDMOは、自治体の予算に基づく公的支援や自治体職員等の出向により、その運営が確保されていますので、DMOでの給与水準も当該自治体の人件費に関する予算の水準に依拠するため、DMOが本来機能を発揮することが可能となるような相応のマネジメント力あるいは専門的知見のある人材の確保のための給与水準の提示は困難な状況にあります。

このため、自治体においては、後述の❺のようなDMOの安定的財源を確保することで、本来機能を発揮することが可能となるような人材確保のために必要な、相応の高い給与水準の提示を実現することが必要です。

国の観光行政においては、「観光地域づくり法人の登録制度に関するガイドライン」（以下「ガイドライン」）等で、DMOの本来機能を発揮することが可能となるような人材確保に必要な、相応の高い給与水準の実現を要件とすることや、DMOに対する公的支援を行なう際にも、当該要件の具体化を前提とするなどで、自治体等の取組みを促すことが必要です。

なお、この場合には、先程も述べました通り、当然に雇用契約等において、DMOの本来機能の発揮状況等の目標を設定して、その成果が、給与水準に反映する仕組みとすることが必要です。

※米国コロラド州ベイル町タウンマネージャーの待遇は年収20万〜23.5万ドルと住宅提供で、周辺のリゾート都市でも15万ドル以上が普通とさています。また、日本と比較して米国のDMOでは女性活躍が顕著であるとの指摘もあります。

②副業・兼業による人材の確保

DX人材を含めDMOの本来機能発揮のために必要な専門性の高い人材を確保することは、①の相応の高い給与水準を実現することを前提としても、人材の獲得競争などもあり、早急な確保実現は困難であることも想定されます。

このような状況の想定を踏まえれば、国の観光行政においても、国が主導し

地域と連携で、地域内外での副業や兼業を容認し、柔軟な人材登用によって効率的に担い手を確保する副業・兼業人材をDMOが共有・活用できる仕組みを導入することが必要です。

　この場合、たとえば、国等においては、都市部の大企業等に在籍する副業・兼業人材を活用できる仕組みを導入するとともに、その人材を地域内でシェアする仕組みの導入を推進することや、公的機関において、副業・兼業人材とDMOを含めた地域の観光関連事業者とのマッチング支援事業を行なうことが有効であると考えます。

(2)出向による人材確保

　DMOの一般業務運営の人材について、業務の委託の場合も含め関連企業や自治体等からの出向により確保する場合においては、DMOへの出向にモチベーションを感じ、業務に取り組めるよう、出向元の企業や自治体等の組織が、出向職員が出向元組織に戻って以降のキャリアパスを明確に提示する、あるいはキャリアパス上の一定の要件とすることで、DMOへの出向をキャリアパスの観点も含め「魅力ある経験」と位置付ける人事運用を行なうことが必要です。

　このため、国の観光行政において、ガイドライン等で、DMOへの出向者に求める人材像や出向時に養うことができる能力・経験を明示するとともに、出向者の要件定義や、出向終了後の出向元組織でのキャリアパスを明確化することなどを明定することが必要です。

(3)女性をはじめ地域のあらゆる人材の積極的活用による人材確保

　我が国の現在のDMOの運営状況等を見れば、女性が参画している事例は、未だ僅かである現状と、DMOの本来機能の発揮のための業務内容を踏まえれば、所要の育成措置と職場環境の整備により、女性をはじめ地域のあらゆる人々が参画することが可能となることが考えられますので、女性をはじめ地域のあらゆる人々にとって、DMOが働きやすい、魅力ある職場環境となるよう取り組むことが急務です。

　このため、国の観光行政において、ガイドライン等で、DMOの職場環境に

ついて女性をはじめ地域のあらゆる人が働きやすく、魅力ある職場とする取組みの実施について明定することが必要です。

(4)外国人材の確保

　地域において、地域がめざす将来像を踏まえて、具体的に地域住民の所得の向上や生活の質の向上などの明確な目標を設定し、その上で、当該地域の経済・社会の現状を的確に把握し、観光マーケットにおける相対的な位置付けを客観的に分析した上で、インバウンドに重点化する地域戦略を策定し、地域の総意として取り組む場合には、ターゲットとする国や地域の顧客のニーズを的確に把握するとともに、当該国や地域の歴史、文化、習慣等を踏まえたマーケティングを行なうことが必要です。

　このためには、DMOにおいて、当該国や地域の実情に精通したネイティブのスタッフを確保することが有効ですので、現地雇用のみならず、リモートでのアドバイスなども含めて、その活用を図ることが必要です。

❺DMOの安定した財源の確保

(1)宿泊税の導入促進

　DMOが本来機能を発揮するためには、❹(1)❶「相応の高い給与水準の実現」で述べました通り、欧米での事例のように、相応の高い給与水準等での待遇により、それを可能とする経営・管理能力を備えた人材を確保し、長期的に安定して自律的・継続的に活動することが必要です。

　DMOの本来機能は公的な機能であることから、この本来機能を発揮するDMOの活動・運営財源については、本来的に、地域の総意を背景とする自治体等の公的財源で、かつ、長期的に安定して、自律的に確保することが必要ですが、現在の多くのDMOは自治体の一般財源に依拠する一般会計予算に基づく公的支援により運営されています。

　このため、DMOの活動・運営の財源に対する財政措置は、毎年度の自治体の政策課題の優先度等に応じた臨機の財政措置が講じられる中で確定されますので、長期的に安定した自律財源とは言えない状況であるとともに、DMOの

本来機能発揮のために必要な高度専門人材への給与水準等についても、自治体の予算基準に依拠したものとなり、相応の処遇の実現が困難な状況にあります。

DMOに対する自治体の公的支援の財源としては、一般行政需要に対応する一般財源以外では、自律財源として想定可能なものとして、地方税法による法定目的税の入湯税及び法定外目的税の宿泊税の導入があります。

市町村税である入湯税は多くの市町村で導入されていますが、その使途は法定されており、観光振興も使途となっていますが、他の使途での活用等で固定化されている傾向にあります。

一方、宿泊税は、都道府県税及び市町村税ですが、導入している自治体は国内には多くはなく、そのノウハウの蓄積も多くはありません。

このような状況を踏まえれば、国の観光行政において、以下のような取組みにより、自治体における宿泊税の導入を促すことが急務です。

併せて、DMOを地域の司令塔として地域全体での観光振興による地域の経済・社会の活性化を企図する自治体においても、DMOの本来機能の発揮を確実なものとするためには、DMOの長期的・安定的な自律財源として、積極的に宿泊税の導入に取り組むことが急務です。

● 宿泊税や入湯税を観光振興に活用した結果、税金投入額以上に地域経済や自治体財政への裨益につなげている自治体の事例をまとめ、周知する。

● 宿泊税や入湯税制度を有する自治体においても、税収を観光振興ではなく、一般財源的に支出している場合もあることから、宿泊税等を導入し、かつ、使途に関する会議体の設置や基金化などで、使途を観光振興とする等の方向性が示されている自治体の事例をまとめ、周知する。

● 宿泊税や入湯税をDMOの安定した自律財源として活用可能とするために有効と考えられる、宿泊税の導入方法に関して、次のような基本フレームを例示する。

　　≪基本フレームの内容想定例≫

　　　　◆徴収条例とは別途、新たに使途条例をセットで制定。

　　　　◆使途に関する会議体の設置、基金化等。

● これらの事例を観光庁の「自主財源開発手法ガイドブック」に追記し、明示

するとともに、関係省庁とも連携し、自治体等に対して周知を図る。

⑵その他の財源の確保方策

①TID(Tourism Improvement District/観光産業改善地区)の導入

　DMOの観光振興による地域の経済・社会の活性化のための活動・運営財源については、長期的に安定的・自律的に確保する必要があり、かつ、地域の将来に広く裨益するものであることから、本来、⑴のように自治体が徴税する宿泊税を、観光振興の使途目的に特化して導入することで財源を確保することに、まずは、自治体が積極的・着実に取り組むことが必要です。

　しかしながら、地域の状況によって、宿泊税の導入によっても、観光振興のために必要となる財源の確保が困難な場合には、アメリカの多くの地域において導入され、議会などに諮ることなくDMOが使途を決定することのできる、受益者負担の考えに基づくTID（Tourism Improvement District/観光産業改善地区）制度の導入等も有効であると考えらますが、そのためには、地域の理解を得るためにも、DMO等においては、地域の観光振興による地域価値向上への貢献を見える化することなどが必要です。

②地域観光産業関連施設の包括的運営

　DMOが地域経営の司令塔として効果的な地域経営を行なうことを可能とするとともに、長期的に安定した自律財源を確保するため、たとえば、自治体設置・所有の地域の核である、空港、MICE施設、クルーズ船ターミナル、道の駅、物産館、温浴施設、駐車場等について、自治体が、その運営権を包括的にDMOに設定することで、DMOが民間事業者の経営能力や技術的能力を活用しつつ、効果的に地域全体での資源や利益の最適配分を行なうことができるような仕組みについて、検討することも有効です。

　なお、このような手法の導入が可能となる場合には、DMOと、これら施設の実際の運営を担う民間事業者のパートナーシップ協定等においては、地域との密接な連携・協働関係の構築を含め地域貢献や地域振興等の要求水準の適切な設定と、実施期間中のフォローアップ等の実行が必要です。

❻DMOに求められる地域住民等の理解促進

　地域の持続ある発展に向けて、DMOが本来機能を発揮することが可能となるためには、長長期的に安定した自律財源と人材の確保が必須であるとともに、経済界等各界との協働は当然のこととして、特に、地域において生活を営む地域住民等との協働の円滑な実施が必要です。

　このためには、地域住民等のDMOの取組み等に対する適切な理解が必要不可欠であることから、DMOの重要ミッションとして、DMOが取り組む観光振興による地域の経済・社会の活性化のための基盤づくりが、現在のみならず将来の地域のあり方に対し、そして地域住民の生活に対し、具体的にどのように裨益するのかなどを含め、その機能の地域にとっての重要性等を地域住民に啓発する取組みを、以下のような方策により、一層強化することが必要です。

●国の観光行政において、DMOの登録要件で、現在、設定が望ましいとされているDMOに対する住民満足度の指標を、必須KPIに加える。

●DMOは、子供達も含めた幅広い地域住民に対して、DMOの役割の地域における重要性に関する理解促進を図るため、地域の特性に対応した観光学習教材の作成・普及や出前授業の実施、体験機会の創出等の取組みを行なう。

1-2 DMOの実効ある取組みのために観光行政に望まれる事項

❶観光分野における産業政策の有効性と必要性について

(1)観光産業政策の有効性と必要性

　DMOが地域経営の司令塔として実現すべき、地域の持続ある発展のための地域の経済・社会の活性化を牽引する観光産業の労働生産性を向上させる事業革新や基盤強化のための取組みは、地域の行政分野、観光産業等サービス産業のみならず農業、製造業、不動産、金融業等を含む地域の産業・経済分野、教

育・医療分野、そして地域住民など、地域のあらゆる分野の主体の理解と協働により、初めて可能となるものです。

このような地域のあらゆる分野の主体の理解と協働には、数多くの多様な関係主体との間の合意形成や、自治体等の現場行政との整合など、コーディネーションが重要で必要不可欠です。

さらに、国や自治体等の限られた予算等経済面と人材面などの制約のもとで、DMOが地域経営の司令塔として取り組む、地域観光産業を成長産業とする取組みなど地域の経済・社会の活性化のための取組みを、真に有効なものとするためには、選択と集中により、予算等経済面と人材面の効率的・効果的な資源配分を実現することが必要であるとともに、その資源配分の地域の経済・社会の活性化への寄与について、検証することも必要です。

従って、DMOが地域経営の司令塔として取り組む、地域の経済・社会の活性化を牽引する地域観光産業の成長産業化などの取組みを、真に有効で確実なものとするためには、国が施策の方向性を、公に呈示する産業政策が有効であるとともに必要です。

⑵観光産業政策において呈示すべき施策

国の観光行政においては、地域においてDMOがその取組みを有効で効果的に推進することを可能とする観点も含め、まずは、観光の国と地域の将来への貢献を明確にした上で、地域観光産業を含む観光産業のめざすべきあり方を実現するために必要な、以下のような施策の方向性等を、産業政策として呈示することが必要です。

（官民挙げての人材育成）

観光産業は他産業分野と比較しても、労働集約型の産業であり、かつ、その生産性向上のためには経営・管理能力や価値センス等が求められる産業であるため、充分な人手のみならず、1-1❹⑴の通り、DMOの取組みに必須である経営・管理等を的確に行なう人材や、価値に見合う現場サービスを提供できる人材についても、その確保が必須です。併せて、これらの人材が正当・適正に評価され活躍できる環境づくりも必須です。

　このためには、人材分野への集中的な資源配分が特に重要かつ必要であることから、産業政策において、長期的視点での各層・各分野での人材育成への官民挙げての重点投資などを明確に位置付けることが必要です。

　この場合、特に、地域観光産業における、宿泊、飲食や地域交通等の現場において、接遇等人的サービスやソフトの価値提供を担う実務人材については、地域観光サービスの基本として、地域の地勢・産業は当然のこととして、歴史・伝統、食、文化等地域のもつ背景を知識として備え、客観的・的確に伝え、コミュニケーションを図ることができることが、プロ人材の要件であることを明確化することが必要です。

（労働分配率の適正化）

　観光産業における人手不足は、従前より一貫して、そして恒常的に深刻であり、現状の施策のままでは、今後、一層深刻化することが見込まれます。相応の人材を確保するためには、高生産性化により実現する経済価値を所得に確実に還元する仕組みが必要です。現在、国においては賃上げ促進税制が開始されていますので、この活用を強力に促すことが必要です。

　さらに、地域全体として、DMOが資源の再配分等を行ない、労働分配率の適正化を図るような取組みを行なう場合には、積極的に公的支援を行なうなど、労働分配率の適正化を促す取組みの必要性を産業政策において明確に位置付けることが必要です。

（価値に相応する価格設定）

　観光産業の自律的な生産性向上のためには、良質なサービス等は、相応の対価で評価するという基本認識の徹底が必要です。

　我が国では高度経済成長期の需要拡大局面における経済社会において、大量生産・大量消費モデルでの薄利多売のビジネスモデルが一般化しました。

　観光産業においても団体旅行等が主流となるなど、この方向が追求されました。つまり、観光産業を含めあらゆる分野に関する消費マーケットでは、「御得で手頃な価格感」重視となり、供給サイドも、「良い物・サービスをより安く」提供することが求められるようになり、物やサービスの品質・価値と価格との関係が、必ずしも相応しないことが通常となりました。

　観光産業は、労働集約型で人によるサービスや、「場の雰囲気」などのソフトの価値が重要なサービス産業であり、接遇等の人的サービスやソフトの価値提供も含めたサービスに対する評価と、それに基づく対価の考え方が極めて重要な産業分野です。

　我が国の場合、一部には「御心づけ」といった伝統もありますが、一般的には、海外の事例のようにチップの慣習もないため、接遇・説明などの人的サービスについては、当然のものとして対価支払いやプライシングの概念が薄い状況にあります。

　このため、観光産業の自律的な生産性向上のためには、改めて、良い品質・価値サービスには相応の価格設定を行なうべきであり、低価格の場合には徹底して効率化された割り切ったサービスとするべきであるなど、的確なプライシングの考え方についても、産業政策において明確に位置付けることが必要です。

（高付加価値化）

　観光産業の自律的な生産性向上のためには、このような価値に相応する価格設定を前提とした上で、観光産業の高付加価値化が重要であり、現在も地方における高付加価値なインバウンド観光地づくり事業をはじめとする観光地・観光産業の高付加価値化の施策が進められているところです。

　観光産業の高付加価値化に当たっては、旅館等の施設や食事等といった商品面とともに、一体として、商品や地域の観光資源と顧客とを繋げる、これらと密接不可分な接遇や、顧客の知的満足度に適応できる地域の文化や歴史などの知識を背景とする的確な説明、案内といった人的サービスのソフト面での、付加価値を向上させることが必要です。

　商品面が高付加価値でも、密接不可分なソフト面が高付加価値化されていない場合は、実際に消費し、対価を支払う顧客の対価支払いへの納得感を得ることは困難であり、納得感を得ることができない結果、顧客離れにより、高付加価値化の持続は不可能となりますので、高付加価値化の評価は、供給者目線での自己的な評価ではなく、顧客目線での評価等が必要です。

　このため、観光産業の高付加価値化のためには、商品面とソフト面の両面の高付加価値が必要であること、さらに、その具体化・持続化のためには、供給

者目線の評価ではなく、実際の高付加価値旅行層の顧客や実際にビジネスで高付加価値旅行層を顧客とするコンシェルジュ・サービスなど、当該マーケットの専門家による顧客目線での評価・市場化テストが必要であること、それを踏まえて、戦略的価格設定を行なうことが必要であること、を産業政策において明確に位置付けることが必要です。

なお、我が国は、安全・安心・清潔な社会とともに、長い歴史に裏打ちされ、形成された独自の伝統・文化・生活や、四季が明確で気候帯も多様な自然環境・地勢等に恵まれるなど、国全体、さらに各地域固有で、にわかな造り物でなく本物のユニークな文化・自然資源に恵まれています。これらの世界に比類ない、貴重なソフトの価値は、顧客の特別な体験・活動、知的満足度の充足要求に対応できる訴求力を持つものです。さらに、これらの訴求力により、豊かな人生に資する健康、医療、食、時間等制約の無為の時間など顧客の多様なニーズに対応する幅広い分野で付加価値を創出することができます。

このため、地域における高付加価値化の取組みの前提として、このような貴重なソフトの価値などを、DMOの関係者は当然のこと、地域の観光産業に関わる関係者等は認識することが必要であること、そして、地域関係者等にとっては日常である自らの地域の歴史、文化、自然等の地域のもつ代替の無い貴重な背景価値を、まずは、自らが改めて的確に理解していることが必要であること、も産業政策に明確に位置付けることが必要です。

さらに、これらの認識と理解に基づき、DMOを司令塔として、地域の関係者が、地域の資本や人材を活用して付加価値の創出に取り組むことによって、付加価値の完全・確実な地域の経済・社会への裨益が可能となるものであることを、併せて、産業政策に明確に位置付けることが必要です。

（円滑・円満な退出・新陳代謝）

地域においても重要な観光産業を、国や自治体等の限られた予算等経済面と人材面等の制約のもとで、生産性を向上することなどで、喫緊に成長産業とするためには、選択と集中による効率的・効果的な予算・人材等の資源配分が必要であり、それにより地域全体の経済の活性化や地域価値の向上などの好循環を効果的に生み出すことが必要です。

　このため、地域の経済・社会の活性化のためには、地域の観光産業分野において、生産性の向上が見込めず、運営継続自体が困難な事業分野からの円滑・円満な退出や運営の交代等の新陳代謝を、将来に向けた地域の覚悟で、前向きな取組みとして、DMOが中心となり行なうことが必要であり、これを国や自治体も支援することが必要であることを、産業政策において明確に位置付けることが必要です。なお、この場合、1‐1❸⑵と同様に、観光圏整備法に、DMOが中心となりこのような取組みを行なうことを規定するなど、法律に取組みの根拠とその効果や特例措置などを規定し、明確に位置付けることも必要と考えます。

（中長期的取組みの重要性）

　DMOが地域経営の司令塔として実現すべき、地域の持続ある発展を可能とする地域の経済・社会の活性化のためには、DMOの本来機能である地域への裨益のための基盤づくりとして、地域の経済・社会の活性化を牽引する観光産業を、労働生産性の向上等により成長産業とすることをはじめ、人材育成や、地域のターゲットを定めたマーケティング・地域ブランディングなど、地域の将来像からバックキャストで取り組む地域全体での経営戦略的取組みが必要不可欠です。

　このような地域全体での経営戦略的取組みが確実に定着し、さらには、効果が顕在化するには、最短でも3年から5年を超えるような懐妊期間が必要です。

　このような中長期間において、着実で、ぶれない取組みが必要であるとともに、地域の現場での日常に生じる課題への対応とその効果検証のローリングによる知見の蓄積が、地域の経営戦略的取組み力の向上に資するものであることからも、中長期間を最低限のサイクルとする取組みを行なうことが必要です。

　このため、国や自治体の観光行政において、このような地域の取組みに公的支援を行なう場合には、成果が発現するまでの間、地域が取組みの検証を行ないつつ、着実に安定して取り組めるように、中長期にわたり安定して、かつ、地域特性に対応できる柔軟な支援制度とすることが必要です。

　同時に、国の観光行政においては、そもそも、このような地域の取組みの懐妊期間は中長期であること、このため地域においては、地域の総意により思い

描く将来像からのバックキャストで、長期及び中期の目標を定めた上で、地域全体で着実にぶれずに、計画的に取組みを行なうことが必要であること、そして、取組みの変更は、適正な効果検証によってのみ行なわれことが必要であること、を産業政策において明確に位置付けることが必要です。

　併せて、このような地域の取組みは、自治体や関係産業界等の都合により、都度、都度、変更されるべきではないことを、国自らも含め、自治体、DMO、観光産業界等関係主体が十分に認識して取り組むべきことを、産業政策において明確に位置付けることが必要です。

1-3 結びにかえて

　本稿は、一般財団法人運輸総合研究所において筆者が担当し、原先生とともに委員としても参画した「地域観光産業の基盤強化・事業革新に関する検討委員会」の提言『地域観光産業を高生産性で高所得産業に』も踏まえ、DMOに関する内容を中心に所要の補足などを加え構成したものですが、提言や本稿を担当するに当たっては、拙いながら筆者の自治体での職務経験などを前提としています。

　本稿の中心であるDMOが国の観光行政など観光分野で大きく取り上げられ、登録制度が開始された2015（平成27）年当時に、筆者は都道府県の立場にありました。

　その立場で、複数市町村のエリアを取組みの対象とする、いわゆる地域連携DMOを3組織立ち上げるとともに、立ち上げた3つのDMOの副社長（業務執行理事）に就任し、民間産業界から就任を御願いした社長（代表理事）をサポートしつつ、DMOの立ち上げに伴う組織運営の安定化と、将来に向けた持続的な取組みを可能とする業務運営体制・仕組みなどを整えるとともに、その後の日々の業務遂行に携わりました。

　1つのDMOは、対象エリアは観光圏整備法の観光圏整備実施計画が認定されていたので、市町村連携の認知醸成状況も踏まえ、組織の屋上屋を避け、観光に関する組織・業務を名実ともに一本化することが必要と考え、名称や従来

　業務の継続を前提に、7市町の既存の観光協会を組織上は一旦廃止し、新たに設置した企画部局のもとで統合参画する方式で、一つの組織として総合企画局と各地域本部から構成される地域連携DMOを立ち上げましたが、これは全国初の取組みでした。

　筆者が行なったDMOに関する取組みに当たって重要な職務の一つが、筆者自らの立場である都道府県自体や、関係市町村、地域の観光業をはじめ交通、商工、金融等の経済界、農業関係など各分野の多様な関係主体との間で、DMOの取組みに対する理解を得ること、さらに協働を確保することでした。

　特に、自治体との間では、自らの立場である都道府県も含め自治体からの職員の出向のための調整や、DMOの運営と活動などに対する補助等公的支援の確保のための調整、さらには、上述しました7市町の観光協会の一旦廃止による統合参画に関する調整などが非常に重要でした。

　このような調整は、筆者の拙い能力の限界でもありますが、DMOの立ち上げのみならず、その後の運営段階でも、常に大変に重要で難しい問題でした。

　関係する自治体、各界の皆さんとの難しい調整を何とか行ないつつ、3つのDMOを立ち上げ、運営することができるようになった背景は、筆者に当時委ねられた立場があったからこそで、そのような立場になければ、実行困難であったであろうと、考えます。

　DMOの立場、あるいは都道府県の立場で筆者が、これらの調整などをはじめDMO関係の業務を行なう際に、関係者から頻繁に指摘いただいた基本的な問題を、たとえば列挙してみますと、公的支援に関係する自治体をはじめとする関係者からは、「DMOは何をやっているのか（どのような業務を日々行なっているのかなどが）見えない」「DMOの取組みで目に見える成果は何であるのか」などDMOの取組みの実感に関する御指摘や、「DMOへの公的支援は、いつまで続くのか」「収益で自立する目途はいつなのか」などDMOへの公的支援の必要性・継続に関する御指摘、「DMOの職員の地域の関係者とのコミュニケーションが、うまく図られていない」などDMOの職員の現場での業務遂行に関する御指摘などが、特に頻繁に御指摘をいただいた問題でした。

　一方で、DMOに職員の出向や公的支援を行なう自治体の組織内においてさ

え、DMOに補助を行なう観光部局の担当レベルではDMOの取組みを理解しているものの、観光部局内でも、DMO以外の一般観光行政の担当は、DMOについて、その取組みなどを的確に把握等していないような状況、また、本来は連携することが必要である自治体内の他の商工部局、農林部局、健康福祉部局、まちづくりの都市部局などは、DMOの存在については知っていても、DMOの取り組む地域全体での多分野での協働の必要性や重要性の認識は低いような状況であったことも、現状として実感しました。

ましてや、地域の観光産業に関係する以外の経済界や、農業等の他分野、さらには住民の皆さんのDMOに対する認知や認識度合いについては、ほとんどの場合、大変に低い状況であったことも事実です。

このような状況に関しては、例えば「DMOは何をやっているのか見えない」との御指摘については、1-1❻「DMOに求められる地域住民等の理解促進」に述べました通り、DMOは当然のこと、公的支援を行なう自治体においても、積極的にDMOの取組みについて、地域全体における理解促進に取り組むべきではあると考えますが、一方で、僭越ではありますが、少なくとも、DMOに対し公的支援等を行なう自治体や、その運営に関与する関係主体においては、DMOの活動が「見えない」ようであれば、本来は、積極的に「見に行く」ことが必要であり、さらには、「見えるようにする」ために、その立場において主体的に行動することが必要であると考えます。

しかしながら、言うは易いですが、このような状況を、DMOに対する関与の度合いも様々な立場で、また、DMOに対する理解度や認知度も相違する中で、さらには、首長さんの御判断を含め地域の観光行政を担う自治体の施策における優先度等も密接に関係する中で、個々人や、現場・担当レベルで主体的に行動することは、大変に困難で限界があります。

従いまして、筆者の拙い経験が前提で恐縮ではあるものの、DMOが本来機能を発揮するため、地域の現場の皆さんや、関係する皆さんが日々、試行錯誤し取り組まれる活動が、少しでも、円滑に、そして効率的・効果的に行なわれることが可能となるよう、国や自治体の観光行政や、地域の経済界をはじめとする各界、そして地域住民の皆さんなど、幅広い主体にその実行が求められる

取組みを本稿において、運輸総合研究所の提言も踏まえ、述べさせていただきました。

　特に、筆者としては、DMOの取組みの成否は、究極的には、1－1❸(2)「DMOとDMCの相違などDMOの法律等制度上の明確化」や❹(1)「高度・専門的人材確保の必要性と確保方策」で述べました通り、『人』にかかっていると言っても過言ではないと考えるとともに、この点をはじめ、DMOの成否は、❺(1)「宿泊税の導入促進」の取組みを含め、地域の自治体・各界のトップはもちろんのこと住民の皆さんを含め、各界・各層・各主体の『本気度と覚悟』にかかっているものと考えます。

　結びとして、DMOが確実にその本来機能を発揮することで、地域全体への裨益を図りつつ、地域の経済・社会を活性化し、地域の望む将来像に向けた地域の持続的発展を実現するために、本稿が地域のあらゆる関係主体の皆さんの主体的な行動につながることを祈念して、本稿を終えさせていただきます。

参照
「地域観光産業の基盤強化・事業革新に関する調査研究 | 一般財団法人運輸総合研究所 (jttri.or.jp)https://www.jttri.or.jp/research/tourism/local-tourism_portal.html)

城福健陽
（元京都府副知事、運輸総合研究所特任研究員）

運輸省入省以降、JNTO（ニューヨーク事務所次長）、経済産業省商務情報政策局参事官（観光・集客サービス）、国土交通省航空局参事官（近畿圏・中部圏空港）、総合政策局公共交通政策部長、海事局次長、運輸安全委員会事務局長等を歴任。2015年〜2018年京都府副知事。2023年5月より現職。専門分野は、関空・伊丹・神戸空港等大規模コンセッション政策、地域公共交通確保・維持・改善、日本版MaaSなど地域交通政策、ラグジュアリー・トラベル・マーケット、地域連携DMO、地域資源ブランディング等の観光政策など。

跋 —— コーネル大学ホテルスクールと原忠之先生

　私は大蔵省在職中の1973年、ニューヨーク州のコーネル大学経営大学院に留学し、MBAを取得しました。当時のコーネル大はビジネススクールとホテルスクールは別のカリキュラムでしたが、現在は統合されています。ホテルスクールではマネジメントを学ぶために、観光学だけではなく統計学や会計学を履修せねばならないというのがアメリカの考え方です。ちなみにコーネル大のキャンパスの中には町の中で一番立派なホテルがあり、学生はそこで実習をします。日本でも、そうした実践的なホテルスクールが必要だとつとに思います。

　そんな縁で私が政治家になる以前、大蔵省在職中には同じコーネル大ホテルスクールの卒業生である「富士屋ホテル」の故・山口祐司先生とともに、母校から教授を招聘し、年1回のペースで計7、8回セミナーを開いておりました。その際にコーネル大ホテルスクールで修士号を取得された原忠之先生と知り合いましたので、ずいぶん古くからのお付き合いになります。

　コーネル大のホテルスクールでは最初に何を教えるかと言いますと、「君たちにはここでホスピタリティ産業について学んでもらうわけだが、このホスピタリティ産業とは、他の業種とどこが違うのか？」という質問が投げかけられます。カメラや冷蔵庫を売るのと一体何が違うのか、という問いかけです。

　日本人はこれに対して「体験を売る」「おもてなしを売る」といった抽象的な回答をしがちですが、「在庫の利かない商品を売る」というのが答えです。在庫が利かないということは、タイミングがすべてであって、求められている時に適切なサービスを提供できないと意味をなしません。

　これは私の友人のデービッド・アトキンソン氏が体験した話ですが、ある日本の温泉地の高級旅館に泊まった際、予定より早めに到着したのでまずチェックインしようとすると「チェックインは15時からなのでまだできません」と断られてしまった。それではホテルのレストランで時間をつぶして待とうとすると「レストランは宿泊のお客さまでなければ利用できません」とこちらも断ら

れてしまった。お客のわがままに応じられるサービスを、適切なタイミングで提供するという観点が欠けているのですね。「おもてなしの心」などと言いますが、日本のサービスにはこのような杓子定規なところがまだあります。

一方こちらは私の体験ですが、ハーバード大学のあるケンブリッジのホテルに宿泊した際、荷物を自室に運んでもらっている時にベルボーイとの雑談で、「このホテルは初めてか」と尋ねられました。大学の集まりで以前も利用したことがあることを何気なく伝えたところ、食事から客室に戻るとGM（ゼネラルマネジャー）からの自筆で「当ホテルを再び選んでくださったことを感謝いたします。ゆっくり楽しんでください」という礼状が花とともにデスクに置かれておりました。ベルボーイとの一言二言の会話がすぐにGMのところまで伝わり、短時間で礼状を用意する。アメリカのサービスは機械的だという批判もありますが、そのまめな仕事ぶりと手際良さにとても感心いたしました。

日本のホスピタリティ産業の歴史は老舗旅館から始まっているので、こうしたかゆいところに手が届くようなサービスは、女将さんの力量次第。固定客の趣味や料理の好みなどはすべて女将さんの頭の中に入っていました。しかしそれでは女将さんが引退してしまうと、引き継いだスタッフにその情報は伝わりません。どこかでシステム化しなければならなくなってきますが、そうした教育という面でも日本は遅れています。

さて、私は自民党観光立国調査会長を務めるとともに、2016年に内閣府特命担当大臣（地方創生担当）を初代の石破茂さんから継いで、2代目大臣に就任いたしました。私の地方創生に対する観点は、「稼がねばならない。そうしなければ必ずその地域はつぶれる」というメッセージを第一に置きました。「東京一極集中を是正する」「人口減を防ぐ」「地方に働く場所をつくり、魅力的な街づくりを行なう」など、当時いろいろなスローガンが考えられていましたが、結局のところ何をしたらよいかが曖昧になってしまう。そこで課題を単純化し、目標を明確にし、その対処に特化するというクラウゼヴィッツが『戦争論』で語っている手法を取り入れたのです。

そして稼ぐにあたっては、国に頼ることなく地方が自らの力で行なうというのが大前提です。自助の精神がなければ、何をやってもうまくいかない。明治

維新の時、『学問のスゝメ』と並んでベストセラーになったのが、サミュエル・スマイルズの『自助論』でした。強い国、強い地域というものは自分の力で切り開くのだというのが、明治維新をやり遂げた先人たちの姿勢なのです。

　それでは地域はどのようにして儲ければよいか。それには内閣が運営・公開している地域経済分析システム「RESAS（リーサス）」が頼りになります。これは産業構造や人口動態、人の流れなどに関するデータを集約し、可視化を試みるシステムです。自分の町なり市が何で稼ぎ、何に支払っているかを明確にするというところから始めれば、自分たちの強みがわかります。それを伸ばし、支出を抑え、儲ける努力をすればよいのです。

　そうした中で、今後大きな期待を寄せることができるのは"観光"というジャンルでしょう。特にインバウンドを呼び寄せることができれば、日本国民の間でお金が移動するのではなく、外貨を獲得することができます。

　私が観光立国調査会長を務めていた際に、一番力を入れたのは各国のビザ発給要件の緩和でした。また民泊の推進も強烈にプッシュしました。そこからインバウンド市場が一気に活気づきました。

　2010年代から務めた税制調査会で導入を決めたのは、出国時の国際観光旅客税の徴収です。それを財源にしてCIQ（税関、出入国管理、検疫）体制の整備や、文化財など観光資源の整備に充てようというものです。原先生のお考えに宿泊税を定率で課すべきというご意見がありますが、まさにこの国際観光旅客税と通じるものです。税収を得ることがその街の"自助"にもつながります。今行なわれているように100円、500円単位ではなく、定率で設定すべきなのです。ニューヨークやワシントンの宿泊税は約15％です。何万円もする高級旅館に泊まるインバウンド客は、わずかな税など気にも留めません。

　巷間、とかく「観光公害」などと言われますが、宿泊税から得た収入を元に対策を講じれば、インバウンド客に対する見方が違ってくるはずです。

　これまで日本では価格競争で、安い方安い方へと舵を切ってきましたが、そのため必要なサービスもそぎ落としてしまいました。デービッド・アトキンソン氏が再三訴えているように、日本にはもっと高額な宿泊先をつくろうという考え方の転換が必要です。海外のお客は高額な旅館ほどサービスが充実してい

るだろうと期待し、高い順から宿泊先を探していきます。

　しかし日本人は宣伝の仕方がうまくありません。どの国のどの層を顧客として想定するかを明確にし、ピンポイントで狙わないといけない。そして外国の人にアピールするには、日本語のパンフレットをただ英語に訳すのではなく、ネイティブにその人の感覚で書いてもらわないといけません。その場所に訪れる海外の人の感覚がわかったうえで、アプローチしていかないといけない。

　私が現在会長を務める（一社）全日本社寺観光連盟で英語のパンフレットを製作した際に、原先生のセントラルフロリダ大学から迎えたインターンの学生に原稿をお願いしたところ、彼らの感覚は日本人とは大きく違うことを強く感じました。日本人なら、まずその寺の由緒や歴史から始めるところですが、「繁華街から離れ、人通りの少ないところを歩いていると突然灯籠が見えてくる…」と描写し始める。日本で初めて寺社に出会った時の驚き、都市の中に突然現れる歴史ある施設への畏敬の念、そうした新鮮な感覚は日本人スタッフではなかなか形にできません。それにひきかえ観光地に設置されている英文案内は、刀なら刀をただ「Sword」と訳しただけで、見ればわかるようなことしか表示していません。その背景にある日本の文化を伝えることが大事なのです。

　日本のDMOは、観光庁が観光政策を進める組織をつくる必要性を感じ、原先生を通じて学んだアメリカのDMOの活動を参考に、立ち上げるに至ったと聞いています。その他にも多くの知見を原先生からうかがう機会があり、いつかどこかでまとめて発表していただければとかねがね願っておりました。それがこのように一冊にまとまったのは、大変喜ばしい限りです。

山本幸三

1971年東京大学経済学部卒業後、大蔵省入省。73年コーネル大学経営大学院に留学（MBA取得）。81年ハーバード大学国際問題研究所客員研究員。宮澤喜一大蔵大臣秘書官を経て、93年より7期に渡り衆議院議員を務める。2009年自由民主党政務調査会副会長、12年観光立国調査会長、17年税制調査会副会長等要職を歴任。また16年、内閣府特命担当大臣（地方創生、規制改革）として入閣。現在（一社）全日本社寺観光連盟会長。

参考文献

BRAUN, B. M. & RUNGELING, B. (1992). The relative economic impact of convention and tourist visitors on a regional economy: a case study. International Journal of Hospitality Management, 11, 65-71.

CENTER, O. C. C. (2023). Convention Center Facts [Online]. Orlando: Orange County Convention Center. Available: https://www.occc.net/About-Us [Accessed March 28 2024].

CIVITAS 2018. A Study of LODGING CHARGES and the Allocation of REVENUES FROM TAXES and ASSESSMENTS ON LODGING. In: CIVITAS (ed.). U.S. Travel Association.

Clarke, Sara (June 13, 2013). Orlando tourism visitor count hits record for 3rd year, Newspaper, Orlando Sentinel. Retrieved from http://articles.orlandosentinel.com/2013-06-13/business/os-orlando-record-year-20130613_1_visit-orlando-george-aguel-head-count

FENICH, G. G. (1992). Convention center development: pros, cons and unanswered questions. International Journal of Hospitality Management, 11, 183-196.

Florida Department of Revenue (2013). Local Option Taxes Authorized by the Legislature. Retrieved September 10, 2013, from http://dor.myflorida.com/dor/taxes/local_option.html

FYALL, A. (2011). 21 Destination Management: Challenge s and Opportunities. Destination marketing and management, 340.

FYALL, A., CALLOD, C. & EDWARDS, B. (2003). Relationship marketing: The challenge for destinations. Annals of tourism research, 30, 644-659.

FYALL, A., GARROD, B. & WANG, Y. (2012). Destination collaboration: A critical review of theoretical approaches to a multi-dimensional phenomenon. Journal of Destination Marketing & Management, 1, 10-26.

FYALL, A. & LEASK, A. (2006). Destination marketing: Future issues—Strategic challenges. Tourism and hospitality research, 7, 50-63.

GODOVYKH, M., PIZAM, A. & BAHJA, F. 2021. Antecedents and outcomes of health risk perceptions in tourism, following the COVID-19 pandemic. Tourism Review, 76, 737-748.

HARA, T. (2014). Analysis of Regional Special-Purpose Tourism Development Taxation System to Finance Hospitality Public Infrastructure Development & Destination Marketing and its Strategic Introduction to Japan. Project kenkyu, 9(9), 16.

KOCK, G., BREITER, D., HARA, T. & DIPIETRO, R. B. (2008). Proposing a Regional Impact Based Feasibility Studies Framework for Convention Centers: A Quantitative Analysis of the Orange County Convention Center (OCCC). Journal of Convention & Event Tourism, 9, 309-340.

MILMAN, A. & PIZAM, A. (1995). The role of awareness and familiarity with a destination: The central Florida case. Journal of travel research, 33, 21-27.

MORGAN, N., HASTINGS, E. & PRITCHARD, A. (2012). Developing a new DMO marketing evaluation framework: The case of Visit Wales. Journal of Vacation Marketing, 18, 73-89.

Orange County Convention Center (2005). History of the Orange County Convention Center 1969-2005. Orlando, Florida: Orange County Convention Center Retrieved from http://

www.occc.net/pdf/info_history.pdf.

Orlando, Visit(2013). How We are Funded. Who We Are. Retrieved September 10, 2013, from http://corporate. visitorlando.com/who-we-are/how-we-are-funded/

PENNINGTON-GRAY, L. & PIZAM, A. (2011).19 Destination crisis management. Destination Marketing and Management: Theories and Applications, CAB International, 314-325.

PIKE, S. & PAGE, S. J. (2014). Destination Marketing Organizations and destination marketing:
A narrative analysis of the literature. Tourism Management, 41, 202-227.

PIZAM, A. (1978). Tourism's impacts: The social costs to the destination community as perceived by its residents. Journal of travel research, 16, 8-12.

PIZAM, A. & SMITH, G. (2000). Tourism and terrorism: A quantitative analysis of major terrorist acts and their impact on tourism destinations. Tourism Economics, 6, 123-138.

PRATT, S., MCCABE, S., CORTES-JIMENEZ, I. & BLAKE, A. (2010). Measuring the Effectiveness of Destination Marketing Campaigns: Comparative Analysis of Conversion Studies. Journal of Travel Research, 49, 179-190.

PRATT, S., MCCABE, S. & MOVONO, A. (2016). Journal of Destination Marketing & Management. Journal of Destination Marketing & Management, 5, 26-35.

REVENUE, F. D. O. (2023). Transient Rental Taxes/Tourist Development Taxes [Online]. Talahassee: State of Florida. Available: https://floridarevenue.com/taxes/taxesfees/Pages/local_option.aspx [Accessed].

SEVERT, D., WANG, Y., CHEN, P.-J. & BREITER, D. (2007). Examining the motivation, perceived performance, and behavioral intentions of convention attendees: Evidence from a regional conference. Tourism management, 28, 399-408.

SHEEHAN, L. R., RITCHIE, J. R. B. & HUDSON, S. (2007). The Destination Promotion Triad: Understanding Asymmetric Stakeholder Interdependencies Among the City, Hotels, and DMO. Journal of Travel Research, 46, 64-74.

SHEEHAN, L. R. & RITCHIE, J. R. B. (2005). Destination Stakeholders Exploring Identity and Salience. Annals of Tourism Research, 32, 711-734.

SOROKINA, E., WANG, Y., FYALL, A., LUGOSI, P., TORRES, E. & JUNG, T. (2022). Constructing a smart destination framework: A destination marketing organization perspective. Journal of Destination Marketing & Management, 23, 100688.

SUISSE, C. (2022). Global wealth report 2021. In: INSTITUTE, C. S. R. (ed.) Global Wealth Report. Switzerland: Credit Suisee

VOLGGER, M. & PECHLANER, H. (2014). Requirements for destination management organizations in destination governance: Understanding DMO success.
Tourism Management, 41, 64-75.

WALLS, A., OKUMUS, F., WANG, Y. & KWUN, D. J.-W. (2011). Understanding the consumer experience: An exploratory study of luxury hotels. Journal of Hospitality Marketing & Management, 20, 166-197.

WANG, Y. (2008). Collaborative destination marketing: Roles and strategies of convention and visitors bureaus. Journal of Vacation Marketing, 14, 191-209.

WANG, Y. (2008). Collaborative destination marketing: Understanding the dynamic process. Journal of travel research, 47, 151-166.

WANG, Y. & KRAKOVER, S. (2008). Destination marketing: competition, cooperation or coopetition? International Journal of Contemporary Hospitality Management, 20, 126-141.

WANG, Y. & PIZAM, A. (2011). Destination marketing and management: Theories and applications, Cabi.

XU, X. & PRATT, S. (2018). Social media influencers as endorsers to promote travel destinations: an application of self-congruence theory to the Chinese Generation Y. Journal of travel & tourism marketing, 35, 958-972.

観光立国推進基本法(2007).

国土交通省. 2007. 観光立国推進基本法の概要 [Online]. 東京: 国土交通省.

Available: http://www.mlit.go.jp/sogoseisaku/kanko/pdf/kihonhou_gaiyou.pdf [Accessed March 28 2024].

国土交通省観光庁(2014). 観光経営マネジメント人材育成. 政策について.

Retrieved September 29, 2014, from

http://www.mlit.go.jp/kankocho/shisaku/jinzai/renkei.html

原,忠之. (2014). 世界の潮流の変化・方向性に呼応しない日本観光学術界に迫り来る危機と変革への戦略試案観光文化, 221, 12.

原,忠之. (2014). 米国観光立地事例より展望する日本の観光立国・地域づくりへの道標と地域活性化への試案. Overview of Japanese Paths towards Nation/Region Dependent on Tourism as an Industry and Revitalization of Regional Economies: Lessons from a Tourism-Dependent Region in the USA.観光科学研究, 首都大学東京8, 10.

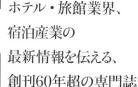

ホテル旅館
HOTEL RYOKAN MANAGEMENT

4/5号 2024

[総務館] Cornell Hospitality Quarterly

特集
「スパ＆サウナ」
百花繚乱

特別読物
「聖夜の映像」
作家 沢木耕太郎

私の思い出ホテル
女優 鶴田真由

ホテル・旅館業界、
宿泊産業の
最新情報を伝える、
創刊60年超の専門誌

- A4変型判 約140ページ
- 定価2,200円（税込）
- 紙 版 奇数月22日発売
- 電子版 奇数月27日配信
  ※電子版では『Cornell Hospitality Quarterly』誌は含まれておりません。ご了承ください。

『ホテル旅館』は、都市ホテルからビジネスホテル、温泉・観光地旅館の関係者必読の経営誌。経営戦略、投資から、設備、料理、現場で働く人の実務に関することまで、さまざまな情報を満載し、宿泊産業を強力にバックアップします。最新の海外情報も毎号掲載。『Cornell Hospitality Quarterly』誌と提携しています。

お買い逃がしがないよう定期購読をおすすめいたします。

年間定期購読とバックナンバーのお申し込み・ご注文は

❶ 柴田書店カスタマーセンターへ
　TEL:03-5817-8370　FAX:03-5816-8281

❷ 柴田書店ホームページへ
　https://www.shibatashoten.co.jp

❸ お近くの書店へ

定期購読、および電子版の詳しいご案内は
柴田書店ホームページへ ▶

原 忠之 （はらただゆき）

Tadayuki Hara, Ph.D.

1960年東京都・目黒区生まれ。上智大学法学部法律学科卒業後、日本興業銀行、外務省を経て、ホテル経営、経営、地域科学の3修士号を米英の大学（米国コーネル大学・英国サウスウエールズ大学）で取得後、2004年米国コーネル大学ホテル経営学部博士号取得。2004年よりコーネル大学客員助教授兼ホスピタリティ研究所研究員勤務後、2005年からセントラルフロリダ大学准教授を務める。2008年より2015年まで財務経営担当副学部長及び博士教員採用委員長を歴任し、米国大学学部経営に精通。米国観光ホスピタリティ経営分野で正規教員職、テニュア（研究者終身身分保障）を持つ唯一の日本人。

ユネスコ統計局専門諮問委員、世界観光機構、民間航空機構の国連3機関や観光庁長官諮問委員・観光統計委員、世界的なDMOの評価基準の検討有識者会議、内閣府地方創生カレッジ委員、文化庁文化政策調査アドバイザーなど兼務。米国側では日本米国南東部会日米合同会議フロリダ州代表団員、イートンビル地域保護協会副会長兼任中。ローザンヌホテルスクール、京都大学大学院、一橋大学大学院、早稲田大学、山口大学、広島大学、宇都宮共和大学、九州産業大学、などで客員教授などを歴任。

観光地経営でめざす地方創生

初版印刷　2024年5月10日
初版発行　2024年5月25日

著　者　©原 忠之
発行人　丸山兼一
発行所　株式会社柴田書店
　　　　〒113-8477
　　　　東京都文京区湯島3-26-9　イヤサカビル3F
　　　　URL／https://www.shibatashoten.co.jp
営業部（注文・問合せ）／03-5816-8282
書籍編集部／03-5816-8260
印刷・製本／株式会社光邦

本書収録内容の転載、複写（コピー）、引用、データ配信などの行為は固く禁じます。
乱丁、落丁はお取替えいたします。

ISBN　978-4-388-15459-3　C2034
©Tadayuki Hara 2024
Printed in Japan